Wolfram von Eschenbach

Herausgegeben
von
Albert Leitzmann

Erstes Heft
Parzival Buch I bis VI

Siebente Auflage
revidiert von Wilhelm Deinert
(2. Druck)

MAX NIEMEYER VERLAG / TÜBINGEN 1995

ALTDEUTSCHE TEXTBIBLIOTHEK

BEGRÜNDET VON HERMANN PAUL †
FORTGEFÜHRT VON GEORG BAESECKE †
HERAUSGEGEBEN VON HUGO KUHN

NR. 12

ISBN 3-484-20007-3   ISSN 0342-6661

© Max Niemeyer Verlag GmbH & Co. KG, Tübingen 1995
Das Werk einschließlich aller seiner Teile ist urheberrechtlich geschützt.
Jede Verwertung außerhalb der engen Grenzen des Urheberrechtsgesetzes
ist ohne Zustimmung des Verlages unzulässig und strafbar. Das gilt
insbesondere für Vervielfältigungen, Übersetzungen, Mikroverfilmungen
und die Einspeicherung und Verarbeitung in elektronischen Systemen.
Printed in Germany.
Druck und Buchbinder: Weihert-Druck GmbH, Darmstadt.

Vorwort

Die neue textrevision der werke Wolframs von Eschenbach, die mit dem vorliegenden hefte zu erscheinen beginnt und so rasch gefördert werden soll, als es mir meine sonstigen wissenschaftlichen arbeiten gestatten, wird im ganzen fünf hefte umfassen, von denen die drei ersten den Parzival, die beiden letzten den Willehalm, den Titurel und die lieder enthalten sollen. Ein schlussheft wird dann die allgemeine einführung in das verständnis des dichters sowie die einleitungen in die einzelnen werke und die sie angehenden probleme bringen. Durch diese verteilung des stoffes ist es möglich geworden jedes einzelne heft selbständig zu machen, was mir im hinblick auf den gebrauch im akademischen unterricht wünschenswert erschien. Es sind daher jedem textheft nur die notwendigsten kritischen bemerkungen beigegeben worden, in denen ich zugleich die kritische literatur möglichst vollständig verzeichnet habe, soweit ich derselben für meine revision verpflichtet bin. Was ich zur begründung derjenigen abweichungen von Lachmanns ausgabe beibringen möchte, für die ich allein einzustehen habe, wird den fachgenossen in einer besonderen schrift in nicht allzu langer zeit vorgelegt werden: bis zu deren erscheinen glaube man mir, dass ich für jede abweichung eine motivierte begründung habe, die mich geleitet hat. In dieser schrift wird auch alles dasjenige enthalten sein, was sich mir in nun über ein dezennium währender intimer beschäftigung mit unserm dichter zur sachlichen erläuterung seiner werke, teils positives, teils polemisches, ergeben hat.

Meine ansichten über den kritischen wert und das gegenseitige verhältnis der handschriften des Parzival er-

örtert eingehend ein aufsatz, der in einem der nächsten
hefte der Beiträge von Paul, Braune und Sievers erscheinen
wird. Ich habe natürlich für meinen text nicht alle hand-
schriften vollständig neu kollationiert, bin jedoch überall,
wo es erforderlich erschien, über die drucke hinweg auf
die manuskripte zurückgegangen.

Bei der drucklegung hat mich neben dem herausgeber
der textbibliothek, in dessen freiburger seminar ich vor
nunmehr fast sechzehn jahren zuerst liebe für Wolfram
fassen und den richtigen standpunkt zur beurteilung von
Lachmanns kritischer arbeit gewinnen lernte, besonders
mein freund Gustav Rosenhagen in Hamburg durch reich-
liche randbemerkungen auf den einzelnen korrekturbogen
freundlich unterstützt. Beiden danke ich auch an dieser
stelle aufs herzlichste für vielfache förderung und anregung.

Jena, 14. juli 1902.

In den seit dem erscheinen der ersten ausgabe dieses
heftes verflossenen neun jahren habe ich in akademischen
übungen häufig gelegenheit gehabt, den darin enthaltenen
text der sechs ersten bücher des Parzival aufs neue zu
prüfen. Dabei haben sich mir meine lesungen, namentlich
soweit sie auf dem prinzip möglichst engen anschlusses
an die handschrift D beruhen, fast durchweg bestätigt und
ich habe bei der letzten durchsicht für den druck dieser
zweiten auflage nur sehr wenige stellen zu ändern mich
bewogen gefühlt, an denen ich D ohne genügende gründe
untreu geworden war. Stadlers fleissige untersuchung über
das verhältnis von G und seinen ausläufern zu D hat mich
inzwischen der erfüllung des versprechens überhoben, das
ich im ersten vorwort aussprach, dieses handschriftenver-
hältnis meinerseits zum gegenstand einer veröffentlichung
zu machen, da ich, abgesehen von kleinigkeiten, längst zu
den gleichen resultaten gelangte.

Die gleichfalls damals in aussicht gestellte kritisch-
exegetische studie, die vielen meiner lesungen als nach-

trägliche rechtfertigung dienen sollte, ist, wenigstens für
diese ersten sechs bücher, im manuskript seit langem so
gut als abgeschlossen und wird, denke ich, trotz der be-
dauerlichen verzögerung auch jetzt noch nicht zu spät
kommen.

Bei der korrektur hat mich diesmal ausser dem heraus-
geber der textbibliothek Viktor Michels freundlich unter-
stützt, dem ich zu herzlichem danke verpflichtet bin.

Wenningstedt auf Sylt, 22. august 1911.

Meine Wolframausgabe, deren erstes heft im herbst
1902 zuerst ans licht trat, hat in der germanistischen fach-
kritik leider bis heute die beachtung nicht gefunden, die
der grösste dichter unsrer höfischen zeit und der text seiner
werke unter allen umständen beanspruchen muss. Ausser
zwei allgemeinen literarischen blättern, wo Panzer und
Schönbach, und einer gymnasialzeitschrift, wo Brenner das
wort nahm, hat nur das Literaturblatt für germanische und
romanische philologie aus der feder Behaghels seinerzeit
eine besprechung des ersten heftes gebracht; von den wei-
teren heften verlautete nichts. Vor dem vornehmsten forum
unsrer wissenschaft, dem Anzeiger für deutsches altertum,
sowie in der Zeitschrift für deutsche philologie, die beide
besprechungen von Martins ausgabe gebracht haben, hat
niemand, weder positiv noch negativ, meine sache geführt
oder meiner arbeit an Wolfram gedacht: ich habe diese
unterlassung glücklicherweise nicht zu verantworten. Um
so erfreulicher ist es mir, aus den nach verlauf eines viertel-
jahrhunderts für nahezu alle hefte nötig gewordenen neuen
auflagen zu ersehen, dass die ausgabe sich ihre feste stellung
im akademischen unterricht langsam, aber sicher erobert
hat. Möchte auch weiterhin ihr gebrauch wachsen! Was
ich durch sorgfältige revision und verbesserung dazu bei-
tragen kann, soll stets geschehen.

Für die vorliegende dritte auflage der sechs ersten
bücher des Parzival habe ich den text wie die kritischen

beigaben genau durchgesehen, jenen verbessert und diese hie und da durch zitierung neuerer literatur erweitert, nachdem ich den inhalt dieses heftes auch seit dem erscheinen der zweiten auflage wieder mehrfach zum gegenstande akademischer seminarübungen gemacht habe. Die neue bearbeitung der Bartschschen ausgabe durch Martha Marti, deren erster, im vergangenen jahre erschienener teil den gleichen inhalt mit diesem hefte hat, hat mir zu änderungen keine veranlassung geboten. Gewundert hat mich, wenn ich das hier bemerken darf, dass dort der vers 112, 10 noch immer in der seit Lachmann üblichen form erscheint, die Wolfram an stelle eines originellen und charakteristischen bildes, das schon die konjektur eines alten schreibers richtig zurückgewonnen hatte (so fasse ich natürlich die sache auf: vgl. Zarncke, Der graltempel s. 22 anm.), dem fehlerhaften archetypus folgend, eine nichtssagende und noch dazu klanglich unmögliche wendung gerade an dieser stelle voll programmatischem pathos zutraut [vgl. auch Beitr. 59, 230].

Jena, 15. juni 1928.

Auch die vierte [und fünfte] auflage habe ich genau durchgesehen. Die interpunktion habe ich gegenüber den früheren auflagen konservativer, d. h. in diesem falle lachmannischer gestaltet und metrische elisionspunkte eingeführt, ohne im übrigen die vielen härten von Wolframs versbau fürs auge prinzipiell beseitigen zu wollen. In beiden hinsichten sind also die grundsätze meiner übrigen editionen mhd. texte nun auch hier durchgeführt. Vorschläge zur textgestaltung sind seit langem nicht mehr vorgelegt worden, wie denn überhaupt die heutige art, Wolfram und seine werke zu betrachten, mit philologisch-historischer forschung, ja mit wissenschaft nicht das mindeste zu tun hat (vgl. Wesle in der Zeitschrift für deutsche philologie 64, 215).

Jena, 3. mai 1942; 28. juni 1948.

Albert Leitzmann

Bei der Durchsicht für die siebente Auflage wurden außer Druckfehlern auch Unregelmäßigkeiten beseitigt, die im Laufe früherer Auflagen in den Text geraten waren. Leitzmann war nämlich seit der zweiten Auflage von etlichen Schreibungen seines ersten Textes abgegangen, ohne seine Neuerungen, die oft eine Rückkehr zu Lachmann waren, einheitlich im Text und Variantenverzeichnis durchzuführen. Die Doppelformen, die so entstanden und die wenigen schon in der ersten Auflage vorhandenen stark vermehrten, wurden jetzt in Heft I möglichst ausgeglichen, und zwar nach den jüngeren Schreibungen Leitzmanns. Der ganze Text kann erst bei Neuauflage der beiden übrigen Hefte geregelt werden.

Die Schreibungen, die einheitlich durchgeführt wurden, bzw. in Heft II und III noch einzuführen wären, sind folgende:

c für k in Ascalûn, Bêâcurs, Cundrîê, Cundrîe;

œ für ô in Barbigœl, Îdœl, Karidœl, Plimizœl;

-ld- für -lt- in allen Wörtern, bei denen Leitzmann zu -ld- übergegangen war (also nur nicht in 'selten' und 'valte' und deren Reimwörtern);

-mb- für -mm- in ambet, krumbe, kumber, tumbe, umbe;

Anfortas (für Amfortas), Schanphanzûn (für Schamphanzûn u.a.), Segramors (für Segremors);

anderhalben (für anderthalben), fôreist (für fôrêst), gebalsemt (für gebalsamt), îser (für îsern), krîgierre (für krîierre), rêgîn (für roine), schinnelier (für schillier).

Synkopiertes -e- tonloser Silben, von Leitzmann ungleich wieder eingeführt, wurde an den metrisch entsprechenden Stellen vervollständigt.

In Einzelfällen stimmten Text und Variantenverzeichnis nicht mehr überein, ohne daß erkennbar gewesen wäre, ob

Leitzmann eine neue Lesung einführen wollte und nur unterließ, das Variantenverzeichnis mitzuändern. Hier wurde stets sein früherer Text nach dem Variantenverzeichnis und den ersten Auflagen wiederhergestellt. Es sind die Stellen 106, 24 110, 25 156, 26 157, 8 157, 9 180, 20 261, 18 275, 18 282, 5 333, 4.

Das Variantenverzeichnis, das Leitzmann in etwas fließenden Grenzen hielt, wurde um die Varianten in 24, 7 312, 7 und 314, 2 ergänzt.

Die Absicht dieser Revision war also, den Text als Leitzmannschen Text in sich übereinstimmend zu machen.

München, 5. Juli 1961.

WILHELM DEINERT

Zur kritik des textes

Im folgenden gebe ich ein verzeichnis der abweichungen meines textes von demjenigen Lachmanns; meine lesungen stehen vor, die Lachmanns hinter dem gleichheitszeichen. Zugrunde gelegt ist durchgängig die erste lachmannsche ausgabe (Berlin 1833), da sie die einzige von ihm selbst besorgte ist und sich zudem durch eine ungemeine korrektheit des druckes auszeichnet, die sich in den späteren auflagen durch fortgeschleppte druckfehler mehr und mehr vermindert. Abweichungen in der grammatischen oder metrischen gestaltung der wortformen, in der abmessung der absätze und in der orthographie sind nicht berücksichtigt, abweichungen in der interpunktion nur dann, wenn ein starkes interpunktionszeichen versetzt; also die innere gliederung des ganzen satzgefüges eine wesentlich andre geworden ist. Wo meine lesungen auf handschriftlicher gewähr oder auf früheren vorschlägen gelehrter fachgenossen beruhen, ist dies jedesmal bemerkt; für alle übrigen bin ich allein verantwortlich.

Parzival

I.

1, 21 gelîchet *alle ausser D* = geleichet (*Leitzmann Ans. f. d. alt.* 33, 122) *komma=punkt* (*ebenda*) 27 innen *Dg*=inne (*Bock, Krit. bem. z. metr. Wolfr. s.* 61) 30 iedoch *D* = doch *2*, 4 an *D* = von 10 beide *D* = beidiu 22 bî *D* = mit *3*, 22 herzen *D* = ir herzen 25 ich *D* = ich nû *4*, 4 = *kolon* 5 = *ohne klammern mit komma* 9 ich iu wil *D* = wil i'u 22 *komma* = *punkt* 28 = *punkt* 29. 30 = *ohne klammern* *5*, 18 = *in klammern* 20 elder *D* = elteste 26 und die *D* = unde *6*, 3 ûz sînem *alle ausser G* = ûzem (*Bock, Krit. bem. s.* 61) 10 geviengen *Dg* = viengen 29 sô (dô *D*; *vgl. Lachmanns lesarten*) = sus 29. 30 hêre: mêre *alle* = hêr: mêr *7*, 8 daz des *Dgg* = dês 14 = *ohne klammern mit punkt* diz *D* = daz *8*, 27 siufzete *D* = siufte

11, 8 sus bewant *D* = mir sus gewant *12*, 2 joch *D* = halt 21 *punkt* = 18 *punkt* *13*, 13 niwan *D* = wan 21 der *D* = den 24 gekröntem *Gdgg* = krôntem 25 des bâruc ambet = dez bâruc-ambet 29 *punkt,* 30 *kolon* = 30 *in klammern mit komma* 30 krümben *D* = krümbe *14*, 5 *punkt,* 6 *kolon* = 6 *in klammern mit kolon* 7 krefte *D* = kreften 19 ûf sînem *D* = ûfme 25 = *kolon* 26 = *ohne klammern mit punkt* *15*, 19 Dômas *G* = Dâmasc *16*, 6 verlôs *alle ausser d* = vlôs 7 *punkt* = 8 *punkt* 26 zelt *Dd* (*Pfeiffer, Quellenmat. zu altd. dicht.* 2, 48) = gezelt *17*, 1. 2 = *ohne eckige klammern* (*fehlen Dd*) 1 ir *Gg* = err 2 er noch *gg* = noch 7 des *alle ausser G* = es 8 enrüngen *d* (*Pfeiffer, Quellenmat.* 2,48) = rungen 22 Arâbî *d* (*Pfeiffer, Quellenmat.* 2, 48) =Arâbîe *18*, 11 ougen *d* (*Pfeiffer, Quellenmat* 2, 48) =ouge *19*, 5 *punkt* = 6 *punkt nach* derbî 7 noch *Dd* (*Pfeiffer, Quellenmat.* 2, 49) = och 9 hôhe *Dd* (*Pfeiffer, Quellenmat.* 2, 49) = vil hôhe *20*, 15 wâren verbunden *alle* = schrunden

21, 11 er *D* = ez 19 *kolon* = *komma* 23 *komma* = *punkt* 28 si heten *D* = sine heten 30 solde *Dd* (*Pfeiffer, Quellenmat.* 2, 49) = solt in *22*, 11 *kolon* = 10 *kolon* 13 *punkt* = 12 *punkt* *23*, 24 = *punkt* 25 = *ohne*

klammern was D = was sô *24*, 7 gelîchte G = glîchet 9 *kolon* = 10 *punkt* 13 sach *Dd* (*Pfeiffer, Quellenmat.* 2,50) = wol sach 18 wesen leit D = leit (*Bock Beitr.* 11, 184) 20 in mînem *Dgg* = im *25,*17 *punkt* = 18 *punkt* 19 *komma* = ohne *komma* 21 *punkt* = 22 *punkt* 26, 3 geruochet *alle ausser Gg* = ruochet 15 der D = er 27 *punkt* = 28 *punkt* 30 schuof *alle ausser Gg* = schüef 27, 1 *punkt* = 2 *punkt* 16 *punkt* = *komma* (*San Marte Germ.* 2, 85; *Benecke im Mhd.wörterb.* 3, 869 b) 17 *komma* = *klammer* sîn = ein (*Drescher Zeitschr. f. d. alt.* 46, 301) hôchgezelt = hôch gezelt 18 = *klammer mit punkt* 25 *in klammern* = 24 Prôthizilas — 25 hiez *in klammern* 29 *punkt* = 28 *punkt* *29*, 4 hete D = het och 10 torste D = getorste 20 entuon Dg = tuon 26 ich Ddd = i'u *30*, 12 si D = und 14 = 15 *beginn der direkten rede* (*Singer Abh. z. germ. phil. f. Heinzel s.* 415) 15 noch D = unde *punkt nach* tac = *punkt nach* zorn 24—26 *nicht zur rede* = *zur rede* (*Wackernagel bei Lachmann s.* 639) 27 *komma* = *kolon*.

31, 6 herzen nôt Dg = herzenôt 27 *komma nach* angers *und* sandes = *komma nach* lützel *33*, 13 huop D = bôt 23 lîbes D = lebens 25 an D = sân an *34*, 18 ougen D = ouge 24 iu Dg = iu hie 26 wæren G = wârn 30 herre Dg = helt *35*, 20 ungemach (ungemacht D) = unmaht (*Braune Zeitschr. f. d. alt.* 16, 425) 23 als = alsam *36*, 1 diu senewe *alle ausser* D = die senwen 9 sâ D = dar 10 man D = er 30 *komma* = *punkt* *37*, 1 *punkt* = *kolon* 8 minne D = minnen 17 inz D = in diz *38*, 6 fîanze Dgg = die fîanze 25 *kolon* = *ohne kolon* (*Lexer, Mhd. handwörterb.* 3, 623) *39*, 22 *komma* = *ausrufungszeichen* *40*, 12 ez D = daz 15 ich enlâzes D = in lâz ius 21 = *ohne klammern*.

41, 15 gein der D = für die *43*, 5 *punkt* = 4 *punkt* 9 gesach D = ersach 17 *punkt* = *komma* der D = und *44*, 15 daz D = ez *45*, 21 *komma* = 20 *komma* (*Leitzmann Beitr.* 50, 92) 25 *komma* = *punkt* 26 und ouch D = und 30 hovelîchen Dd = höfschlîchen *46*, 3 alsô Dd = als 8 sprach er Dgg = er sprach *47*, 22 senften D = senftet *48*, 3. 4 Dd = 4. 3 *49*, 9 alsô Dd (*Germ.* 35, 389) gg = als *50*, 1 dâ en- DG = dâ

51, 11 *punkt* = 12 *punkt*   *52*, 3—8 = *ohne eckige klammern (fehlen Dd)* 3 *punkt* = 4 *punkt* 29 = *kolon* 30—53, 2 = *ohne klammern* 3—6 *zur rede* = *nicht zur rede (Paul Beitr.* 2, 72) 3 = *ohne klammern* *54*, 19 *kolon* = 18 *punkt (Bartsch)* 22 noch lieber *D* = lieber 28 dô *D* = dâ   *55*, 19 *punkt* = 18 *punkt*   *56*, 13 wæren *D* = wâren   gebruoder *D* = bruoder   21 daz geslehte *alle ausser DG* = geslehte   27 kein *Dd* = keinen   *57*, 29 dô *D* = nu   *58*, 2 dâ sîn hant = sîn hant dâ   die gunst *D* = sigenunft   10 swie er *Gdgg* = swer *(Müller im Mhd. wörterb.* 3, 575 a)   15 *punkt* = 16 *punkt*

II.

59, 3 er ouch *dgg* = ouch er   5 *punkt* = 6 *kolon (Paul Beitr.* 2, 74; *Singer Anz. f. d. alt.* 30, 83)   6 von *Ggg* = mit *(Paul Beitr.* 2, 74)   12 dô *Dd* = sô   sperîser *D* = spers îser *(Bech zu Iw.* 5030)   *60*, 7 = *ohne zeichen (Leitzmann Beitr.* 50, 92)   12 des = dês   15 und niht *Dg* = niht   30 ein *D* = der

61, 6 dâ schouwen *D* = schouwen   11 es *D* = ez   *62*, 1 alsô verrem = verrem   15 nû *D* = dô mirz *D* = mir   26 wanne *D* = wan *(Paul Beitr.* 2, 74; *Bock, Krit. bem. s.* 58)   *63*, 8 *komma nach* floitieren = *kolon nach* vart   17 von der *Dd (Germ.* 35, 389) *g* = von   21 man daz *Dd (Germ.* 35, 389) = manz   *64*, 6 zucte *Dgg* = derzuct   23 ê *Dd (Germ.* 35, 389,) = ie   26 hôchgezelt = hôch gezelt   30 ieslîchem *alle ausser Dg* = ieslîchen   *65*, 1 *komma* = *fragezeichen* 3 *komma,* 4 *punkt* = 3 *punkt,* 4 *ausrufungszeichen* 8 diu *Dg* = hie   17 durch *Gdgg* = mit   26 nû hie (nû *D in* 28) = hie   30 der künec *Dd (Germ.* 35, 389) = roys   *66*, 20 gebrechen *Dd (Germ.* 35, 389) = zebrechen   22 vruo *Dd (Germ.* 35, 389) = fruos   *67*, 1 *kolon* = 3 *kolon*   *68*, 7 *komma* = *fragezeichen* 12 müeze *g* = muoz   28 dehein ander *Gdgg* = dechein   30 under *D* = in   *69*, 3 *punkt* = 4 *punkt* 29—70, 6 *alle hinter* 71, 6 = *hinter* 69, 28 *(Bock Beitr.* 11, 186; *Heinzel, Üb. Wolfr. Parz. s.* 100)   29 *punkt* = *komma*   *70*, 1 *komma* = *kolon* 30 = *punkt*

71, 1. 2 = *ohne klammern mit punkt* 2 mohte = möhte
9 iemen *DG* = ie man 11 *punkt* = 10 *punkt* 18 dâz
= daz 22 Arâbîe *Gg* = Arâbî 28 wæte *D* = wât
72, 26 ûf sînem *Ddgg* = ûfme *73*, 9 hœre *D* = hôrt
10 hin an den ort *Gdgg* = hindenort 24 er *DGg* = der
erden *D* = erde *74*, 28 *kolon* = 27 *punkt* *75*, 5 vil
manec *Ddg* = manc 10 dâ wurben (wurden *D*) = der-
wurben 20 êre *D* = diu êre 21 sin *D* = gir
76, 18 wâr geleite = wârgeleite *77*, 12 mir *D*
= mir vil 19 mêre *DGg* = mêr *78*, 10 lützel *D*
= wênic 16 lützel *Dg* = wênic *79*, 5 ûz *D* = von
11 mohte = möhte 20 dâ *D* = dô *80*, 7 von *Dg* = ûz
9 schildes spitze *Dgg* = spitze (*Bech Germ.* 7, 291) 24 dicke
envrâcte *D* = dicker frâgte

81, 10 wâren gezalt *alle* = 11 wârn, diu (*Bock, Krit.
bem. s.* 61) 14 in *D* = wol in *82*, 4 dâ erworben *Dg*
= derworben 25 *komma* = 26 *semikolon* (*San Marte Germ.*
2, 84) 27 *komma* = 28 *komma* (*ebenda*) *83*, 5 diu
= [diu] (*vgl. s.* 639) 29 teppeche was *alle* = tepch *84*, 6
punkt = 7 *punkt* 10 *komma* = *kolon* 25 *punkt* = 26 *punkt*
85, 1 ir *D* = daz 2 lieht *D* = wol *86*, 5 er sprach *Dd*
= *fehlt* 24 *komma* = *punkt* *87*, 4 bete *Ddg* = beider
6 vürbaz *D* = fürder 25 *komma* = *fragezeichen* *88*, 2
und *D* = si 16 dar an *D* = an den 18 unde *D* = und
sêre 20 *punkt* = 22 *punkt* *89*, 20 dienest *D* = den
dienest 21 Gascôn dô *D* = Gascône 28 *zur rede Kailets*
= *zur rede des Hardiz* (*San Marte Germ.* 2, 85)

91, 1. 2 ritterschaft mich neme *D* = mich rîterschaft
næm 8 ein = [ein] 12 *zur rede* = *nicht zur rede* 16 fôle
= Fôle (*Simrock*) 24 dir daz *D* = ez dir 27 *punkt*
= 28 *punkt* 28 der *Dd* = do'r *92*, 1 habent *D* = hânt
18—20 = *ohne klammern* *93*, 18 *komma* = *punkt* 25 die
D = si 30 küneges *DG* = künec (*Bock, Krit. bem. s.* 61)
94, 11 si sprach *Dd* = *fehlt* 19 *fragezeichen* = 18 *frage-
zeichen* *95*, 3 = *in klammern* 10 nıwan *D* = niht wan
96, 19 lufte *D* = luft 23 vroun = [frôn] *97*, 4 liez *D*
= liez ir 5 nû nemt *D* = nemt 16 *punkt* = 17 *punkt*
98, 1 wære des *Dd* = werdes 5 *punkt* = 4 *punkt* 18 diu
hât *D* = hât *99*, 3 *punkt* = 4 *punkt* 8 ensol *D* = sol

19 *komma* = *fragezeichen (Zehme,* Soln *u.* müezen *bei Wolfr. s.* 36)   *100,* 12 hôchgemüete = hôch gemüete 15 magetuoms *Dgg* = magettuom

101, 3. 4 = *ohne eckige klammern (fehlen Dd)* 11 blôzer *D* = blôzen   14 man *Ddgg* = manr   18 von ritterschefte kom *Dgg* = kom von rîterschaft   20 minne man *D* = minne 27 von den *dg* (dem *D*) = von   30 *komma* = *punkt 102,* 3 Jûliuse *d* = Jultus   23 geschæhe *DG* = geschehe *(Bock, Krit. bem. s.* 61)   26 alsô *D* = als   28 tugende *Dg* = jugent   *103,* 3. 4 = *ohne eckige klammern (fehlen Dd)* 6 *kolon* = 5 *punkt*   14 mohtez = möhtez   17 wart *D* = was   28 sternblic *D* = sternen blic   *104,* 6 brinnendege *D* = brinnde   8 grîfe *DGdgg* = grif *(Hagen, Der gral s.* 71)   17 muosten *Ddg* = muose   *105,* 20 an *D* = ûf 29 *punkt* = 28 *punkt*   *106,* 11 vor *alle ausser D* = von *punkt* = 10 *punkt*   13 *punkt* = 14 *punkt*   15 = *ohne kolon (Leitzmann Beitr.* 50, 93)   20 eine plâne, diu *Dd* = einen plân, die *(Jänicke, De dic. usu Wolfr. s.* 35; *Paul Beitr.* 2, 65)   *107,* 30 epitafium *DGgg* = epitafum   *108,* 13 *punkt* = 14 *punkt*   19 stæte *Dd* = stæte'n   *109,* 9 niht hulfen *Ddgg* = hulfen niht   10 diu *D* = si   12 in ein *Ggg* = in   15 diu *D* = si   23 daz *D* = den   27 *komma* = *punkt*   *110,* 1 erz mir *D* = er mirn   25 brüste *Ggg* = brüstel *(Bock, Krit. bem. s.* 61 *anm.)*

111, 2 lebendec *Ddgg* = lebende   28 von ritterschefte kom *Dg* = kom von ritterschaft   *112,* 2 man die *Dgg* = man   10 bogen *g (Zeitschr. f. d. alt.* 28, 245) = begin 22 kindelîn *alle ausser g* = kindel *(Bock, Krit. bem. s.* 61) 24 begunden [in] allenthalben *alle* = begunde betalle *(Bock, Krit. bem. s.* 65)   25 zwischen den *DGd* = zwischen *113,* 7 tüttelînes grenselîn *Dd* = tüttels gränsel *(Bock, Krit. bem. s.* 61 *anm.)*   8 vlenselîn *Dd* = vlänsel *(ebenda)* 11 *punkt* = 12 *punkt*   15. 16 = *ohne eckige klammern (fehlen D)*   17 vrou = [frou]   23—26 = *zur rede (Bock Beitr.* 11, 191)   26 *komma* = *punkt*   *114,* 19 hânt mîn die *D* = hân ich der   26 iedoch ensuln *D* = doch sulen *115,* 1 gebære *D* = bærde

III.

116, 27 mîdentz (midens *Dd*) = mitenz *(Lachmann, Ausw. s.* XXIV; *die besserung fehlt in den Klein. schr.* 1, 174) *117,* 1 an ir sô gar *Dg* = sô gar an ir 21 *punkt* = 20 *kolon* 23 *komma* = *punkt* 30 geborgen *D* = verborgen *118,* 15 *punkt* = *komma* 16 diu *Dg* = die *(Paul Beitr.* 2, 66) 21 ir *Dg* = es ir *119,* 19 *punkt* = 21 *punkt* *120,* 8 er schôz *Dgg* = errschôz 13 ein *alle* = en *(Paul Beitr.* 2, 74; *Singer Abh. z. germ. phil. s.* 420) 25 ritter *D* = drî ritter

122, 1 ê sô = sô 7 *punkt* = 8 *punkt* 8 er den *Ddgg* = ern *123,* 13 gunst *Dd* = kunst 15 *kolon* = *punkt* *(Bartsch)* 21 got *Ddgg* = guot *(Kant, Scherz u. humor in Wolfr. dicht. s.* 8 *anm.* 2; *Starck, Die darstellungsm. d. wolfr. hum. s.* 3 *anm.* 2) 27 des = dez 30 die *D* = diu *124,* 13 sô enverwunte *DG* = so verwunt 14 von *D* = vor 26 vrou *D* = frôn = *punkt* 27 = *ohne klammern* *125,* 2 vrâcte *Ddgg* = frâgte se 10 = *zur rede* 11 *komma* = *punkt* 17 *punkt* = 18 *punkt* 21 an *D* = ûf *126,* 16 *komma nach* wie = *komma nach* rehte *127,* 6 gugeln *DGg* = gugel 8 hiute *D* = hût 14 liste *alle ausser Ggg* = list ê *128,* 11 *kolon nach* muoter, *komma nach* got = *komma nach* muoter, *kolon nach* got *(Paul Beitr.* 2, 75) 16 vrou = [frou] 17 *kolon* = *komma* 18 = *punkt (Bartsch)* 19 = *ohne klammern* *(Bartsch)* 25 si *Dg* = se ie *129,* 5 reit *D* = kêrt 16. 17 sich danne al ein huop *D* = 16 huop sich dan al ein *(Bock Beitr.* 11, 186) 21 *punkt* = 20 *punkt (Leitzmann Beitr.* 50, 93) 29 minneclîche *D* = wünneclîche *130,* 15 sus *D* = sus wol 27 *punkt* = 28 *punkt* 28 dô *D* = dâ

131, 10 mohtet = möht 15 ê er *D* = er *132,* 16 ouwê *D* = wê *133,* 11. 12 *D* = 12. 11 15 vorhte *Dgg* = forhten 20 daz nam *D* = nam 30 enhân *D* = hân *134,* 9 iedoch *Dd* = och *136,* 16 lât *Ddgg* = lâts 17 = *ohne klammern mit punkt* 23. 24 mêre : hêre *alle ausser Gd* = mêr : hêr 24 wært *Ddgg* = wert 25 *kolon* = *punkt (Braune Beitr.* 24, 190) 30 sitzende *Dgg* = sitzen *137,* 8. 9 = *in klammern* 15 = *ohne klammern* 16 *komma* = *punkt* 28 hœher *Dg* = hôhen *138,* 2 vor in *alle* = vorn 8 riet mir *Dgg* = riet 11 *punkt* = 12 *punkt* 19 ûz ir *Ddgg* = ûzer

139, l. 2 = *ohne eckige klammern (fehlen D)* 6 man *D* = rîter ˌ *komma* = *fragezeichen* 7 mac *D* = müge 16 wonten *Dg* = wonte *(Paul Beitr.* 2, 65) *140*, l. 2 = *ohne eckige klammern (fehlen Dd)* 4 in *alle ausser g* = in ê *142*, 2 grôzen *Ddgg* = grœzeren 9 daz *D* = ez 22. 23 iu ein halbez brôt niht *Dgg* = ein halbez brôt iu niht *143*, 3 ez *D* = daz 4 dô lachete *alle ausser dg* = derlachte *(Braune Beitr.* 24, 193) 5 liebez *D* = süezez 6 alle *alle* = al *(Bock, Krit. bem. s.* 61) 9 Artûse *DG* = Artûs 29. 30 Ênîte: Karsnafîte *Gdgg* = Enîde: Karsnafîde *(Haupt zu Erec* 431) *144*, 2 gebucket *Ddgg* = gebrücket 14 alsolher *D* = sölher *145*, 6 *komma* = *punkt (Bech Germ.* 7, 291; *Förster, Zur spr. u. poesie Wolfr. s.* 40) 11 *komma* = *punkt* *146*, 1 gegraben *D* = ergraben 7 gebar *alle ausser G* = bar 11 *punkt* = 12 *punkt* 12 dar *alle ausser g* = der *(Paul Beitr.* 2. 75; *Möbius, Die sprachl. ausdr. f. gradverh. im Parz. s.* 23) 15 dem künege *D* = Artûse al den *D* = den 17 *punkt* = 18 *punkt* *147*, 3 *punkt* = 4 *punkt* 17 ein *D* = der *punkt* = 16 *kolon (Braune Beitr.* 24, 194 *anm.)* 18 der bôt *D* = derbôt *(Braune Beitr.* 24, 194) 30 herren = [hêrren] *148*, 4 die *D* = unt die der = [der] 26 in *D* = an 27 *punkt* = 28 *punkt* 29 wart er *Dd* = wart *punkt* = 30 *punkt* *149*, 8 gerne *D* = vil gerne 9 *erstes* dem=[dem] 13 *punkt*=12 *punkt (Bartsch; Zehme, Soln u.* müezen *bei Wolfr. s.* 18) 17 *punkt* = 18 *punkt* *150*, 1 aber mir *D* = mir aber 4 vüert *D* = hât 11 milte *D* = unmilte 15 *punkt* = 14 *punkt* 22 nâch *D* = umb

151, 5 und ouch *D* = unde 14 der *alle ausser D* = die *(Paul Beitr.* 2, 65) 21 seneschalt *DGg* = scheneschlant *(Leitzmann Zeitschr. f. d. phil.* 35, 239; *Hartl, Die textgesch. des wolfr. Parz.* 1, 107) *152*, 17 *punkt* = 16 *punkt (Paul Beitr.* 2, 75) 18 ungevuoge *Ggg* = unfuoge *(ebenda)* 19 = *ohne klammern mit punkt* *153*, 1 seneschalt *DGgg* = scheneschlant 15 *punkt* = 16 *punkt* 29 verjæhe *Dg* = jæhe *154*, 14 deiswâr daz *Ggg* = daz 17 *fragezeichen* = *komma* *155*, 13 *punkt* = 14 *punkt* 18 riuhe *Dd* = riwe *156*, 6. 7 = *ohne klammern (Paul Beitr.* 2, 76) 26 îser *Gg* = îsern *157*, 4 *kolon nach* Îwâneten = *kolon nach* kluoc 9 *punkt* = 8 *punkt* 28 gewâpende =gewâpent 29 stegereifes *Dg* = stegereife *punkt* = 30 *punkt* *158*, 17 Îwâneten *Dg* = Ywânete *159*, 2 sîn = [sîn] 16 *komma nach zim* = *punkt nach* zil 23 und des *D* = und *punkt* = 24 *punkt* 25 = *ohne klammern mit punkt* 28 = *punkt* 30 *punkt* = *komma*

161, 3 *komma* = *punkt* 11 *punkt* = 10 *punkt* 16 sô er *D* = swer 21 liez = lie'z 23 âbende *Dg* = dem âbent ersach *D* = dersach (*Braune Beitr.* 24, 194) *162*, 3 *punkt* = 4 *kolon* 26 noch der *Gdgg* = noch *163*, 11 kômen (quam in *D*) = kom im 17 vuorten si in *D* = sin fuorten 19 *punkt* = 18 *punkt* *164*, 8 dô *D* = si 19 *ausrufungszeichen* = 20 *punkt* *165*, 2 *zur rede des Gurnemanz* = *zur rede des ritters* 22 = *semikolon* *166*, 7 sus sprach *D* = sprach 8 sliefe nuo *Gdg* = slief duo (*Paul Beitr.* 2, 77) 23 *punkt* = 24 *punkt* 24 der *Dd* = da er *167*, 2 mit *D* = in *168*, 6 *punkt nach* in = *punkt nach* gesweich 10 = *in klammern* (*Singer Abh. z. germ. phil.* s. 421) *169*, 10 dâ *D* = hêr, da 13. 14 *zur rede Parzivals* = *antwort des Gurnemanz* (*Paul Beitr.* 2, 77; *Wiessner ebenda* 26, 489) 21 *punkt* = 22 *punkt* 26 ensol *D* = sol 30 und wie *D* = wie *170*, 1 vingerlîn *alle* = vingerl (*Bock, Krit. bem.* s. 61) 4 der ersiufte *Dg* = er dersiufte und erbarmete in *alle* = in derbarmt (*Braune Beitr.* 24, 194) 15 lât *Dg* = lâts *komma* = *punkt*

171, 6 brôte *alle ausser D* = porte (*Bech Germ.* 7, 293; *Wallner Zeitschrift f. d. alt.* 40, 62; *Beitr.* 33, 59) 10 herrenlicher *D* = hêrlîcher 18 ensol *Dgg* = sol 25 die erberme *DGg* = derbärme *172*, 3 *ausrufungszeichen* = *komma* 5. 6 = *ohne eckige klammern* (*fehlen Dd*) 8 = *ohne klammern mit punkt* iu guot *D* = guot 23 zelt *D* = mezzet 29 *punkt* = *kolon* *174*, 2 mit *Dd* = nâch schenkel *d* = schenkelen (*Braune Beitr.* 24, 204) 16 des *alle ausser Dd* = deis *175*, 26 dich *dgg* = di'n = *komma* *176*, 20 der *D* = den *177*, 20 ieslîchez *Dd* = ieslîch

IV.

179, 23 *punkt* = 22 *punkt* *180*, 1 enmacz = enmag es 20 âbende *DGdg* = âbent *komma* = *punkt*

181, 5 inz *Dd* = in daz   10 diu *Dgg* = diun   15 *kolon* = 14 *kolon*   *182*, 24 zornec und *D* =ˉ zornec   26 *punkt nach* dienet = *punkt nach* kan   27 = *ohne klammern mit kolon*   *183*, 15 *punkt* = 14 *punkt*   *184*, 9—18 = *ohne eckige klammern (fehlen D)* 16 in daz *alle* = inz 21—26 = *ohne eeckige klammern (fehlen D)*   *185*, 3 *punkt* = 2 *punkt* 8 dolde *Dd* = dulte   16 lât *D* = solde   17. 18 = *ohne eckige klammern (fehlen Dd) 186*, 1 *kolon* = 3 *kolon*   5 verdecket vil *D* = verkrenket   15 gein einem *D* = geinme *187*, 8 *kolon* = 9 *kolon*   *188*, 8. 9 *in klammern* = 9 *in klammern   189*, 10 = *ohne klammern mit punkt   190*, 7 sagen *D* = klagen   30 kœme ditze *D* = kœme'z

192, 3 *punkt* = 4 *punkt*   28 sô *D* = alsam   *193*, 20 leide und liebe *D* = leit und liep   *194*, 7 dâ bloz *D* = blôz   8 von *D* = abe   15 seneschalt *Gg* = scheneschlant   22. 23 = *ohne klammern mit kolon*   27 ûf *D* = an   30 gæbe *D* = gebe *195*, 1 würde *Dg* = werde   15 seneschalt *DGgg* = scheneschlant   16 er gevalt *Dg* = mir sîn hant   17 mir vil *D* = gevellet   25 mînen *DG* = mîn   *196*, 10 gein der *D* = gein   12 erhôrte *D* = hôrte   28 *punkt* = 29 *punkt* 29 irz *D* = i'z   hânt *D* = hân   *197*, 2 *komma* = *punkt* 7 darmgürteln *D* = darmgürtel   *kolon nach* brâsten = *kolon nach* daz   8 ieweders (iewederr *D*) = ietweder   22 seneschalt *DGg* = scheneschlant   *198*, 7 Schenteflüren *Dg* = Schenteflûr.   9 daz saget = saget   28 unvuoge *D* = fuoge *199*, 7 ê *D* = ê daz   *200*, 14 des = dês   20 *kolon* = 22 *kolon*   27 sich *Dd* = se

201, 2 die = [die]   15 = *punkt*   16 = *ohne klammern mit punkt*   17. 18 mêre : hêre *DG* = mêr : hêr   17 *punkt* = 18 *punkt*   23 swer *D* = der   *202*, 5 ist lîhte *D* = lîht ist   17. 18 = *sur rede*   *203*, 3 des *D* = daz   19 *kolon nach* genuoc = *punkt nach* hant   20 seneschalt = scheneschlant 23 24 = *ohne eckige klammern (fehlen Dd)*   *204*, 8 seneschalt *DG* = scheneschlant   22 dâ niemen *D* = niemen *205*, 15 armer man *D* = armman   21 *punkt* = *ohne zeichen* 22 = *in klammern mit komma*   *206*, 5 seneschalt *DG* = scheneschlant   11 gevangenen *D* = gevangen   16 der *D* = den   23 doch *D* = dô   25 *ausrufungszeichen* = 26 *ausrufungszeichen*   26 seneschalt *DG* = scheneschlant

207, 19 *punkt* = 20 *kolon* 25 lebendec *Dgg* = lebende 26 von *D* = vom 208, 15 truoc den vanen *Dddgg* = 15. 16 den vanen truoc 16 = *ohne klammern* kunde ouch *D* = kunde 22 vromen *dd* = frum 209, 5 habet *D* = habt ir 210, 2 zwischen dem *alle ausser g*=zwischem 11 *kolon* = 12 *punkt* 17 *punkt* = 18 *punkt* 20 *klammer* = *kolon* 21 *klammer* = *semikolon*

211, 23 *punkt* = 24 *punkt* 212, 4 daz der *Ddg* = der 12 *komma*, 13 *kolon*=12 *kolon*, 13 *punkt* 23 *punkt*=22 *punkt* (*Paul Beitr.* 12, 554) 213, 5 *punkt* = 6 *punkt* 11 *punkt*, 12 *ohne zeichen*, 13 *in klammern mit komma* = 11 *komma*, 12 *kolon*, 13 *punkt* (*Paul Beitr.* 2, 78) 214, 8 neinâ *Dg* = nein 14 seneschalt *DG* = scheneschlant 21 zwelf *D* = fünfzehn *punkt* = *ohne zeichen* 22. 23 = *in klammern* 30 *kolon* = *ohne zeichen* 215, 1 = *in klammern* 24 verhouwen *dg* = verhouwene 216, 9 *punkt* = 8 *punkt* 217, 15 vîent *D* = vînde 23 *punkt* = 24 *punkt* 218, 2 = *fragezeichen* 3 = *ohne klammern mit punkt* 10 mir dâ *D* = mir 14 *punkt* = 16 *punkt* 18 diz mære wart *D* = wart diz mære 219, 1 schier *D* = fier 12 seneschalt *DG* = scheneschlant 21 *punkt* = *komma* 220, 6 künege *DG* = künec 14 mînem = mîn (*Wiessner Beitr.* 26, 490) 17 *punkt* = *komma* 22 gewâpent *D* = gevangen 221, 3 *kolon nach* vrouwe = *punkt nach* wert 28 ist *Dgg* = istz 222, 1 *punkt* = 2 *punkt* 25 *punkt* = 26 *punkt* 223, 4 *kolon*, 5 *punkt* = 4 *punkt*, 5 *komma* 7 alsô *Dd* = als

V.

224, 13 nâch sus gesagetem *D* = noch sus gesagte 17 muoste er *D* = müeser 21 enwiste *D* = wîste 225, 11 = *punkt* 12 = *ohne punkt nach* gefurriert 18 trûrege *DG* = trûric 22 uns hie *D* = hie 27 = *komma* 28 = *ohne klammern mit punkt* 29 iu die brücken *Ddgg* = die brüke iu 226, 3 = *komma* 4 = *ohne klammern mit kolon* 8 vil wol *alle ausser Dg* = wol 15 als *D* = reht als 227, 3 *punkt* = 2 *punkt* 6 brücken *gg* = brükke 9 *kolon* = *ohne zeichen* 10. 11 = *in klammern* 228, 7 *punkt* = 6 *punkt* 10 = *semikolon* 26 al vrô *D* = vrô

229, 2 sider sêre D = sider 17 *punkt nach* hât = *kolon nach* sîn 19 ensultz D = sultz 21 *klammern* = *kola* 25 = *komma* 27 alumbe D = umbe 28 *punkt* = *ohne zeichen* 29 = *in klammern* 30 *komma* = *punkt* 230, 1 *punkt* = *komma* 2 zwischen D = enzwischen 3 *punkt* = 2 *punkt* 25 der D = er

231, 3 *kolon* = 2 *punkt* 4 ûzen und innen $DGdgg$ = ûze und inne *(Bock, Krit. bem. s.* 61) 8 aldâ D = dâ 10 *punkt nach* zobele = *punkt nach* galt *19* = *in klammern mit kolon* 232, 11 = *punkt* 12 = *ohne klammern mit punkt* (*Bartsch; Bätjer, Die verw. d. konj.* daz *in Wolfr. Parz. s.* 34) 17 bluomen *alle ausser G* = blüemîn 233, 12 nû seht D = seht 14 *kolon* = *punkt* 234, 3 ehte = aht 9 vrouwen Dg = juncfrouwen 12 cuns = der grâve 13 Rîle dgg = Rîl 14 mîle *alle ausser D* = mîl 21 herte unde Dg = herte 235, 6 ich D = i'z 28 ir $Ddgg$ = er 29. 30 diu DG = die *(Kinzel Zeitschr. f. d. phil.* 18, 453) 236, 1 = *kolon* 2 = *ohne klammern mit semikolon* 12 diz $Ddgg$ = dez 13 *kolon* = 14 *kolon* 237, 1 hundert muosten D = muosen hundert 2 dô D = dâ 8 *komma* = *punkt*   hôchmuote Dd *(Zeitschr. f. d. alt.* 22, 368) = hôhem muote 15 dienstes *alle ausser Dg* = diens 238, 22 alsolh D = ein sölh 239, 7 heten D = hete 240, 5 wande erz D = wan do erz 8 ungenâde *alle ausser D* = ungenande (*Braune Beitr.* 27, 565. 28, 264. 37, 565) 13 ê D = dô 24 ersach D = sach 30 wîzer D = grâwer

241, 3 werden D = werdent 22 = *kolon* 23—25 = *ohne klammern mit punkt* (*Lachmann s.* 639; *vgl. schon Ausw. s.* 112) 242, 3 *punkt* = 2 *punkt* 8 min D = minner 15 *kolon* = *komma* 27 wol D = alsô = *ohne zeichen* (*Leitzmann Beitr.* 50, 94) 243, 13 *punkt nach* kulter = *punkt nach* saz 25 *punkt* = 24 *punkt* 244, 21 dienstes dgg = diens 245, 13 etslîch Dd = etslîche 246, 5 sus D = dô 10 wæne ich *alle ausser Gg* = wætlîch 21 alsô dgg = alse 248, 6 dan scheiden D = scheiden dan 24 aldâ D = da 25 in D = an 29. 30 = *ohne eckige klammern (fehlen D)* 250, 2 wannen DG = wanne 3 ist = [ist] 8 und wol D = und 12 ir D = ir hînt 16 inner D = in

251,6 *kolon nach* Frimutel = *punkt nach* sun 25 zuo der *D* = zer   252, 3 *punkt* = 2 *punkt*   253, 5 varwe *alle* = var 254, 16 hâstû *D* = habestu 29 *punkt*, 30 *fragezeichen* = 29 *komma*, 30 *punkt* 255, 5 = *kolon* 6. 7 = *ohne klammern* 6 *komma*, 7 *ausrufungszeichen* = 6 *ausrufungszeichen*, 7 *semikolon* 12 *komma* = *fragezeichen* 256, 14 muoste *D* = daz muose 15 *punkt* = 16 *punkt* 20 = *punkt* 21. 22 = *ohne klammern mit punkt*   257, 5 *punkt* = 4 *punkt* 10 daz *D* = 'z 14 hete *D* = fuorte 18 ir *D* = ie 23. 24 = *in eckigen klammern* (*Kant, Scherz u. humor in Wolfr. dicht. s.* 80 *anm.* 3)   258, 25 *punkt* = 26 *punkt* (*Paul Beitr.* 2, 79)   259, 13 mîne nôt *Dg* = mînen tôt 14 kieset den tôt *D* = komts in nôt 15 dô sprach er *Ddgg* = *fehlt* 24 nû *D* = nune   260, 2 alsô = als 5 *Parzivals antwort* = *zur rede der Jeschute*

261, 14. 15 = *ohne klammern*   15 *komma* = *punkt* 18 schinnelier *d* = schillier 23 *kolon* = 24 *kolon* 262, 21 *punkt* = 22 *punkt*   27 *komma nach* hende = *punkt* 263, 5 *komma* = *punkt* 11 ûfe *G* = ûf 14 gediende *Dg* = gedient hie 25 *punkt* = 26 *punkt* 27 zein ander vlugen *alle ausser g* = ein ander schuben 264, 1 sage iu *D* = wil iu sagen 19 der = [der] 21 Orilus *DGgg* = Oriluses 24 kom in (chomn *D*) = kom schimphes *Dd* = smeiches 25 haben *Dgg* = hân   265, 12 in ouch *dg* (ouch *D*) = ouch in 14 eine garben *D* = ein garbe 26 unbetwungen *D* = niht bedwungen   266, 2 sô *D* = als 4 junc *D* = küene 268, 11 *punkt* = 12 *punkt* 12 der *Dd* = do'r 30 der hiez *D* = hiez   269, 2 heilectuom *Dg* = heiltuom 4 = *kolon* 5—7 = *ohne klammern mit punkt* 16 = *kolon* 17 = *ohne klammern mit punkt*   270, 8 verdecket *Dgg* = verdact 10 vingerlîn *alle ausser G* = vingerl (*Bock, Krit. bem. s.* 61) 12 der *D* = die (*Paul Beitr.* 2, 65) 15 wâpenröcke *alle* = wâpenroc 16 wæren *alle* = wære (*Paul Beitr.* 2, 65; *Bock, Krit. bem. s.* 61)

271, 23 *punkt*, 24 *kolon* = 23 *komma*, 24 *punkt* (*Bock Beitr.* 11, 191) 26 sîniu (sîne *Dd*) = sîn 272, 23 *punkt* = 24 *punkt* 28—30 = 28 wie — 29 *in klammern ohne zeichen*, 30 *fragezeichen* 273, 22 vürstinne *D* = fürstîn 27 *punkt* = 28 *punkt* 28 dô *D* = dâ 274, 5 küenem *D*

= küenen 13 dan zehant *Ddgg* = dan 14 gein Lalant
Ddgg = sân 15 bat *Ddgg.* = gein Lalant bat 275, 8 um
si *Dgg* = si 18 künec und (und *alle*) = der künec *(Bartsch:
Schulze, Zwei ausgew. kap. d. lehre v. d. mhd. wortstell.
s.* 60) 19 in und *alle ausser Ggg* = in 23 *punkt* = 24 *punkt*
276, 23 den dienest *alle ausser D* = dienest 277, 2. rittern
und *DGgg* = rittern 24 *komma* = *punkt* 278, 11 *punkt*
= 10 *punkt* 14 als ez *alle ausser d* = als *(Bock Beitr.*
11, 188) 279, 6 dienstes *alle ausser D* = diens 19 ir
hînte *D* = ir 28 Oriluse *D* = Orilus 29 dâ *Dg* = daz

VI.

3 *fragezeichen* = 4 *fragezeichen* 13. 14 Kingrûnen : Bertûnen
Ddgg = Kingrûn : Bertûn

281, 3 alsô *D* = als 5 trage *D* = hân 9 *zur rede* = *nicht
zur rede* 24 zuo dem *Dg* = zem 282, 5 sîn *D* = sîns *(Bock,
Krit. bem. s.* 57 *anm.* 1) 7 *zweites* über = [über] 11 = *kolon*
12 = *ohne klammern mit semikolon* 283, 6 *punkt* = 4 *punkt*
25 = *kolon* 26 = *ohne klammern mit punkt* 29 *punkt* = 30
punkt (Paul Beitr. 2, 79) 284, 12 wesen *D* = sîn 19 Artûsen
Ddg = Artûs 285, 9 *kolon nach* getast = *kolon nach* kalt 24
manegiu *D* = manec 286,16 des = dês 18. 19 = *ohne klammern mit punkt* 23 *punkt* = 22 *punkt* 25 *punkt* = 26 *punkt*
287, 2 sîn *ddgg* = s 12 die sinne *Gdgg* = sinne 288, 19 klôsen *D*
= klûsen 25 *punkt* = *komma* 29 dâ *D* = do 30 in
stricte *D* = stricte in 289, 7 genuoge *DGg* = genuoc
15 *punkt nach* haben = *punkt nach* geschehen 20 oder der
in *D* = od 290, 4 diz *D* = z

291, 19 *kolon* = 20 *punkt* 25 = *komma (Bartsch)*
26 = *ohne klammern mit semikolon (Bartsch)* 29 *kolon*
= *komma* 292, 3 der *dgg* = dar 293, 9 kiusche *D*
= süeze 11 règîn de = diu küneginn von 294, 24 = *ohne
gänsefüsschen(Wilmanns, Leb. u. dicht.Walth. v. d.Vogelw.
s.* 453) 27 Wâleisen = Wâleise 295, 15 durch Parzivâles
(Parzivâlen *D*) = durchs Wâleis 23 zwischen dem *Ddgg*
= zwischem 24 der zeswe *Dd* = zeswer undz *Dg* = und
26 satelgeschelle *Ggg* = satel, geschelle *(Meier Zeitschr. f.
d. phil.* 24, 548) 296,5 sîn pensieren *Ggg* = sîne gedanke
8 *komma* = *punkt* 9 wan trûren *D* = trûren 21 *punkt*

XXIII

= 20 *punkt* 23 im mîn *Gdgg* = mîn 26 ritter *D* = liute
27 *punkt* = 28 *punkt* (*Bartsch*) *297*, 7 *punkt* = 8 *kolon*
13 = *punkt* 14 = *ohne klammern mit kolon* 16 Düringen
alle ausser G = Dürgen (*Bock, Krit. bem. s.* 65) 17 *ausrufungs-
zeichen* = 18 *ausrufungszeichen* 19 daz mîn hant *D* = mîn hant
daz *299*, 9 vaterhalben *D* = vaterhalp *300*, 1 *punkt* = 2 *punkt*
12 ders *Dd* = dies (*Paul Beitr.* 2, 65) 17. 18 sîn : pîn
alle = sîne : pîne (*Kraus Abh. z. germ. phil. s.* 135 anm. 2)
18 geerbeter *alle* = gerbete 29 selben *D* = selbe

301, 9 *punkt* = *komma* 12 *kolon* = *punkt* 13 *punkt*
= 16 *punkt* 19 rêgîn = roin *302*, 12 ouwê *D* = wê 30 und
beidiu *D* = beidiu *303*, 13 *punkt* = 12 *punkt* *304*, 5 erbiutes
Dgg = erbütes 27 *kolon* = 29 *kolon* *305*, 16 vil vrô *D*
= vrô 23 wæren dar *alle* = dar (*Paul Beitr.* 2, 80; *Bock,
Krit. bem. s.* 65) *306*, 9 kusten *D* = kust in sâzen *Dg*
= sazt in 21 = *komma* (*Leitzmann Beitr.* 50, 94) *307*, 15
punkt = 16 *punkt* *308*, 8 sprach in = sprâchen 21 und
gerochen *Ddgg* = ungerochen *309*, 5 *komma* = *punkt*
11 muoste *alle ausser d* = muoz 12 dâ ze *D* = ze 21 *kolon*
= *komma* 22 = *semikolon* 23 = *ohne klammern mit
kolon* 29 *punkt* = 28 *punkt* *310*, 16 aldez = [altez]
28. 29 mit riuwen mich liezet *Dd* = mich mit riwen liezt
311, 9 *punkt* = 8 *punkt* 12 *komma* = *punkt* 13 jugent
D = jugende 17 trüeber *Dd* = trüeberm 18 von sînem
alle = vonme (*Bock, Krit. bem. s.* 65) *punkt* = 19 *kolon*
312, 6 = *punkt* 7 einen mûl *DG* = ein mûl 15 var *D* = gevar
28 = *kolon* 29 = *ohne klammern mit punkt* wan der *D* = wand
er *313*, 25 hâres snuor *D* = hârsnuor 26 mit *Dg* = durch
29 *kolon* = 30 *kolon* (*Paul Beitr.* 2, 80) *314*, 2 einen *D* = ein si
vuorte *D* = fuorte se 20 = *kolon* 21. 22 = *ohne klammern mit
punkt* *315*, 9 *punkt* = 10 *punkt* 11 der *D* = den 19 der = [der]
30 *fragezeichen* = *punkt* *316*, 2 *komma* = *ausrufungs-
zeichen* 9 alsô *D* = als *punkt* = 10 *punkt* 12. 20 *komma*
= *ausrufungszeichen* 29 *ausrufungszeichen* = 28 *ausrufungs-
zeichen* (*Hoffmann, Der einfl. d. reims auf d. spr. Wolfr. s.* 67)
317, 5 *punkt* = 7 *punkt* 11 *kolon* = 12 *punkt* 19 ir *Dgg*
= sîn *318*, 26 dannen *D* = vome ringe *319*, 17 *kolon*
= 18 *punkt* 27 des = dez *320*, 5 ûzen zuo dem *alle
ausser g* = ûz zem 27 im enwirt *D* = dem wirt

321, 5 *punkt* = 7 *punkt* 18 über = [über] 19 künege *DG* = künec 20 hôhen stat *D* = houbetstat 22 in kamphes *Dg* = kampfes vâr = var (*besserung Pauls*) *322*, 3 *punkt* = 4 *punkt* 24 enmachet *D* = machet *323*, 2 *komma* = *kolon* 3 ûf und *alle ausser D* = ûf 30 ichz laster müeste *D* = ich müesez laster 12 êre *D* = êren *326*, 12 Parzivâl *D* = der Wâleis 15 Clâmidên *Dd* = Clâmidê *327*, 3 punkt = 4 *punkt* 11 *punkt* = 12 *punkt* 15 *punkt* = 16 *punkt* 22 und Artûs *D* = Artûs 30 *punkt* = *komma* *328*, 1 *komma* = *punkt* 8 *kolon*, 9 *punkt* = 8 *punkt*, 9 *komma* 17 ist er = [ist er] 20 dâ her *D* = her 25 niemen *D* = nie man *331*, 9 *punkt* = 8 *kolon* 17 dienstes *alle ausser Dg* = diens *332*, 3 *punkt* = 4 *punkt* 5 dienstes *alle ausser Dg* = diens 11 *punkt*, 13 *komma* = 11 *semikolon*, 13 *kolon* 24 sprach *Ddg* = jaeh *333*, 4 îserharnas = îsernharnasch 13 *punkt* = 14 *punkt* 22 rætet *D* = râte *334*, 13 = *ohne klammern mit punkt* 21 dritte *D* = dritte heizt *335*, 14. 15 = *ohne klammern mit kolon* 17 mære *D* = wâre 21 starke *Ddgg* = starc 17 *punkt* = 16 *punkt* *337*, 18 von kiusche *D* = kiusche 26 zebrechen *D* = brechen 30 stegereifen *D* = stegreif

Parzival

I.

1 Ist zwîvel herzen nâchgebûr,
daz muoz der sêle werden sûr.
gesmæhet und gezieret
ist swâ sich parrieret
5 unverzaget mannes muot,
als agelstern varwe tuot.
der mac dennoch wesen geil,
wandę an im sint beidiu teil,
des himels und der helle.
10 der unstæte geselle
hât die swarzen varwe gar
und wirt ouch nâch der vinster var:
sô habet sich an die blanken
der mit stæten gedanken.
15 diz vliegende bispel
ist tumben liuten gar ze snel:
si enmugens niht erdenken,
wandę ez kan vor in wenken
rehtę alsam ein schellec hase.
20 zin anderhalp an dem glase
gelichet und des blinden troum,
diu gebent antlitzes roum,
doch mac mit stæte niht gesin
dirre trüebe lihte schîn:
25 er machet kurze vreudę alwâr.
wer roufet mich dâ nie dehein hâr
gewuohs, innen an miner hant?

der hât vil nâhe griffę erkant.
sprichę ich gein den vorhten och,
30 daz gelichet miner witzę iedoch.
wil ich triuwe vinden
aldâ si kan verswinden
als viur in dem brunnen
und daz tou an der sunnen?
5 ouch erkandę ich nie sô wîsen man,
er enmöhte gerne künde hân
welher stiure disiu mære gernt
und waz si guoter lêre wernt.
dar an si nimmer des verzagent,
10 beide si vliehent unde jagent,
si entwichent unde kêrent,
si lasternt und êrent.
swer mit disen schanzen allen kan,
an dem hât witze wol getân,
15 der sich niht versitzet noch vergêt
und sich anders wol verstêt.
valsch geselleclicher muot
ist zuo dem helleviure guot
und ist hôher werdekeit ein hagel.
20 sin triuwe hât sô kurzen zagel
daz si den dritten biz niht galt,
vuor si bî bremen in den walt.
dise maneger slahte underbint
iedoch niht gar von manne sint:
25 vür diu wîp stôzę ich disiu zil.
swelhiu min râten merken wil,
diu sol wizzen war si kêre
ir pris und ir êre
und wem si dâ nâch sî bereit
30 minne und ir werdekeit,
sô daz si niht geriuwe
ir kiusche und ir triuwe.
vor gotę ich guoten wîben bite
daz in rehtiu mâze volge mite:
5 schamę ist ein slôz ob allen siten.
ich endarf in niht mêr heiles biten.

diu valsche erwirbet valschen pris.
wie stæte ist ein dünnez îs
daz ougestheize sunnen hât?
10 ir lop vil balde alsus zergât.
    manec wibes schœne an lobe ist breit:
ist dâ daz herze konterfeit,
die lobe ich als ich solde
daz safer in dem golde.
15 ich enhân daz niht vür lihtiu dinc,
swer in den kranken messinc
verwürket edelen rubin
und al die âventiure sîn:
dem geliche ich rehten wibes muot.
20 diu ir wipheit rehte tuot,
dâ ensol ich varwe prüeven niht
noch herzen dach daz man siht.
ist si innerhalp der brust bewart,
sôst werder prîs dâ niht verschart.
25   solde ich wîp unde man
ze rehte prüeven als ich kan,
dâ vüere ein langez mære mite.
nû hœrt dirre âventiure site:
diu lât iuch wizzen beide
30 von liebe und von leide,
vreude und angest vert dâ bî.
nû lât min eines wesen drî,
der ieslicher sunder phlege
daz miner künste widerwege
5 (dar zuo gehôrte wilder vunt):
ob si iu gerne tæten kunt
daz ich iu eine künden wil,
si heten arbeite vil.
    ein mære ich iu wil niuwen,
10 daz saget von grôzen triuwen,
wiplîchez wibes reht
und mannes manheit alsô sleht,
diu sich gein herte nie gebouc.
sin herze in dar an niht betrouc,
15 er stahel, swâ er ze strîte quam,

sîn hant dâ sigelîchen nam
vil manegen lobelîchen prîs.
er küene, træclîche wîs
(den helt ich alsus grüeze),
20 er wîbes ougen süeze
und dâ bî wîbes herzen suht,
vor missewendę ein wâriu vluht,
den ich hie zuo hân erkorn,
erst mæreshalp noch ungeborn
25 dem man dirrę âventiure giht
und wunders vil des dran geschiht.

Si phlegents noch als mans dô phlac,
swâ liget und welsch gerihte lac
(des phliget ouch tiuscher erdę ein ort:
30 daz habet ir âne mich gehôrt),
swer ie dâ phlac der lande,
der gebôt wol âne schande
(daz ist ein wârheit sunder wân)
daz der eldest bruoder solde hân
5 sîns vater ganzen erbeteil.
daz was der jungern unheil,
daz in der tôt die phlihte brach
als in ir vater leben verjach.
dâ vor was ez gemeine:
10 sus hâtz der elder eine.
daz schuof iedoch ein wîse man,
daz alder guot solde hân.
jugent hât vil werdekeit,
daz alder siuften unde leit:
15 ez enwart nie niht als unvruot
sô alder und armuot.
künege, grâven, herzogen
(daz sagę ich iu vür ungelogen),
daz die dâ huobę enterbet sint
20 unz an daz elder kint,
daz ist ein vremdiu zeche.
der kiusche und der vreche
Gahmuret der wîgant

verlôs sus bürge unde lant,
25 dâ sîn vater schône
truoc zepter und die krône
mit grôzer küneclîcher kraft,
unz er lac tôt an ritterschaft.
dô klagete man in sêre.
30 die ganzen triuwe und êre
brâhte er unz an sînen tôt.
sin elder sun vür sich gebôt
den vürsten ûz sinem rîche.
die kômen ritterlîche,
5 wan si ze rehte solden hân
von im grôz lêhen sunder wân.
dô si ze hove wâren komen
und ir reht was vernomen,
daz si ir lêhen alle emphiengen,
10 nû hœrt wie siz an geviengen.

si gerten, als ir triuwe riet,
rîche und arme, gar diu diet,
einer kranken ernstlîchen bete,
daz der künec an Gahmurete
15 bruoderlîche triuwe mêrte
und sich selben êrte,
daz er in niht gar verstieze
und im sins landes lieze
hantgemælde, daz man möhte sehen
20 dâ von der herre müeste jehen
sîns namen und sîner vriheit.
daz was dem künege niht ze leit.
er sprach: 'ir kunnet mâze gern:
ich wil iuch des und vürbaz wern.
25 wan nennet ir den bruoder mîn
Gahmuret Anschevîn?
Anschouwe ist mîn lant:
dâ wesen beide von genant.'
sô sprach der künec hêre:
30 'mîn bruoder der mac sich mêre
der stæten helfe an mich versehen,
denne ich sô gâhes welle jehen.

er sol mîn ingesinde sîn.
deiswâr ich tuon iu allen schîn
5 daz uns beide ein muoter truoc.
er hât wênec und ich genuoc:
daz sol im teilen sô mîn hant,
daz des mîn sælde niht sî phant
vor dem der git unde nimt.
10 ûf reht in beider der gezimt.'
dô die vürsten riche
vernâmen al gelîche
daz ir herre triuwen phlac
(diz was in ein lieber tac),
15 ieslicher im sunder neic.
Gahmuret niht langer sweic
der volge als im sîn herze jach.
zem künege er guotlîche sprach:
'herre unde bruoder mîn,
20 wolde ich ingesinde sîn
iuwer oder deheines man,
sô hete ich mîn gemach getân.
nû prüevet dar nâch mînen prîs
(ir sit getriuwe unde wîs)
25 und râtet als ez geziehe nuo:
dâ grîfet helflîche zuo.
niht wan harnas ich hân:
hete ich dar inne mêr getân
daz virrec lop mir bræhte,
30 etswâ man mîn gedæhte.'
    Gahmuret sprach aber sân:
'sehzehen knappen ich hân,
der sehse von îser sint.
dar zuo gebet mir vier kint
5 mit guoter zuht von hôher art.
vor den wirt nimmer niht gespart
des ie bejagen mac mîn hant.
ich wil kêren in diu lant:
ich hân ouch ê ein teil gevarn.
10 ob mich gelücke wil bewarn,
sô erwirbe ich guotes wîbes gruoz.

I.

ob ich ir dar nâch dienen muoz
und ob ich des wirdec bin,
sô rætet mir min bester sin
15 daz ichs mit rehten triuwen phlege.
got wîse mich der sælden wege.
wir vuoren geselleclîche
(dennoch hetę iuwer rîche
unser vater Gandîn):
20 manegen kumberlîchen pîn
wir beide dolden umbe liep.
ir wâret ritter unde diep,
ir kundet dienen unde heln:
wan kundę ouch ich nû minne steln!
25 ouwê wan hetę ich iuwer kunst
und anderhalp die wâren gunst!'
 der künec siufzetę unde sprach:
'ouwê daz ich dich ie gesach,
sît dû mit schimphlîchen siten
30 min ganzez herze hâs versniten
und tuos ob wir uns scheiden.
mîn vater hât uns beiden
gelâzen guotes harte vil,
des stôze ich dir gelîchiu zil:
5 ich bin dir herzenlîchen holt.
lieht gesteine, rôtez golt,
liute, wâpen, ors, gewant,
des nim sô vil von mîner hant
daz dû nach dînem willen vars
10 und dîne mildekeit bewars.
dîn manheit ist ûz erkorn:
wærstû von Gilstram geborn
oder komen her von Ranculat,
ich hete dich immer an der stat
15 als ich dich sus vil gerne hân.
dû bist mîn bruoder sunder wân.'
 'herre, ir lobet mich umbe nôt,
sît ez iuwer zuht gebôt:
dar nâch tuot iuwer helfe schîn.
20 welt ir und diu muoter mîn

mir teilen iuwer varnde habe,
sô stîgẹ ich ûf und ninder abe.
min herzẹ iedoch nâch hœhe strebet:
ich enweiz war umbẹ ez alsus lebet.
25 daz mir swillet sus mîn winster brust.
ouwê war jaget mich mîn gelust?
ich solz versuochen, ob ich mac.
nû nâht mîn urloubes tac.'
    der künec in alles werte,
30 mêr dennẹ er selbe gerte:
vünf ors erwelt und erkant,
diu besten über al sin lant,
küene, starc, niht ze laz,
manec tiure goltvaz
5 und manegen guldînen klôz.
den künec wênec des verdrôz,
er envultes im vier soumschrîn.
gesteines muostẹ ouch vil dar în.
dô si gevüllet lâgen,
10 knappen die des phlâgen
wâren wol gekleidet und geriten.
dâ enwart jâmer niht vermiten,
dô er vür sîne muoter gienc
und sị in sô vaste zuo ir vienc.
15 'fil li roi Gandîn,
wiltû niht langer bî mir sin?'
sprach daz wîpliche wîp.
'ouwê nû truoc dich doch mîn lip:
dû bist ouch Gandînes kint.
20 ist got an siner helfe blint
oder ist er dran betoubet,
daz er mir niht geloubet?
sol ich nû niuwen kumber haben?
ich hân mîns herzen kraft begraben,
25 die süeze miner ougen:
wil er mich vürbaz rouben
und ist doch ein rihtære,
sô liuget mir daz mære
als man von sîner helfe saget,

30 sit er an mir ist sus verzaget.'
    dô sprach der junge Anschevîn:
'got trœste iuch, vrouwe, des vater min:
den suln wir beidiu gerne klagen.
iu enmac nie man von mir gesagen
5 deheiniu klagelîchiu leit.
ich var durch mîne werdekeit
nâch ritterschaft in vremdiu lant.
vrouwe, ez ist sus bewant.'
dô sprach diu küneginne:
10 'sit dû nâch hôher minne
wendes dienest unde muot,
lieber sun, lâ dir mîn guot
ûf die vart niht versmâhen.
heiz von mir emphâhen
15 dîne kameræere
vier soumschrîn swære:
dâ ligent inne phelle breit,
ganze die man nie versneit,
und manec tiure samît.
20 süezer man, lâ mich die zît
hœren, wenne dû wider kums:
an mînen vreuden dû mir vrums.'
'vrouwe, des enweiz ich niht,
in welhem lande man mich siht:
25 wan swar ich von iu kêre,
ir habet nâch ritters êre
iuwer werdekeit an mir getân.
ouch hât mich der künec lân
als im mîn dienest danken sol.
30 ich getrûwe iu des vil wol,
daz ir in deste werder hât,
swie joch mir mîn dinc ergât.'
    als uns diu âventiure saget,
dô hete der helt unverzaget
5 emphangen durch liebe kraft
und durch wîplîch geselleschaft
kleinœtes tûsent marke wert.
swâ noch ein jude phandes gert,

I.

  er möhtez dâ vür emphâhen,
10 ez endorfte im niht versmâhen.
  daz sande im ein sin vriundin.
  an sînem dienste lac gewin,
  der wîbe minne und ir gruoz:
  doch wart im selten kumbers buoz.
15   urloup nam der wigant.
  muoter, bruoder noch des lant
  sin ouge nimmer mêr erkôs:
  dar an doch maneger vil verlôs,
  der sich hete an im erkant,
20 ê daz er wære dan gewant,
  mit deheiner slahte günste zil.
  den wart von im gedanket vil:
  es dûhte in mêre denne genuoc.
  durch sine zuht er nie gewuoc
25 daz siz tæten umbe reht:
  sîn muot was ebener denne sleht.
  swer selbe saget wie wert er sî,
  dâst lîhte ein ungeloube bi:
  es solden die umbesæzen jehen
30 und ouch die hêten gesehen
13 sîniu werc dâ er vremde wære,
  sô geloupte man daz mære.
   Gahmuret der site phlac,
  den rehtiu mâze widerwac
5 und ander schanze enkeine:
  sîn rüemen daz was kleine,
  grôze êre er lidenlîche leit,
  der lôse wille in gar vermeit.
  doch wânde der gevüege
10 daz niemen krône trüege,
  künec, keiser, keiserîn,
  des massenie er wolde sîn,
  niwan eines der die hœsten hant
  trüege ûf erde über elliu lant:
15 der wille in sînem herzen lac.
  im wart gesaget, ze Baldac
  wære ein sô gewaldec man

daz im der erde undertân
diu zwei teil wæren oder mêr.
20 sîn name heidensch was sô hêr,
daz man in hiez der bâruc.
er hetẹ an kreftẹ alsolhen zuc,
vil künege wâren sîne man,
mit gekrôntem lîbe undertân.
25 des bâruc ambet hiute stêt.
seht wie man kristen ê begêt
ze Rômẹ, als uns der touf vergiht,
heidensch orden man dort siht:
ze Baldac nement sị ir bâbestreht.
30 daz dunket sị âne krümben sleht:

14 der bâruc in vür sünde
gît wandels urkünde.
zwêne bruoder von Babilôn,
Pompêjus und Ipomidôn,
5 den nam der bâruc Nînivê.
daz was al ir vordern ê:
si tâten wer mit krefte schîn.
dar kom der junge Anschevîn:
dem wart der bâruc vil holt.
10 jâ nam nâch dienstẹ aldâ den solt
Gahmuret der werde man.
nû erloubet im daz er müeze hân
ander wâpen dennẹ im Gandîn
dâ vor gap, der vater sîn.
15 der herre phlac mit gernden siten
ûf sîne kovertiur gesniten
anker lieht hermîn:
dâ nâch muostẹ ouch daz ander sîn,
ûf sînem schildẹ und an der wât.
20 noch grüener dennẹ ein smârât
was geprüevet sîn gereite gar
und nâch dem achmardî var:
daz ist ein sîdîn lachen.
dar ûz hiez er im machen
25 wâpenroc und kursît
(ez ist bezzer denne der samît),

hermîn anker drûf genæt,
guldîniu seil dran gedræt.
   sînę anker heten niht bekort
30 ganzes landes noch landes ort:
   dâ enwâren sj ninder în geslagen.
   der herre muoste vürbaz tragen
   disen wâpenlîchen last
   in manegiu lant, der werde gast,
5 nâch dem anker disiu mâl,
   wandę er deheiner slahte twâl
   hete ninder noch gebite.
   wie vil er lande durchrite
   und in schiffen umbevüere?
10 ob ich iu dâ nâch swüere,
   sô saget iu ûf mînen eit
   min ritterlîchiu sicherheit,
   als mir diu âventiure giht.
   ich enhân nû mêr geziuges niht.
15 diu saget, sîn manlîchiu kraft
   behielt den prîs in heidenschaft,
   ze Marroch und ze Persiâ.
   sîn hant bezalde ouch anderswâ,
   ze Dômas und ze Hâlap
20 und swâ man ritterschaft dâ gap,
   zArâbîe und vor Arâbî,
   daz er was gegenstrîtes vrî
   vor ieslîchem einem man.
   disen ruoft er dâ gewan.
25 sîns herzen gir nâch prîse greif:
   ir aller tât vor im zesleif
   und was vil nâch entnihtet.
   sus was ie der berihtet,
   der gein im tjostierens phlac.
30 man jach im des ze Baldac,
   sîn ellen strebete sunder wanc.
       von dan vuor er gein Zazamanc
   in daz künecrîche.
      die klageten al gelîche
5 Îsenharten, der den lîp

I.

    in dienste verlôs umbę ein wîp:
    des twanc in Belacâne.
    diu süeze valsches âne,
    daz sį im ir minne nie gebôt,
10 des lac er nâch ir minne tôt.
    den râchen sîne mâge
    offenlîchę und an der lâge:
    die vrouwen twungen si mit her.
    diu was mit ellenthafter wer,
15 dô Gahmuret kom in ir lant,
    daz von Schotten Vridebrant
    mit schiffes her verbrande,
    ê daz er dannen wande.
       nû hoeret wie unser ritter var.
20 daz mer warf in mit sturme dar,
    sô daz er kûmę iedoch genas.
    gein der küneginne palas
    kom er gesigelt in die habe:
    dâ wart er vil geschouwet abe.
25 dô sach er ûz an daz velt:
    dâ was geslagen manec zelt
    alumbe die stat, wan gein dem mer.
    dâ lâgen zwei kreftegiu her.
    dô hiez er vrâgen der mære,
30 wes diu burc wære:
17 [wan ir künde nie gewan
    er noch dehein sin schifman.]
    si tæten sînen boten kunt,
    ez wære Patelamunt.
5 daz wart im minneclichę enboten.
    si manden in bî ir goten
    daz er in hülfe: des wærę in nôt,
    si enrüngen niht wan umbe den tôt.
    dô der junge Anschevîn
10 vernam ir kumberlîchen pîn,
    er bôt sîn dienest umbe guot,
    als noch vil dickę ein ritter tuot,
    oder daz sį im sageten umbe waz
    er solde doln der vinde haz.

15 dô sprach ûz einem munde
der siechę und der gesunde,
daz im wærę al gemeine
ir golt und ir gesteine,
des soldę er alles herre wesen
20 und er möhte wol bî in genesen.
doch bedorftę er wênec soldes:
von Arâbî des goldes
hetę er manegen knollen brâht.
liute vinster sô diu naht
25 wâren alle die von Zazamanc.
bî den dûhte in diu wîle lanc:
doch hiez er herberge nemen.
des mohtę ouch si vil wol gezemen,
daz sį im die besten gâben.
30 die vrouwen dennoch lâgen
zen venstern unde sâhen dar:
si næmen des vil rehte war,
sîne knappen und sin harnas,
wie daz gefeitieret was.
5 dô truoc der helt milde
ûf einem hermîn schilde
ich enweiz wie manegen zobelbalc:
der küneginne marschalc
hetez vür einen anker grôz.
10 ze sehen in wênec dar verdrôz.
dô muosten sîniu ougen jehen
daz er hete ê gesehen
disen ritter oder sinen schîn.
daz muoste zAlexandrîe sin,
15 dô der bâruc dâ vor lac:
sînen prîs dâ niemen widerwac.
sus vuor der muotes rîche
in die stat behagenlîche.
zehen soumære hiez er vazzen.
20 die zogeten hin die gazzen:
dâ riten zweinzec knappen nâch.
sîn bovel man dort vor ersach:
garzûne, koche und ir knaben

heten sich hin vür erhaben.
25 stolz was sîn gesinde.
zwelf wol geborner kinde
dâ hinden nâch den knappen riten
an guoter zuht mit süezen siten:
etslicher was ein Sarrazin.
30 dar nâch muoste ouch getrecket sîn
aht ors mit zindâle
verdecket al zemâle,
daz niunde sînen satel truoc.
ein schilt, des ich ê gewuoc,
5 den vuorte ein knappe vil gemeit.
dâ bi nâch den selben reit
pusûner, der man noch bedarf.
ein tambûrer sluoc und warf
hôhe sine tambûr.
10 den herren nam vil untûr,
dâ enriten floitierre bî
und guoter videlære drî.
den was allen niht ze gâch.
selbe reit er hinden nâch
15 und sîn marnære,
der wîse und der mære.
swaz da was volkes inne,
mœre und mœrinne
was beidiu wîp unde man.
20 der herre schouwen began
manegen schilt zebrochen,
mit spern gar durchstochen:
der was dâ vil gehangen vür
an die wendę und an die tür.
25 si heten jâmer unde guft.
in diu venster gein dem luft
was gebettet manegem wunden man,
swennę er den arzât gewan,
daz er doch mohte niht genesen.
30 der was bî vînden gewesen:
sus warp ie der ungerne vlôch.
vil orse man im widerzôch

durchstochen und verhouwen.
manege tunkele vrouwen
5 sach er beidenthalben sin,
nâch rabens varwe was ir schîn.
  sîn wirt in minneclîchę emphienc,
daz im nâch vreuden sît ergienc.
daz was ein ellens rîcher man:
10 mit sîner hant hetę er getân
manegen stich unde slac,
wandę er einer porten phlac.
bî dem er manegen ritter vant,
die ir hende hiengen in diu bant
15 und den ir houbet wâren verbunden.
die heten solhe wunden,
daz si doch tâten ritterschaft:
si heten lâzen niht ir kraft.
der burcgrâve von der stat
20 sinen gast dô minneclîchen bat,
daz er niht verbære
al daz sîn wille waere
über sîn guot und über den lîp.
er vuortę in dâ er vant sîn wîp,
25 diu Gahmureten kuste,
des in doch wênec geluste.
dar nâch vuor er enbîzen sân.
  dô diz alsus was getân,
der marschalc vuor von im zehant
30 aldâ er die küneginne vant,
und iesch vil gróziu botenbrôt.
er sprach: 'vrouwe, unser nôt
ist mit vreuden zegangen.
den wir hie haben emphangen,
5 daz ist ein ritter sô getân,
daz wir ze vlêhen immer hân
unsern goten, die in uns brâhten,
daz si des ie gedâhten.'
'nû sage mir ûf die triuwe dîn,
10 wer der ritter müge sin.'
'vrouwę, er ist ein degen fier,

des bâruckes soldier,
ein Anschevîn von hóher art.
âvoi wie wênec wirt gespart
15 sîn lîp, swâ man in læzet an!
wie rehte er dar unde dan
entwîchet unde kêret!
die vînde er schaden lêret.
ich sach in strîten schône:
20 dâ die Babilône
Alexandrie lœsen solden
und dô si dannen wolden
den bâruc trîben mit gewalt,
waz ir dâ nider wart gevalt
25 an der schumphentiure!
dâ begienc der gehiure
mit sînem lîbe solhe tât,
si heten vliehens deheinen rât.
dar zuo hôrte ich in nennen,
30 man solde wol erkennen
22 daz er den pris über manegiu lant
hete al eine ze sîner hant.'
'nû sich et wenne oder wie
und vüege daz er mich spreche hie.
5 wir hân doch vride al disen tac:
dâ von der helt wol rîten mac
her ûf ze mir oder sol ich dar?
erst anders denne wir gevar:
ouwî wan tæte im daz niht wê!
10 daz hete ich gerne ervunden ê,
ob mirz die mîne rieten:
ich solde im êre bieten,
geruochet er mir nâhen.
wie sol ich in emphâhen?
15 ist er mir dar zuo wol geborn,
daz mîn kus niht sî verlorn?'
'vrouwe, erst vür küneges künne erkant:
des sî mîn lîp genennet phant.
vrouwe, ich wil iuwern vürsten sagen,
20 daz si rîchiu kleider tragen

        und daz si vor iu bîten,
        unz daz wir zuo ziu rîten:
        daz saget ir iuwern vrouwen gar.
        wan swennę ich nû hin nider var,
    25 sô bringę ich iu den werden gast,
        dem süezer tugende nie gebrast.'
            harte wênec des verdarp,
        vil behendeclîchen warp
        der marschalc sîner vrouwen bete.
    30 balde wart dô Gahmurete
        rîchiu kleider dar getragen,
        diu legetę er an: sus hôrtę ich sagen,
        daz diu tiure wæren.
        anker die swæren
     5 von arâbischem golde
        wâren drûfe als er wolde.
        dô saz der minnen geltes lôn
        ûf ein ors, daz ein Babilôn
        gein im durch tjostieren reit:
    10 den stach er drabe, daz was dem leit.
        ob sin wirt iht mit im var?
        er und sîne ritter gar:
        jâ deiswâr, si sint es vrô.
        si riten mit ein ander dô
    15 und erbeizten vor dem palas,
        dâ manec ritter ûfe was:
        die muosten wol gekleidet sîn.
        sîniu kinder liefen vor im în,
        ie zwei ein ander an der hant.
    20 ir herre manege vrouwen vant,
        gekleidet wünneclîche.
            der küneginne rîche
        ir ougen vuocten hôhen pin,
        dô si gesach den Anschevîn
    25 (der was minneclîch gevar),
        daz er entslôz ir herze gar,
        ez wære ir liep oder leit:
        daz beslôz dâ vor ir wîpheit.
        ein wênec si gein im dô trat,

I.

    30 ir gast si sich küssen bat.
24   si nam in selbe mit der hant,
    gein den vinden an die want
    sâzen sị in diu venster wît
    ûf einen kulter, gesteppet samît,
    5 dar under ein weichez bette lac.
    ist iht liehters denne der tac,
    dem gelichte niht diu künegin.
    si hete wîplîchen sin
    und was aber anders ritterlich:
    10 der touwegen rôsen ungelîch,
    nâch swarzer varwe was ir schîn,
    ir krônẹ ein liehter rubin.
    ir houbet man dâ durch sach.
        diu wirtîn zir gaste sprach,
    15 daz ir liep wærc sîn komen.
    'herrẹ, ich hân von iu vernomen
    vil ritterlîcher werdekeit.
    durch iuwer zuht lât iu niht wesen leit,
    ob ich iu mînen kumber klage,
    20 den ich nâhẹ in mînem herzen trage.'
    'mîn helfẹ iuch, vrouwe, niht irret.
    swaz iu war oder wirret,
    swâ daz wenden sol mîn hant,
    diu sî ze dienste dar benant.
    25 ich bin niht wan einec man:
    swer iu tuot oder hât getân,
    dâ biutẹ ich gegen mînen schilt.
    die vinde wênec des bevilt.'
        mit zühten sprach ein vürste sân:
    30 'hete wir einen houbetman,
25   wir solden vinde wêncc sparn,
    sît Vridebrant ist hin gevarn.
    der lœset dort sîn eigen lant:
    ein künec, heizet Hernant,
    5 den er durch Herlinde sluoc,
    des mâge tuont im leit genuoc,
    si enwellent sichs niht mâzen.
    er hât hie helde lâzen,

den herzogen Hiutegêr,
10 des rittertât uns manegiu sêr
vrumt, und sin geselleschaft.
ir strît hât kunst unde kraft.
sô hât hie manegen soldier
von Normandie Gaschier,
15 der wîse degen hêre.
noch hât hie ritter mêre
Kailet von Hoskurast.
manegen zornegen gast
die bræhten allę in ditze lant,
20 der Schotten künec Vridebrant
und sîner genôze viere.
mit manegem soldiere
westerhalp dort an dem mer
dâ liget Îsenhartes her
25 mit vliezenden ougen.
offenlich noch tougen
gesach si nimmer mêr dehein man,
si enmüesten jâmers wunder hân.
ir herzen regen die güsse warp,
30 sît an der tjost ir herre starp.'

  der gast zer wirtinne
sprach mit ritters sinne:
'saget mir, ob irs geruochet,
durch waz man iuch sô suochet
5 zornlîche mit gewalt.
ir habet sô manegen degen balt:
mich müet daz si sint verladen
mit vînde hazze nâch ir schaden.'
  'daz sagę ich iu, herre, sît irs gert.
10 mir diendę ein ritter, der was wert:
sîn lîp was tugendę ein bernde ris.
der helt was küenę unde wis,
der triuwę ein reht beklibeniu vruht.
sîn zuht wac vür alle zuht.
15 der was noch kiuscher dennę ein wîp,
vrecheit und ellen truoc sîn lîp.
sô engewuohs an ritter milder hant

I.

vor im nie über elliu lant.
ich enweiz waz nâch uns sül geschehen:
20 des lâzen ander liute jehen
er was gein valscher vuorę ein tôr,
in swarzer varwę als ich ein môr.
sîn vater hiez Tankanîs,
ein künec, der hetę ouch hôhen prîs.
25 mîn vriunt der hiez Îsenhart.
mîn wipheit was unbewart,
dô ich sîn dienst nâch minnę emphienc.
daz ez im nâch vreuden niht ergienc,
des muoz ich immer jâmer tragen.
30 si wænent daz ich in schuof erslagen:
27 verrâtens ich doch wênec kan.
swie mich des zîhen sîne man,
er was mir lieber danne in.
âne geziugę ich des niht bin,
5 mit den ichz sol bewæren noch:
die rehten wârheit wizzen doch
mîne gotę und ouch die sîne.
er gap mir manege pîne.
nû hât min schamdiu wîpheit
10 sîn lôn erlenget und mîn leit.
dem heldę erwarp min magetuom
an ritterschefte manegen ruom.
dô versuochtę ich in, ob er kunde sîn
ein vriunt: daz wart vil balde schîn.
15 er gap durch mich sîn harnas
enwec; daz als ein palas
dort stêt, daz ist sîn hôchgezelt:
daz brâhten Schotten ûf diz velt.
dô daz der helt âne wart,
20 sin lîp dô wênec wart gespart:
des lebens in dâ nâch verdrôz.
manegę âventiure suochtę er blôz:
dô diz alsô was,
ein vürste Protizilas
25 (der hiez mîn massenîe),
vor zageheit der vrîe,

    ûz durch âventiure reit,
    dâ grôz schade iṇ niht vermeit,
    zem fôreist in Azagouc.
30 ein tjost im sterben niht erlouc,
    die er tet ûf einen küenen man,
    der ouch sîn endẹ aldâ gewan:
    daz was mîn vriunt Îsenhart.
    ir ieweder innen wart
 5 eins spers durch schilt und durch den lîp.
    daz klagẹ ich noch vil armez wîp:
    ir beider tôt mich immer müet,
    ûf mîner triuwe jâmer blüet.
    ich enwart nie wîp deheines man.'
10 Gahmureten dûhte sân,
    swie si wærẹ ein heidenin,
    mit triuwen wîplîcher sin
    in wîbes herze nie geslouf.
    ir kiusche was ein reiner touf
15 und ouch der regen der si begôz,
    der wâc der von ir ougen vlôz
    ûf ir zobel und an ir brust.
    riuwen phlege was ir gelust
    und rehtiu jâmers lêre.
20 si sagetẹ im vürbaz mêre:
    'dô suochte mich von über mer
    der Schotten künec mit sînem her:
    der was sîns œheimes sun.
    si enmohten mir niht mêr getuon
25 schaden, denne mir was geschehen
    an Îsenhartẹ, ich muoz es jehen.'
    diu vrouwẹ ersiufte dicke.
    durch die zeher manege blicke
    si schamde gastlîchen sach
30 an Gahmureten: dô verjach
    ir ougen dem herzen sân,
    daz er wære wol getân.
    si kundẹ ouch liehte varwe spehen,
    wan si hete ê gesehen
 5 manegen liehten heiden.

I.

aldâ wart under in beiden
ein vil getriulîchiu ger:
sie sach dar und er sach her.
   dar nâch hiez si schenken sân.
10 torste si, daz wære verlân:
ez müete sį daz ez niht beleip,
wandę ez die ritter ie vertreip,
die gerne sprâchen wider diu wîp.
doch was ir lip sîn selbes lîp:
15 ouch hetę er ir den muot gegeben,
sin leben was der vrouwen leben.
dô stuont er ûf unde sprach:
'vrouwę, ich tuon iu ungemach:
ich kan ze lange sitzen.
20 daz entuon ich niht mit witzen.
mir ist vil dienestlîchen leit
daz iuwer kumber ist sô breit.
vrouwe, gebietet über mich:
swar ir welt, darst mîn gerich.
25 ich dienę iu allez daz ich sol.'
si sprach: 'herre, des trûwę ich wol.'
   der burcgrâve, sîn wirt,
nû vil wênec des verbirt,
er enkürzę im sîne stunde.
30 ze vrâgen er begunde,
ob er wolde baneken rîten,
'und schouwet wâ wir strîten,
wie unser porten sin behuot.'
Gahmuret der degen guot
5 sprach, er wolde gerne sehen
wâ ritterschaft dâ wære geschehen.
her abe mit dem helde reit
manec ritter vil gemeit,
hie der wîse, dort der tumbe.
10 si vuorten in alumbe
vûr sehzehen porten.
si beschieden im mit worten,
daz der deheiniu wære bespart,
'sît würde gerochen Îsenhart

15 an uns mit zorne, naht noch tac.
unser strit vil nâch gelîche wac:
man beslôz ir deheine sît.
uns gît vor ehte porten strît
des getriuwen Îsenhartes man.
20 die hânt uns schaden vil getân:
si ringent mit zorne,
die vürsten wol geborne,
des küneges man von Azagouc.'
vor ieslîcher porte vlouc
25 ob küener schar ein liehter vane,
ein durchstochen ritter drane.
'als Îsenhart den lîp verlôs,
sîn volc diu wâpen dâ nâch kôs:
dâ gein hân wir einen site,
30 dâ stille wir ir jâmer mite.

31 unser vanen sint erkant,
daz zwêne vinger ûz der hant
biutet gein dem eide,
ir engeschæhe nie sô leide,
5 wan sît daz Îsenhart lac tôt
(mîner vrouwen vrumte er herzen nôt),
sus stêt diu künegîn gemâl,
vrou Belacâne, sunder twâl
in einen blanken samît
10 gesniten von swarzer varwe sît
daz wir diu wâpen kurn an in:
ir triuwe an jâmer hât gewin.
die steckent ob den porten hôch.
vür die andern ehte uns suochet noch
15 des stolzen Vridebrandes her,
die getouften von über mer.
ieslîcher porte ein vürste phliget,
der sich strîtes ûz bewiget
mit sîner baniere.
20 wir haben Gaschiere
gevangen einen grâven abe.
der biutet uns vil grôze habe:
der ist Kailetes swester sun.

swaz uns der nû mac getuon,
25 daz muoz ie dirre gelten.
solh gelücke kumt uns selten.
grüenes angers, lützel sandes,
wol drîzec poinder landes
ist zir gezelten von dem graben:
30 dâ wirt vil manec tjost erhaben.'

32   disiu mære sagetę im gar sîn wirt:
ein ritter nimmer daz verbirt,
er enkome durch tjostieren vür.
ob der sin dienest dort verlür
5 an ir, diu in sande her,
waz hülfę in denne sîn vrechiu ger?
daz ist der stolze Hiutegêr.
von dem mac ich wol sprechen mêr,
sît wir hie sîn besezzen,
10 daz der helt vermezzen
ie smorgens vil bereite was
vor der porte gein dem palas.
ouch ist von dem küenen man
kleinœtes vil gevüeret dan,
15 daz er durch unser schilde stach,
des man vür grôze koste jach
sôz die krîgierre brâchen drabe.
er valtę uns manegen ritter abe.
er læt sich gerne schouwen,
20 in lobent ouch unser vrouwen.
swen wîp lobent, der wirt erkant:
er hât den prîs ze sîner hant
und sines herzen wunne.'
dô hete diu müede sunne
25 ir liehten blic hin zir gelesen:
des banekens muostę ein ende wesen,
der gast mit sînem wirte reit.
er vant sîn ezzen al bereit.
ich muoz iu von ir spîse sagen:
30 diu wart mit zühten vür getragen,
man diendę in ritterlîche.
diu küneginne rîche

kom stolzlîch vür sînen tisch.
hie stuont der reiger, dort der visch.
5 si was durch daz hin zim gevarn,
si wolde selbe daz bewarn
daz man sîn phlæge wol ze vromen.
si was mit juncvrouwen komen.
si kniete nider (daz was im leit),
10 mit ir selber hant si sneit
dem ritter sîner spîse ein teil.
diu vrouwe was ir gastes geil.
dô huop si im sîn trinken dar
und phlac sîn wol: ouch nam er war,
15 wie was gebærde und ir wort.
zende an sînes tisches ort
sâzen sîne spilman
und anderhalp sîn kappelân.

al schemde er an die vrouwen sach,
20 harte blûclîche er sprach:
'ich enhân michs niht genietet,
als ir mirz, vrouwe, bietet,
mîns lîbes mit solhen êren.
ob ich iuch solde lêren,
25 sô wære hînt an iuch gegert
eins phlegens des ich wære wert,
sô enwært ir niht her abe geriten.
getar ich iuch des, vrouwe, biten,
sô lât mich in der mâze leben.
30 ir habet mir êre ze vil gegeben.'

34   si enwolde ouch des niht lâzen,
dâ sîniu kinder sâzen,
diu bat si ezzen vaste.
diz bôt si zêren ir gaste.
5 gar disiu juncherrelîn
wâren holt der künegîn.
dar nâch diu vrouwe niht vergaz,
si gienc ouch dâ der wirt saz
und des wîp, diu burcgrâvîn.
10 den becher huop diu künegîn,
si sprach: 'lâ dir bevolhen sîn

unsern gast: diu êre ist dîn.
dar umbe ich iuch beide mane.'
si nam urloup, dô gienc si dane
15 aber hin wider vür ir gast.
des herze truoc ir minnen last,
daz selbe ouch ir von im geschach,
des ir herze und ir ougen jach:
diu muostens mit ir phlihte hân.
20 mit zühten sprach diu vrouwe sân:
'gebietet, herre, (swes ir gert,
daz schaffe ich, wande ir sît es wert)
und lât mich iuwer urloup hân.
wirt iu guot gemach getân,
25 des vreu wir uns über al.'
guldîn wæren ir kerzstal,
vier lieht man vor ir drûfe truoc.
si reit ouch dâ si vant genuoc.
si enâzen ouch niht langer dô.
30 der herre was trûrec unde vrô:
35   er vreute sich daz man im bôt
grôz êre. in twanc doch ander nôt:
daz was diu strenge minne,
diu neiget hôhe sinne.
5   diu wirtîn vuor an ir gemach,
harte schiere daz geschach.
man bette dem helde sân,
daz wart mit vlîze getân.
der wirt sprach zem gaste:
10 'nû sult ir slâfen vaste
und ruowet hînt: des wirt iu nôt.'
der wirt den sînen daz gebôt,
si solden dannen kêren.
des gastes junchêren,
15 der bette alumbe daz sîne lac,
ir houbet dran, wande er des phlac.
dâ stuonden kerzen harte grôz
und brunnen lieht. den helt verdrôz
daz sô lanc was diu naht.
20 in brâhte dicke in ungemach

diu swarze mœrinne,
des landes küneginne.
er want sich dicke als ein wit,
daz im kracheten diu lit:
25 strît und minne was sîn ger.
nû wünschet daz mans in gewer.
sîn herze gap von stôzen schal,
wandę ez nâch ritterschefte swal.
daz begunde dem recken
30 sîne brust beidę erstrecken,
sô diu senewe tuot daz armbrust.
dâ was ze dræte sîn gelust.

    der herrę ânę allez slâfen lac,
unz er erkôs den grâwen tac:
5 der gap dennoch niht liehten schîn.
dô soldę ouch dâ bereite sîn
zer messe ein sîn kappelân,
der sanc si gotę und ime sân.
sîn harnas truoc man sâ zehant.
10 er reit dâ man tjostieren vant.
dô saz er an der stunde
ûf ein ors, daz beidiu kunde
hurtlîchen dringen
und snelleclîchen springen,
15 bekêrec swâ manz wider zôch:
sînen anker ûf dem helme hôch
man gein der porte vüeren sach.
aldâ wîp und man verjach,
si engesæhen nie helt sô wünneclich,
20 ir gotę im solden sîn gelîch.
man vuortę ouch starkiu sper dâ bî.
    wie er gezimieret sî?
sîn ors von îser truoc ein dach,
daz was vür slege des gemach.
25 dar ûf ein ander decke lac,
ringe, diu niht swære wac:
daz was ein grüener samit.
sîn wâpenroc, sîn kursit
was ouch ein grüenez achmardî:

I.

30 daz was geworht dâ zArâbî,
37 dar an ich liuge niemen.
sîne schiltriemen,
swaz der dar zuo gehôrte,
was ein unverblichen borte
5 mit gesteine harte tiure.
geliutert in dem viure
was sîn buckel rôt golt.
sîn dienest nam der minne solt:
ein scharpher strît in ringe wac.
10 diu künegîn in dem venster lac,
bî ir sâzen vrouwen mêr.
nû seht, dort hielt ouch Hiutegêr,
aldâ im ê der prîs geschach.
dô er disen ritter komen sach
15 zuo zim kalopieren hie,
dô dâhte̜ er: 'wenne oder wie
kom dirre Franzois inz lant?
wer hât den stolzen her gesant?
hete̜ ich den vür einen môr,
20 sô wære mîn bester sin ein tôr.'
diu doch von sprungen niht beliben,
ir ors mit sporn si beide triben
ûz dem walap in die rabîn.
si tâten ritters ellen schîn:
25 der tjost ein ander si niht lugen.
die sprîzen gein den lüften vlugen
von des küenen Hiutegêres sper:
ouch valte̜ in sînes strîtes wer
hinderz ors ûf daz gras.
30 vil ungewent er des was.
38 er reit ûf in und trat in nider.
des erholde er sich dicke wider:
er tet werlîchen willen schîn,
doch stecke̜te̜ in dem arme sîn
5 diu Gahmuretes lanze.
der iesch fîanze.
sînen meister hete̜ er vunden.
'wer hât mich überwunden?'

also sprach der küene man.
10 der sigehafte jach dô sân:
'ich bin Gahmuret Anschevîn.
er sprach: 'mîn sicherheit si dîn.'
die emphienc er unde sande in în:
des muoste er vil geprîset sîn
15 von den vrouwen die daz sâhen.
   dort her begunde gâhen
von Normandîe Gaschier,
der ellens rîche degen fier,
der starke tjostiure.
20 hie hielt ouch der gehiure
Gahmuret zer andern tjost bereit.
sînem sper was daz îser breit
und der schaft veste.
aldâ werten die geste
25 ein ander: ungelîche ez wac.
Gaschier dar nider lac
mit orse mit alle
von der tjoste valle
und wart betwungen sicherheit,
30 ez wære im liep oder leit.
   Gahmuret der wîgant
sprach: 'mir sichert iuwer hant:
diu was bî manlîcher wer.
nû ritet gein der Schotten her
5 und bitet sị daz si uns verbern
mit strîte, ob si des wellen gern,
und komt nâch mir in die stat.'
swaz er gebôt oder bat,
endehaft ez wart getân:
10 die Schotten muosten strîten lân.
   dô kom gevarn Kailet.
von dem kêrte Gahmuret,
wande er was sîner muomen sun:
waz solde er im dô leides tuon?
15 der Spânôl rief im nâch genuoc.
einen strûz er ûf dem helme truoc
gezimieret was der man,

I.

als ich dâ von ze sagen hân,
mit phelle wît unde lanc.
20 daz gevilde nâch dem helde klanc:
sîne schellen gâben gedœne.
er bluomę an mannes schœne,
sîn varwę an schœne hielt den strît
unz an zwêne, die nâch im wuohsen sît,
25 Bêâcurs, Lôtes kint,
und Parzivâl, die dâ niht sint:
die wâren dennoch ungeborn
und wurden sît vür schœnę erkorn.
Gaschier in mit dem zoume nam:
30 'iuwer wilde wirt vil zam
40 (daz sagę ich iu ûf die triuwe mîn),
bestêt ir den Anschevîn,
der mîne sicherheit dort hât.
ir sult merken mînen rât
5 und dar zuo, herre, mîne bete.
ich hân geheizen Gahmurete
daz ich iuch alle wende.
daz lobetę ich sîner hende:
durch mich lât iuwer streben sîn.
10 er tuot iu kraft an strîte schîn.'
dô sprach der künec Kailet:
'ist ez mîn neve Gahmuret,
fil li roi Gandîn,
mit dem lâzę ich mîn strîten sîn.
15 lât mir den zoum.' 'ich enlâzes niht,
ê daz mîn ougę alrêst ersiht
iuwer blôzez houbet.
daz mînę ist mir betoubet.'
den helm er im her abe dô bant.
20 Gahmuret mêr strîtes vant
(ez was wol mitter morgen dô):
die von der stat des wâren vrô,
die dise tjost ersâhen.
si begunden alle gâhen
25 an ir werlîchen letze.
er was vor in ein netze:

swaz drunder kom, daz was beslagen.
ein ander ors, sus hœrę ich sagen,
dar ûf saz der werde:
30 daz vlouc und ruorte die erde,
gereht ze. beiden sîten,
küene dâ man solde strîten,
verhalden unde dræte.
waz er dar ûfe tæte?
5 des muoz ich im vür ellen jehen:
er reit dâ in môren mohten sehen,
aldâ die lâgen mit ir her,
westerhalp dort an dem mer.
ein vürste Razalîc dâ hiez.
10 deheinen tac daz nimmer liez
der rîcheste von Azagouc
(sîn geslehtę im des niht louc,
von küneges vrühte was sîn art),
der huop sich immer dannewart
15 durch tjostieren gein der stat.
aldâ tet sîner krefte mat
der helt von Anschouwe.
daz klagetę ein swarziu vrouwe,
diu in hete dar gesant,
20 daz in dâ iemen überwant.
ein knappe bôt al sunder bete
sînem herren Gahmurete
ein sper, dem was der schaft ein rôr.
dâ mite stach er den môr
25 hinderz ors ûf den griez:
niht langer er in ligen liez,
dâ twanc in sicherheit sîn hant.
dô was daz urliuge gelant
und im ein grôzer prîs geschehen.
30 Gahmuret begunde sehen
aht vanen sweimen gein der stat,
die er balde wenden bat
den küenen sigelôsen man.
dar nâch gebôt er im dô sân
5 daz er kêrte nâch im în.

daz tet er, wandę ez soldę et sîn.
  Gaschier sîn komen ouch niht verbirt,
an dem innen wart der wirt
daz sîn gast was komen ûz.
10 daz er niht îsen als ein strûz
und starke vlinse verslant,
daz machte daz er ir niht envant.
sîn zorn begunde limmen
und als ein lewe brimmen.
15 dô brach er ûz sîn eigen hâr.
er sprach: 'nû sint mir mîniu jâr
nâch grôzer tumpheit bewant.
die gote heten mir gesant
einen küenen werden gast:
20 ist er verladen mit strîtes last,
sô enmac ich nimmer werden wert.
waz touc mir schilt unde swert?
er sol mich schelden, swer michs mane.'
dô kêrtę er von den sînen dane,
25 gein der portę er vaste ruorte.
ein knappę im widervuorte
einen schilt, ûzen und innen dran
gemâlt als ein durchstochen man,
geworht in Îsenhartes lant.
30 einen helm er vuortę ouch in der hant
und ein swert daz Razalîc
durch ellen brâhte in den wîc.
dâ was er von gescheiden,
der küene swarze heiden,
5 des lop was virrec unde wît.
starp er âne toufen sît,
sô erkenne sich über den degen balt
der aller wunder hât gewalt.
  dô der burcgrâve daz gesach,
10 sô rehte liebę im nie geschach.
diu wâpen er erkande,
hin ûz der portę er rande.
sînen gast sach er dort halden,
den jungen , niht den alden,

15 al gernde strîteclîcher tjost.
dô nam in Lahfilirost,
sîn wirt. der zôch in vaste wider,
er enstach dâ mêr deheinen nider.
Lahfilirost schahtelacunt
20 sprach: 'herre, ir sult mir machen kunt,
hât betwungen iuwer hant
Razalîgen? unser lant
ist kamphes sicher immer mêr.
der ist ob al den môren hêr,
25 des getriuwen Îsenhartes man,
die uns den schaden hânt getân.
sich hât verendet unser nôt.
ein zornec got in daz gebôt,
daz si uns hie suochten mit ir her:
30 nûst enschumphieret ir wer.'

er vuorte in în, daz was im leit.
diu küneginne im widerreit.
sînen zoum nam si mit ir hant,
si entstricte der vinteilen bant.
5 der wirt in muoste lâzen.
sîne knappen niht vergâzen,
si enkêrten vaste ir herren nâch.
durch die stat man vüeren sach
ir gast die küneginne wîs,
10 der dâ behalden hete den prîs.
si erbeizte aldâ sis dûhte zît.
'wê wie getriuwe ir knappen sît!
ir wænt verliesen disen man:
dem wirt âne iuch gemach getân.
15 nemt sîn ors und vüert daz hin:
sîn geselle ich hie bin.'
vil vrouwen er dort ûfe vant.
entwâpent mit swarzer hant
wart er von der künegîn.
20 ein declachen zobelîn
und ein bette wol gehêret,
dar an im wart gemêret
ein heimlîchiu êre.

I.

aldâ was niemen mêre:
25 die juncvrouwen giengen vür
und sluzzen nâch in zuo die tür.
dô phlac diu küneginne
einer werden süezen minne
und Gahmuret, ir herzen trût.
30 ungelîch was doch ir zweier hût.
45 si brâhten ophers vil ir goten,
die von der stat. waz wart geboten
dem küenen Razalîge,
dô er schiet von dem wîge?
5 daz leiste er durch triuwe:
doch wart sîn jâmer niuwe
nâch sînem herren Îsenhart.
der burcgrâve des innen wart,
daz er kom: dô wart ein schal.
10 dar kômen die vürsten über al
ûz der künegîn lant von Zazamanc.
die sageten im des prîses danc,
den er hete aldâ bezalt.
ze rehter tjost hete er gevalt
15 vier und zweinzec ritter nider
und zôch ir ors almeistec wider.
dâ wâren gevangen vürsten drî,
den reit manec ritter bî
ze hove ûf den palas.
20 entslâfen und enbizzen was
und wünneclîch gefeitet,
mit kleidern wol bereitet
was des hœsten wirtes lîp.
diu ê hiez maget, diu was nû wîp.
25 diu in her ûz vuorte an ir hant,
si sprach: 'mîn lîp und ouch mîn lant
ist disem ritter undertân,
ob ez im vînde wellent lân.'
dô wart gevolget Gahmurete
30 einer hovelîchen bete:
46 'gêt nâher, mîn her Razalîc:
ir sult küssen mîn wîp.

alsô tuot ouch ir, her Gaschier.'
Hiutegêren den Schotten fier
5 bat er si küssen an ir munt,
der was von sîner tjoste wunt.
er bat si alle sitzen,
al stênde sprach er mit witzen:
'ich sæhę ouch gerne den neven mîn
10 möhtez mit sînen hulden sîn,
der in hie gevangen hât.
ich enhâns von sippe deheinen rât,
ich enmüezę in ledec machen.'
diu künegîn begunde lachen.
15 si hiez balde nâch im springen:
dort her begunde dringen
der minneclîche bêâ cunt,
der was von ritterschefte wunt
und hetez ouch dâ vil guot getân.
20 Gaschier der Orimân
in dar brâhtę, er was kurtois.
sîn vater was ein Franzois,
er was Kailetes swester barn.
in wîbes dienstę er was gevarn.
25 er hiez Killirjacac,
aller manne schœnę er widerwac.
dô in Gahmuret gesach
(ir antlitze sippe jach,
diu wâren ein ander vil gelîch),
30 er bat die küneginne rîch
in küssen unde vâhen zir.
er sprach: 'nû ginc ouch her ze mir.'
der wirt in kuste selbe dô:
si wâren ze sehen ein ander vrô.
5 Gahmuret sprach aber sân:
'ouwê junc süezer man,
waz solde her dîn kranker lîp?
sagę an, gebôt dir daz ein wîp?'
'die gebietent wênec, herre, mir.
10 mich hât mîn veter Gaschier
her brâht, er weiz wol selbe wie.

I.

ich hân im tûsent ritter hie
und stên im dienestlîche bî.
ze Rœmes in Normandî
15 kom ich zer samenunge.
ich brâhtę im helde junge,
ich vuor von Schampâne durch in.
nû wil kunst unde sin
der schade an in kêren,
20 ir enwelt iuch selben êren.
gebietet ir, sô lât in mîn
geniezen, senften sînen pîn.'
'den rât nim dû vil gar ze dir.
var dû und mîn her Gaschier
25 und brinct mir Kaileten her.'
 dô wurben si des heldes ger,
si brâhten in durch sîne bete.
dô wart ouch er von Gahmurete
minneclîchę emphangen
30 und dicke umbevangen
von der küneginne rîch.
si kuste den degen minneclîch.
er was ir mannes muomen sun
(si mohtez wol mit êren tuon)
5 und was von artę ein künec hêr.
der wirt sprach lachende mêr:
'got weiz, her Kailet,
ob ich iu næme Dôlet
und iuwer lant ze Spâne
10 durch den künec von Gascâne,
der iu dicke tuot mit zornes gir,
daz wærę ein untriuwę an mir,
wandę ir sît mîner muomen kint.
die besten gar mit iu hie sint,
15 der ritterschefte herte.
wer twanc iuch dirre verte?'
 dô sprach der stolze degen junc:
'mir gebôt mîn veter Schiltunc,
des tohter Vridebrant dâ hât,
20 daz ich im diende, ez wære sîn rât.

der hât von sînem wîbe
hie von min eines lîbe
sehs tûsent ritter wol bekant,
die tragent werlîche hant.
25 ich brâhte ouch ritter mêr durch in,
der ist ein teil gescheiden hin.
hie wâren durch die Schotten
die werlîche rotten.
im kom von Gruonlanden
30 helde zen handen,
zwêne künege mit grôzer kraft.
die vluot von der ritterschaft
si brâhten unde manegen kiel,
ir rotte mir vil wol geviel.
5 hie was ouch Môrolt durch in,
des strît hât kraft unde sin.
die sint nû hin gekêret.
swie mich mîn vrouwe lêret,
alsô tuon ich mit den mînen:
10 mîn dienst sol ir erschînen.
dû endarft mir dienstes danken niht,
wande es diu sippe sus vergiht.
die vrevelen helde sint nû dîn.
wæren si getoufet sô die mîn
15 und an der hiute nâch in getân,
sô wart gekrœnet nie dehein man,
er enhete strîtes von in genuoc.
mich wundert waz dich her vertruoc:
daz sage mir rehte unde wie.'
20 'ich kom gestern, hiute bin ich hie
worden herre überz lant.
mich vienc diu künegîn mit ir hant:
dô werte ich mich mit minne.
sus rieten mir die sinne.'
25 'ich wæne, dir hât din süeziu wer
betwungen beidenthalp diu her.'
'dû meins durch daz ich dir entran.
vaste riefe dû mich an:
waz woltstû an mir ertwingen?

I.

30 lâ mich sus mit dir dingen.'
50 'dâ enerkande ich niht des ankers dîn:
mîner muomen man Gandin
hât in gevüeret selten ûz.'
'dô erkande aber ich wol dînen strûz,
5 an dem schilde ein sarapandratest:
dîn strûz stuont hôch sunder nest.
ich sach an dîner gelegenheit,
dir was diu sicherheit vil leit,
die mir tâten zwêne man:
10 die hetenz dâ vil guot getân.'
'mir wære ouch lîhte alsam geschehen.
ich muoz des einem tiuvel jehen,
des vuore ich nimmer wirde vrô:
hete er den prîs behalden sô
15 an vrevelen helden sô dîn lîp,
vür zucker gæzen in diu wîp.'
'dîn munt mir lobes ze vil vergiht.'
'nein, ich enkan gesmeichen niht:
nim ander mîner helfe war.'
20 si riefen Razalîge dar.
mit zühten sprach dô Kailet:
'iuch hât mîn neve Gahmuret
mit sîner hant gevangen.'
'herre, daz ist ergangen.
25 ich hân den helt dâ vür erkant,
daz im Azagouc daz lant
mit dienste nimmer wirt verspart,
sît unser herre Îsenhart
aldâ niht krône solde tragen.
30 er wart in ir dienste erslagen,
51 diu nû ist iuwers neven wîp.
umbe ir minne er gap den lîp:
daz hât mîn kus an si verkorn.
ich hân herren und den mâc verlorn.
5 wil nû iuwer muomen sun
ritterlîche vuore tuon,
daz er uns wil ergetzen sîn,
sô valde ich im die hende mîn.

sô hât er rîcheit unde prîs
10 und al dâ mite Tankanîs
Îsenharten gerbet hât.
der gebalsemt in dem her dort stât,
alle tage ich sîne wunden sach,
sît im diz sper sin herze brach.'
15 daz zôch er ûz dem buosem sîn
an einer snüere sidîn,
hin wider hiencz der degen snel
vür sîne brust an blôzez vel.
'ez ist noch vil hôher tac.
20 wil mîn her Killirjacac
inz her werben als ich in bite,
sô rîtent im die vürsten mite.'
ein vingerlîn er sande dar:
die nâch der helle wâren gevar,
25 die kômen, swaz dâ vürsten was,
durch die stat ûf den palas.
    dô lêch mit vanen hin sîn hant
von Azagouc der vürsten lant.
ieslîcher was sîns ortes geil.
30 doch beleip der bezzer teil
Gahmurete, ir herren.
die selben wâren die erren.
[nâher drungen die von Zazamanc.
mit grôzer vuore niht ze kranc
5 si emphiengen, als ir vrouwe hiez,
von im ir lant und des geniez,
als ieslîchen an gezôch.
diu armuot ir herren vlôch.]
dô hete Protizilas,
10 der von arte ein vürste was,
lâzen ein herzentuom.
daz lêch er dem der manegen ruom
mit sîner hant bejagete
(gein strîte er nie verzagete):
15 Lahfilirost schahtelacunt
nam ez mit vanen sâ zestunt.
von Azagouc die vürsten hêr

I.

nâmen den Schotten Hiutegêr
und Gaschieren den Orimân,
20 si giengen vür ir herren sân:
der liez si ledec umbe ir bete.
des dancten si dô Gahmurete.
Hiutegêr den Schotten
si bâten sunder spotten:
25 'lât mînem herren daz gezelt
hie umbe âventiure gelt.
ez zucte uns Îsenhartes leben,
daz Vridebrande wart gegeben
diu zierde unsers landes
30 (sîn vreude diu stuont phandes,
er stêt hie selbe ouch an dem rê:
unvergolden dienst im tet ze wê),
(ûf erde niht sô guotes was),
der helm, von arte ein adamas
5 dicke unde herte,
an dem strîte ein guot geverte.'
dô lobete Hiutegêres hant,
swenne er kœme in sînes herren lant,
daz erz wolde erwerben gar
10 und senden wider wol gevar:
daz tete er unbetwungen.
nâch urloube drungen
zem künege swaz dâ vürsten was.
dô rûmden si den palas.
15 swie verwüestet wære sîn lant,
doch kunde Gahmuretes hant
swenken solher gâbe solt
als al die boume trüegen golt.
er teilde grôze gâbe:
20 sîne man, sîne mâge
nâmen von im des heldes guot.
daz was der küneginne muot.
der brûtloufte hôchgezît
hete dâ vor manegen grôzen strît,
25 die wurden sus ze suone brâht.
ich enhân mirs selbe niht erdâht,

man sagete mir daz Îsenhart
küneclîch bestatet wart:
daz tâten die in erkanden.
30 den zins von sînen landen,
swaz der gelden mohte ein jâr,
den selben liezen si dâ gar.
daz tâten sj umbę ir selber muot.
Gahmuret daz grôze guot
5 sîn volc hiez behalden,
die muostens sunder walden.
smorgens vor der veste
rûmdenz gar die geste.
sich schieden die dâ wâren,
10 und vuorten manege bâren.
daz velt herberge stuont al blôz,
wan ein gezelt, daz was vil grôz.
daz hiez der künec ze schiffe tragen.
dô begundę er dem volke sagen,
15 er woldez vüeren in Azagouc:
mit der redę er si betrouc.
dâ was der stolze küene man,
unz er sich vaste senen began,
daz er niht ritterschefte vant:
20 des was sîn vreude sorgen phant.
doch was im daz swarze wîp
noch lieber denne sîn selbes lîp.
ez enwart nie wîp geschicket baz.
der vrouwen herze nie vergaz,
25 im envüerę ein werdiu volge mite,
an rehter kiusche wîplîch site.
von Sibilje ûz der stat
was geborn den er dô bat
dan kêrens zeiner wîle.
30 der hetę in manege mîle
dâ vor gevuort: er brâhtę in dar.
er was niht als ein môr gevar.
der marnære wîse
sprach: 'ir sultz heln lîse
5 vor den die tragent daz swarze vel.

I.

```
   mîne kocken sint sô snel,
   si enmugen uns niht genâhen.
   wir suln von hinnen gâhen.'
   sîn golt hiez er ze schiffe tragen.
10 nû muoz ich iu von scheiden sagen:
   die naht vuor dan der werde man,
   daz wart verholne getân.
   dô er entran dem wîbe,
   dô hete sị in ir lîbe
15 zwelf wochen lebendec ein kint.
   vaste mentẹ in dan der wint.
      diu vrouwe in ir biutel vant
   einen brief, den schreip ir mannes hant
   en franzois, daz si kunde.
20 diu schrift ir sagen begunde:
   'hie enbiutet liep ein ander liep.
   ich bin dirre vertẹ ein diep:
   die muostẹ ich dir durch jâmer steln.
   vrouwẹ, ich enmac dich niht verheln,
25 wære dîn orden in mîner ê,
   sô wære mir immer nâch dir wê:
   und hân doch immer nâch dir pîn.
   werdẹ unser zweier kindelîn
   an dem antlitzẹ einem man gelîch,
30 deiswâr der wirt ellens rîch.
   erst erborn von Anschouwe.
   diu minne wirt sîn vrouwe:
   sô wirt aber er an strîtẹ ein schûr,
   den vînden herter nâchgebûr.
 5 wizzen sol der sun mîn,
   sîn ane der hiez Gandin,
   der lac an ritterschefte tôt.
   des vater leit die selben nôt,
   der was geheizen Adanz.
10 sîn schilt beleip vil selten ganz,
   der was von artẹ ein Bertûn.
   er und Utepandragûn
   wæren zweier gebruoder kint,
   die beidẹ alhie geschriben sint:
```

15 daz was einer, Lazaliez,
Brickus der ander hiez.
der zweier vater hiez Mazadân.
den vuortę ein feię in Feimurgân,
diu hiez Terdelaschoie:
20 er was ir herzen boie.
von in zwein kom daz geslehte mîn,
daz immer mêr gît liehten schîn.
ieslîcher sider krône truoc
und heten werdekeit genuoc.
25 vrouwe, wiltû toufen dich,
dû maht ouch noch erwerben mich.'
des engerte si kein wandel niht.
'ouwê wie balde daz geschiht!.
wil er wider wenden,
30 schiere sol ichz enden.

57 wem hât sîn manlîchiu zuht
hie lâzen sîner minne vruht?
ouwê lieplîch geselleschaft,
sol mir nû riuwe mit ir kraft
5 immer twingen mînen lîp!
sînem gote zêren,' sprach daz wîp,
'ich mich gerne toufen solde
und leben swie er wolde.'
der jâmer gap ir herzen wîc.
10 ir vreude vant den dürren zwîc,
als noch diu turteltûbe tuot.
diu hetę ie den selben muot:
swennę ir an trûtschefte gebrast,
ir triuwe kôs den dürren ast.
15 diu vrouwę an rehter zît genas
eins suns, der zweier varwe was,
an dem got wunders wart enein:
wîz und swarzer varwę er schein.
diu künegîn kustę in sunder twâl
20 vil dickę an sîniu blanken mâl.
diu muoter hiez ir kindelîn
Feirefîz Anschevîn.
der wart ein waltswende:

I.

die tjoste sîner hende
25 manec sper zebrâchen,
die schilde dürkel stâchen.
als ein agelster wart gevar
sîn hâr und ouch sîn vel vil gar.
dô was ez ouch über des jâres zil,
30 daz Gahmuret geprîset vil
58 was worden dâ ze Zazamanc,
dâ sîn hant die gunst erranc.
dennoch swebetę er ûf dem sê,
die snellen windę im tâten wê.
5 einen sîdîn segel sach er roten:
den truoc ein kockę und ouch die boten,
die von Schotten Vridebrant
vroun Belacânen hete gesant.
er bat si daz sį ûf in verkür,
10 swie er den mâc durch si verlür,
daz si von im gesuochet was.
dô vuorten si den adamas,
ein swert, einen halsberc und zwuo hosen.
hie muget ir grôz wunder losen,
15 daz im der kocke widervuor.
als mir diu âventiure swuor,
si gâbenz im. dô lobetę ouch er,
sîn munt der botscheftę ein wer
würde, swennę er kœme zir.
20 si schieden sich. man sagete mir,
daz mer in truoc in eine habę.
ze Sibilje kêrtę er drabe.
mit golde galt der küene man
sînem marnære sàn
25 harte wol sîn arbeit.
si schieden sich, daz was dem leit.

II.

Dâ ze Spâne in dem lande
er den künec erkande,
daz was sîn neve Kailet.
30 nâch dem kêrtę er ze Dôlet.
der was nâch ritterschefte gevarn,
dâ man niht schilde dorfte sparn.
dô hiez er ouch bereiten sich
(sus wert diu âventiure mich)
5 mit spern wol gemâlen.
von grüenen zindâlen
ieslîchez hetę ein banier,
drî hermîn anker dran sô fier
daz man ir jach vür rîcheit.
10 si wâren lanc unde breit
und reichten vastę unz ûf die hant,
dô man sį zem sperîser bant
dâ niderhalp eine spanne.
der wart dem küenen manne
15 hundert dâ bereitet
und wol hin nâch geleitet
von sînes neven liuten.
êren unde triuten
kunden sį in mit werdekeit.
20 daz was ir herren niht ze leit.
    er streich ich enweiz wie lange nâch,
unz er geste herbergę ersach
in dem lande ze Wâleis.
dâ was geslagen vür Kanvoleis

II.

25 manec poulûn ûf die plâne.
ich ensagez iu niht nâch wâne:
gebietet ir, sô ist ez wâr.
sîn volc hiez er ûf halden gar.
der herre sande vor hin în
30 den kluogen meisterknappen sîn.
der wolde, als in sîn herre bat,
herberge nemen in der stat:
dô was im snellîchen gâch.
man zôch im soumære nâch.
5 sîn ouge minder hûs dâ sach,
schilde wæren sîn ander dach
und die wende gar behangen,
mit spern al umbevangen.
diu künegîn von Wâleis
10 gesprochen hete ze Kanvoleis
einen turnei alsô gezilt,
des manegen zagen noch bevilt
swâ er dem gelîche werben siht:
von sîner hant es niht geschiht.
15 si was ein maget und niht ein wîp
und bôt zwei lant und ir lîp
swer dâ den prîs bezalte.
diz mære manegen valte
hinderz ors ûf den sâmen.
20 die solh gevelle nâmen,
ir schanze wart gein vlust gesaget.
des phlâgen helde unverzaget.
si tâten ritters ellen schîn:
mit hurteclîcher rabîn
25 wart dâ manec ors ersprenget
und swerte vil erklenget.
  ein schifbrücke ûf einem plân
gienc über einen wazzers trân,
mit einem tor beslozzen.
30 ein knappe unverdrozzen
tetez ûf, als im ze muote was.
dar obe stuont der palas.
ouch saz diu küneginne

zen venstern dar inne
5 mit maneger werden vrouwen.
die begunden dâ schouwen
waz dise knappen tâten.
die heten sich berâten
und sluogen ûf ein gezelt.
10 umbę unvergolden minnen gelt
wart es ein künec âne,
des twanc in Belacâne.
mit arbeit wart ûf geslagen
daz drîzec soumære muosten tragen,
15 ein gezelt daz zeicte rîcheit.
ouch was der plân wol sô breit,
daz sich die snüere stracten dran.
Gahmuret der werde man
die selben zît dort ûzę enbeiz.
20 dar nâch er sich mit vlîze vleiz,
wie er höveschlîche kœme geriten.
des enwart niht langer dô gebiten,
sîne knappen an den stunden
sîniu sper ze samene bunden,
25 ieslîcher vünviu an ein bant.
daz sehste vuortę er an der hant
mit einer baniere.
sus kom gevarn der fiere.

    vor der künegîn wart vernomen
30 daz ein gast dâ solde komen
ûz alsô verrem lande,
den niemen dâ erkande.
'sîn volc daz ist kurtois,
beidiu heidensch und franzois.
5 etslîcher mac ein Anschevîn
mit sîner sprâchę iedoch wol sîn.
ir muot ist stolz, ir wât ist klâr,
wol gesniten al vür wâr.
ich was sînen knappen bî,
10 die sint vor missewende vrî.
si jehent, swer habe geruoche,
ob der ir herren suoche,

II.

den scheide er von swære.
von im vrâcte ich der mære:
15 nû sageten si mirz sunder wanc,
ez wære der künec von Zazamanc.'
disiu mære sagete ir ein garzûn:
'âvoi welh ein poulûn!
iuwer krône und iuwer lant
20 wæren dâ vür niht halbez phant.'
'dû endarft mirz sô loben niht.
mîn munt hin wider dir des giht,
ez mac wol sîn eins werden man,
der niht mit armüete kan.'
25 alsus sprach diu künegîn:
'wê wanne kumt er et selbe drîn?'
den garzûn si des vrâgen bat.
höveschlîchen durch die stat
der helt begunde trecken,
30 die slâfenden wecken.
vil schilde sach er schînen.
die hellen pusînen
mit krache vor im gâben dôz.
von würfen und mit slegen grôz
5 zwêne tambûre gâben schal:
der galm über al die stat erhal.
der dôn iedoch gemischet wart
mit floitieren, an der vart
eine reisenote si bliesen.
10 nû suln wir niht verliesen,
wie ir herre komen sî:
dem riten videlære bî.
dô legete der degen wert
ein bein vür sich ûf daz phert,
15 zwêne stivâle über blôziu bein.
sîn munt als ein rubîn schein
von der rœte als ob er brünne:
der was dicke und niht ze dünne.
sîn lîp was allenthalben klâr.
20 lieht reideloht was im sîn hâr,
swâ man daz vor dem huote sach.

II.

  der was ein tiure houbetdach.
  grüene samît was der mantel sîn,
  ein zobel dâ vor gap swarzen schîn
25 ob einem hemde daz was blanc.
    von schouwen wart dâ grôz gedranc.
  vil dicke aldâ gevrâget wart,
  wer wære der ritter âne bart,
  der vuorte alsolhe rîcheit.
30 vil schiere wart daz mære breit,
64 si sagetenz in vür unbetrogen.
  dô begunden si an die brücke zogen,
  ander volc und ouch die sîne.
  von dem liehten schîne,
5 der von der künegîn erschein,
  zucte im neben sich sîn bein:
  ûf rihte sich der degen wert
  als ein vederspil, daz gert.
  diu herberge dûhte in guot.
10 alsô stuont des heldes muot:
  si dolde ouch wol, diu wirtîn,
  von Wâleis diu künegîn.
    dô vriesch der künec von Spâne,
  daz ûf der Leôplâne
15 stüende ein gezelt, daz Gahmurete
  durch des küenen Razalîges bete
  beleip vor Patelamunt.
  daz tete im ein ritter kunt.
  dô vuor er springende als ein tier,
20 er was der vreuden soldier.
  der selbe ritter aber sprach:
  'iuwer muomen sun ich sach
  komende als er ê was fier.
  ez sint hundert banier
25 zeinem schilde ûf grüene velt
  gestôzen vür sîn hôchgezelt,
  die sint ouch alle grüene.
  ouch hât der helt küene
  drî hermîn anker lieht gemâl
30 ûf ieslîchem zindâl.'

II.

65 'ist er gezimieret hie,
âvoi sô sol man schouwen wie
sîn lîp den poinder irret,
wie erz mit hurte wirret.
5 der stolze künec Hardîz
hât mit zorne sînen vlîz
nû lange vaste an mich gewant.
den sol diu Gahmuretes hant
mit sîner tjoste neigen.
10 mîn sælde ist niht der veigen.'
sîne boten sande er sân
dâ Gaschier der Orimân
mit grôzer massenîe lac
und der liehte Killirjacac:
15 die wâren dâ durch sîne bete.
zem poulûn si mit Kailete
vuoren durch geselleschaft.
dô emphiengen si durch liebe kraft
den werden künec von Zazamanc.
20 si dûhte ein beiten gar ze lanc
daz si in niht ê gesâhen,
des si mit triuwen jâhen.
dô vrâcte er si der mære,
wer dâ ritter wære.
25 dô sprach sîner muomen kint:
'ûz verrem lande nû hie sint
ritter die diu minne jaget,
vil küener helde unverzaget.
hie hât manegen Bertûn
30 der künec Utepandragûn.
66 ein mære in stichet als ein dorn,
daz er sîn wîp hât verlorn,
diu Artûses muoter was.
ein phaffe der wol zouber las,
5 mit dem diu vrouwe ist hin gewant,
dem ist Artûs nâch gerant.
ez ist nû in dem dritten jâr,
daz er sun und wîp verlôs vür wâr.
hiest ouch sîner tohter man,

10 der wol mit ritterschefte kan,
Lôt von Norwæge,
gein valscheit der træge
und der snelle gein dem prîse,
der küene degen wîse.
15 hiest ouch Gâwân, des sun,
sô kranc daz er niht mac getuon
ritterschaft enkeine.
er was bî mir, der kleine:
er sprichet, möhte er einen schaft
20 gebrechen, trôste in des sîn kraft,
er tæte gerne ritters tât.
wie vruo sîn ger begunnen hât!
hie hât der künec von Patrigalt
von spern einen ganzen walt.
25 des vuore ist dâ engein gar ein wint,
wan die von Portegâl hie sint:
die heizen wir die vrechen,
si welnt durch schilde stechen.
hie hânt die Provenzâle
30 schilde wol gemâle.
hie sint die Wâleise:
daz si behabent ir reise
durch den poinder swâ sis gernt,
von der kraft ir landes si des wernt.
5 hiest manec ritter durch diu wîp,
des niht erkennen mac mîn lîp.
al die ich hie benennet hân,
wir ligen mit wârheit sunder wân
mit grôzer vuore in der stat,
10 als uns diu küneginne bat.
    ich sage dir wer ze velde liget,
die unser wer vil ringe wiget:
der werde künec von Ascalûn,
und der stolze künec von Arragûn,
15 Cidegast von Lôgrois
und der künec von Punturtois,
der heizet Brandelidelîn.
dâst ouch der küene Lehelîn.

II.

dâst Môrolt von Îrlant,
20 der brichet ab uns gæbiu phant.
dâ ligent ûf dem plâne
die stolzen Alemâne:
der herzoge von Brâbant
ist gestrichen in ditze lant
25 durch den künec Hardîzen.
sîne swester Alîzen
gap im der künec von Gascôn,
sîn dienst hât vor emphangen lôn.
die sint mit zorne hie gein mir.
30 nû sol ich wol getrûwen dir:
gedenke an die sippe dîn,
durch rehte liebe warte mîn.'
   dô sprach der künec von Zazamanc:
'dû endarft mir wizzen keinen danc,
5 swaz dir mîn dienst hie zêren tuot.
wir suln haben einen muot.
stêt dîn strûz noch sunder nest,
dû solt dîn sarapandratest
gein sînem halben grîfen tragen.
10 mîn anker vaste wirt geslagen
durch lenden in sîns poinders hurt.
er müeze selbe suochen vurt
hinderm orse ûf dem grieze.
der uns zein ander lieze,
15 ich valte in oder er valte mich:
des wer ich an den triuwen dich.'
   Kailet ze herbergen reit
mit grôzen vreuden sunder leit.
sich huop ein krîieren
20 vor zwein helden fieren;
von Poitouwe Schîolarz
und Gurnemanz de Grâharz,
die tjostierten ûf dem plân.
sich huop diu vesperîe sân.
25 hie riten sehse, dort wol drî,
den vuor vil lîhte ein tropel bî.
si begunden rehte ritters tât:

des enwas et dô dehein ander rât.
ez was dennoch wol mitter tac,
30 der herre under sînem gezelte lac.
69 dô vriesch der künec von Zazamanc,
daz die poinder wît und lanc
wâren ze velde worden.
al nâch ritters orden
5 er huop ouch sich des endes dar
mit maneger banier lieht gevar.
er enkêrte sich niht an gâhez schehen,
müezeclîche er wolde ersehen
wiez ze beider sît dâ wære getân.
10 sînen teppech legete man ûf den plân,
dâ sich die poinder wurren
und diu ors von stichen kurren.
von knappen was umbe in ein rinc,
dâ bî von swerten klingâ klinc.
15 wie si nâch prîse rungen,
der klingen alsus klungen!
von spern was grôz krachen dâ,
er endorfte niemen vrâgen wâ.
poinder wâren sîne wende,
20 die worhten ritters hende.
diu ritterschaft sô nâhe was,
daz die vrouwen ab dem palas
wol sâhen der helde arbeit.
doch was der küneginne leit
25 daz sich der künec von Zazamanc
dâ mit den andern niht endranc.
si sprach: 'wê war ist er komen,
von dem ich wunder hân vernomen?'
70 7 ez wart dâ harte guot getân
von manegem küenen armman,
die doch der hœhe gerten niht,
10 des der küneginne zil vergiht,
ir lîbes und ir lande.
sî gerten ander phande.
nû was ouch Gahmuretes lîp
in harnase, dâ sîn wîp

II.

15 wart einer suone bî gemant,
daz ir von Schotten Vridebrant
ze gebe sande vür ir schaden:
mit strîte hetę er si verladen.
ûf erde niht sô guotes was.
20 dô schouwetę er den adamas:
daz was ein helm, dar ûf man bant
einen anker, dâ man inne vant
verwieret edel gesteine,
grôz, niht ze kleine.
25 daz was iedoch ein swærer last.
gezimieret wart der gast.
wie sîn schilt gehêret sî?
mit golde von Arâbî
ein tiuriu buckel drûf geslagen,
30 swære, die er muoste tragen
71 (diu gap von rœtę alsolhez brehen,
daz man sich drinne mohtę ersehen),
ein zobelîn anker drunde.
mir selben ich wol gunde
5 des er hetę an den lîp gegert,
wandę ez was maneger marke wert.
69 29 nû was ouch rois de Franze tôt.
des wîp in dickę in grôze nôt
70 brâhte mit ir minne,
diu werde küneginne
hetę aldar nâch im gesant,
ob er noch wider in daz lant
5 wære komen von der heidenschaft.
des twanc si grôzer liebe kraft.
71 7 sîn wâpenroc was harte wît:
ich wæne keinen sô guoten sît
iemen ze strîte vuorte.
10 des lenge den teppech ruorte,
ob ich in geprüeven künne.
er schein als ob hie brünne
bî der naht ein queckez viur,
verblichen varwe was im tiur,
15 sîn glast die blicke niht vermeit:

ein bœsez ouge sich dran versneit.
mit golde er gebildet was,
dâz zer muntânę an Kaukasas
ab einem velse zarten
20 grîfęn klâ, diez dâ bewarten
und ez noch hiutę aldâ bewarnt.
von Arâbîe liute varnt,
die erwerbent ez mit listen dâ
(sô tiurez ist ninder anderswâ)
25 und bringentz wider zArâbî,
dâ man diu grüenen achmardî
würket und die phellel rîch.
ander wætę ist er vil ungelîch.
    den schilt nam er ze halse sân.
30 hie stuont ein ors vil wol getân,
gewâpent vastę unz ûf den huof,
hie garzûne ruofâ ruof.
sîn lîp spranc drûf, wandę erz dâ vant.
vil starker sper des heldes hant
5 mit hurte verswande,
die poinder er zetrande,
immer durch, anderhalben ûz.
dem anker volcte nâch der strûz.
Gahmuret stach hinderz ors
10 Poitwîn de Prïenlascors
und anders manegen werden man,
an den er sicherheit gewan.
swaz dâ gekriuzter ritter reit,
die genuzzen sheldes arbeit:
15 diu gewunnen ors diu gap er in.
an im lac ir grôz gewin.
    gelîcher baniere
man gein im vuorte viere
(küene rotten riten drunde,
20 ir herre strîten kunde),
an ieslîcher eins grîfen zagel.
daz hinder teil was ouch ein hagel
an ritterschaft, des wâren die.
daz vorder teil des grîfen hie

25 der künec von Gascône truoc
   ûf sînem schilt, ein ritter kluoc.
   gezimieret was sîn lîp
   sô wol geprüeven kunnen wîp.
   er nam sich vor den andern ûz,
30 dô er ûf dem helme ersach den strûz.
73 der anker kom doch vor an in.
   dô stach in hinderz ors dort hin
   der werde künec von Zazamanc
   und vienc in. dâ was grôz gedranc,
5 hôhe vürhe sleht getennet,
   mit swerten vil gekemmet.
   dâ wart verswendet der walt
   und manec ritter abe gevalt.
   si wunden sich (sus hœre ich sagen)
10 hin an den ort dâ hielden zagen.
    der strît was wol sô nâhen,
    daz gar die vrouwen sâhen
    wer dâ bî prîse solde sîn.
    der minnen gernde Rîwalîn,
15 von des sper snîte ein niuwe leis.
    daz was der künec von Lohneis,
    sîne hurte gâben kraches schal.
    Môrolt in einen ritter stal,
    ûz dem satel er in vür sich huop,
20 daz was ein ungevüeger uop.
    der hiez Killirjacac.
    von dem hete der künec Lac
    dâ vor emphangen solhen solt,
    den er vallende an der erden holt.
25 er hetez dâ vil guot getân.
    dô luste disen starken man
    daz er in twünge sunder swert:
    alsus vienc er den degen wert.
        hinderz ors stach Kailetes hant
30 den herzogen von Brâbant.
74 der vürste hiez Lambekin.
   waz dô tæten die sîn?
   die beschutten in mit swerten,

II.

    die helde strîtes gerten.
5   dô stach der künec von Arragûn
    den alden Utepandragûn
    hinderz ors ûf die plâne,
    den künec von Bertâne.
    ez stuont dâ bluomen vil umbę in.
10 wê wie gevüegę ich doch bin,
    daz ich den werden Berteneis
    sô schône lege vür Kanvoleis,
    dâ nie getrat vilânes vuoz,
    ob ichz iu rehte sagen muoz,
15 noch lîhte nimmer dâ geschiht.
    er endorfte sîn besezzen niht
    ûf dem orsę aldâ er saz.
    niht langer man sîn dô vergaz:
    in beschutten die ob im dâ striten.
20 dâ wart grôz hurten niht vermiten.
       dô kom der künec von Punturteis.
    der wart alhie vor Kanvoleis
    gevellet ûf sîns orses slâ,
    daz er dâ hinder lac aldâ.
25 daz tet der stolze Gahmuret.
    wetâ, herre, wetâ wet!
    mit strîte vunden si geweten
    sîner muomen sun Kaileten:
    den viengen Punturteise.
30 dâ wart vil rûch diu reise.
75 dô der künec Brandelidelîn
    wart gezucket von den sîn,
    einen andern künec si viengen.
    dâ liefen unde giengen
5   vil manec werder man in îsenwât,
    den wart dâ gâlûnet ir brât
    mit treten und mit kiulen.
    ir vel truoc swarze biulen,
    die helde gehiure
10 dâ wurben quaschiure.
       ich ensagez iu niht vür wæhe,
    dâ was diu ruowe smæhe.

die werden twanc diu minne dar,
manegen schilt wol gevar
15 und manegen gezimierten helm,
des dach was worden dâ der melm.
daz velt etswâ geblüemet was,
dâ stuont al kurz grüene gras:
dâ vielen ûf die werden man,
20 den êrę enteil was getân.
mîn sin kan solher wünsche doln,
daz et ich besæze ûf dem voln.
dô reit der künec von Zazamanc
hin dan dâ in niemen dranc,
25 nâch einem orse daz geruowet was.
man bant von im den adamas,
niwan durch des windes luft
und anders durch deheinen guft,
man strouftę im abe sîn hersenier.
30 sîn munt was rôt unde fier.

 ein wîp die ich ê genennet hân,
hie kom ein ir kappelân
und kleiner juncherren drî.
den riten starke knappen bî,
5 zwêne soumære giengen an ir hant.
die boten hete dar gesant
diu küneginnę Amphlîse.
ir kappelân was wîse,
vil schiere bekandę er disen man.
10 en franzois er in gruozte sàn:
'bien sei venuz, bêâ sir,
mîner vrouwen unde mir.
daz ist rêgîn de Franze,
die rüeret dîner minnen lanze.'
15 einen brief gap er im in die hant,
dar an der herre grüezen vant,
und ein kleine vingerlîn:
daz soldę ein wâr geleite sîn,
wan daz emphienc sîn vrouwe
20 von dem von Anschouwe.
er neic, dô er die schrift ersach.

welt ir nû hœren wie diu sprach?
'dir enbiutet minne unde gruoz
mîn lîp, dem nie wart kumbers buoz
25 sît ich dîner minne emphant.
dîn minne ist slôz unde bant
mîns herzen und des vreude.
dîn minne tuot mich teude.
sol mir dîn minne verren,
30 sô muoz mir minne werren.

kum wider und nim von mîner hant
krône, zepter und ein lant.
daz ist mich an erstorben,
daz hât dîn minne erworben.
5 habe dir ouch ze soldiment
dise rîchen prîsent
in den vier soumschrîn.
dû solt ouch mîn ritter sîn
in dem lande ze Wâleis
10 vor der houbetstat ze Kanvoleis.
ich enruoche ob ez diu künegîn siht:
ez mac mir geschaden niht.
ich bin schœner unde rîcher
und kan ouch minneclîcher
15 minne emphâhen und minne geben.
wiltû nâch werder minne leben,
sô habe dir mîne krône
nâch minne ze lône.'
an disem brieve er niht mêre vant.
20 sîn hersenier eins knappen hant
wider ûf sîn houbet zôch.
Gahmureten trûren vlôch.
man bant im ûf den adamas,
der dicke unde herte was:
25 er wolde sich arbeiten.
die boten hiez er leiten
durch ruowen underz poulûn.
swâ gedrenge was, dâ machte er rûm.
dirre verlôs, jener gewan.
30 dâ mohte erholn sich ein man,

78 hetę er versûmet sîne tât:
alhie was genuoger rât.
si solden tjostieren,
dort mit rotten punieren.
5 si geloupten sich der sliche,
die man heizet vriundes stiche.
heimlich gevaterschaft
wart dâ zevuort mit zornes kraft.
dâ wirt diu krümbe selten sleht.
10 man sprach dâ lützel ritters reht:
swer iht gewan, der habetę im daz.
er enruochte, hetes der ander haz.
si wâren von manegen landen,
die da mit ir handen
15 schildes ambet worhten
und schaden lützel vorhten.
 aldâ wart von Gahmurete
geleistet Amphlîsen bete,
daz er ir ritter wære:
20 ein brief sagetę im daz mære.
âvoi nû wart er lâzen ane.
ob minnę und ellen in des mane?
grôz liebę und starkiu triuwe
sîne kraft im vrumtę al niuwe.
25 nû sach er wâ der künec Lôt
sînen schilt gein der herte bôt.
der was umbe nâch gewant.
daz werte Gahmuretes hant:
mit hurte er den poinder brach,
30 den künec von Arragûn er stach
79 hinderz ors mit einem rôr.
der künec hiez Schafillôr.
daz sper was sunder banier,
dâ mit er valte den degen fier:
5 er hetez brâht ûz der heidenschaft.
die sîne werten in mit kraft:
doch vienc er den werden man.
die innern tâten die ûzern sân
vaste rîten ûf daz velt.

10 ir vesperîe gap strîtes gelt.
ez mohte sîn ein turnei,
wan dâ lac manec sper enzwei.
   dô begunde zürnen Lehelîn:
'sul wir sus entêret sîn?
15 daz machet der den anker treget.
unser entweder den andern leget
noch hiute dâ er unsanfte liget.
si hânt uns vil nâch an gesiget.'
ir hurte gap in rûmes vil.
20 dâ gienc ez ûz der kinde spil:
si worhten mit ir henden
daz den walt begunde swenden.
diz was gelîche ir beider ger:
sperâ, herre, sperâ sper!
25 doch muoste et dulden Lehelîn
einen smæhlîchen pîn:
in stach der künec von Zazamanc
hinderz ors wol spers lanc,
daz in ein rôr geschiftet was.
30 sîne sicherheit er an sich las:
   doch læse ich sanfter süeze birn,
swie die ritter vor im nider rirn.
der krîe dô vil maneger wielt,
swer vor sîner tjoste hielt:
5 'hie kumt der anker, fîâ fî!'
   zegegen kom im gehurtet bî
ein vürste von Anschouwe
(diu riuwe was sîn vrouwe)
mit ûf kêrter schildes spitze:
10 daz lêrte in jâmers witze.
diu wâpen er erkande.
war umbe er von im wande?
welt ir, ich bescheide iuch des.
si gap der stolze Gâlôes,
15 fil li roi Gandîn,
der vil getriuwe bruoder sîn,
dâ vor unz im diu minne erwarp
daz er an einer tjost erstarp.

II.

dô bant er abe sînen helm.
20 wederz gras noch den melm
sîn strît dâ niht mêr bante:
grôz jâmer in des mante.
mit sînem sinne er bâcte,
daz er niht dicke envrâcte
25 Kaileten, sîner muomen sun,
waz sîn bruoder wolde tuon,
daz er niht turnierte hie.
daz enwesse er leider, wie
er starp vor Muntôrî.
30 dâ vor was im ein kumber bî:
81 des twanc in werdiu minne
einer rîchen küneginne.
diu kom ouch sît nâch im in nôt:
si lac an klagenden triuwen tôt.
5 swie Gahmuret wære ouch mit klage,
doch hete er an dem halben tage
gevrumt sô vil der sper enzwei,
wære worden der turnei,
sò wære verswendet der walt.
10 geverwet hundert im wâren gezalt,
diu gar vertet der fiere.
sîne liehten baniere
wâren den krîgierren worden:
daz was in ir orden.
15 dô reit er gein dem poulûn.
der Wâleisinne garzûn
huop sich nâch im ûf die vart.
der tiure wâpenroc im wart
durchstochen und verhouwen.
20 den truoc er vür die vrouwen:
er was von golde dennoch guot,
er gleste als ein glüendec gluot.
dar ane kôs man rîcheit.
dô sprach diu künegîn gemeit:
25 'dich hât ein werdez wîp gesant
bî disem ritter in ditze lant.
nû manet mich diu vuoge mîn,

daz die andern niht verkrenket sîn,
die âventiure brâhte dar.
30 ieslîcher neme mîns wunsches war,
wan si sint mir alle sippe
von dem Adâmes rippe.
doch wæne et Gahmuretes tât
den hœsten prîs dâ erworben hât.'
5 die andern tæten ritterschaft
mit sô bewanter zornes kraft,
daz siz wielken vaste unz an die naht.
die innern heten die ûzern brâht
mit strîte unz an ir poulûn.
10 niwan der künec von Ascalûn
und Môrolt von Îrlant,
durch die snüere in wære gerant.
dâ was gewunnen und verlorn:
genuoge heten schaden erkorn,
15 die andern prîs und êre.
nûst zît daz man si kêre
von ein ander: niemen hie gesiht.
si enwert der phandære liehtes niht:
wer solde ouch vinsterlingen spiln?
20 es mac die müeden doch beviln.
  der vinster man vil gar vergaz,
dâ mîn her Gahmuret dort saz
als ez wære tac: des was ez niht.
dâ wâren aber ungevüegiu lieht,
25 von kleinen kerzen manec schoup,
geleget ûf ölboume loup
manec kulter rîche,
gestrecket vlîzeclîche
dâ vür manec teppech breit.
30 diu künegîn an die snüere reit
mit maneger werden vrouwen:
si wolde gerne schouwen
den werden künec von Zazamanc.
vil müeder ritter nâch ir dranc.
5 diu tischlachen wâren abe genomen
ê si inz poulûn wære komen.

II.

ûf spranc der wirt vil schiere
und gevangener künege viere,
den vuor ouch etslîch vürste mite.
10 dô emphienc er si nâch zühte site.
er geviel ir wol, dô si in ersach.
diu Wâleisinne mit vreuden sprach:
'ir sît hie wirt dâ ich iuch vant:
sô bin ich wirtîn überz lant.
15 ruocht irs daz ich iuch küssen sol,
daz ist mit mînem willen wol.'
er sprach: 'iuwer kus sol wesen mîn,
suln dise herren geküsset sîn.
sol künec oder vürste des enbern,
20 sô engetar ouch ichs von iu niht gern.'
'deiswâr daz sol ouch geschehen.
ich enhân ir keinen ê gesehen.'
si kuste dies dâ wâren wert:
des hete Gahmuret gegert.
25 er bat sitzen die künegîn.
mîn her Brandelidelîn
mit zühten zuo der vrouwen saz.
grüene binz, von touwe naz,
dünne ûf die teppeche was gestreut.
30 dâ saz ûf des sich hie vreut
diu werde Wâleisinne.
si twanc iedoch sîn minne:
er saz vür si sô nâhe nider,
daz si in begreif und zôch in wider
5 anderhalp vaste an ir lîp.
si was ein maget und niht ein wîp.
diu in sô nâhen sitzen liez,
welt ir nû hœren wie si hiez?
diu künegîn Herzeloide
10 und ir base Rischoide,
die hete der künec Kailet,
des muomen sun was Gahmuret.
vrou Herzeloide gap den schîn,
wæren erloschen gar die kerzen sîn,
15 dâ wære doch lieht von ir genuoc.

wan daz grôz jâmer under sluoc
die hœhę an sîner vreude breit,
sîn minne wærę ir vil bereit.
si sprâchen gruoz nâch zühte kür.
20 bî einer wîle giengen schenken vür
mit gezierde von Azagouc,
dar an grôz rîcheit niemen trouc.
die truogen juncherren în.
daz muosten tiure nephe sîn
25 von edelem gesteine.
wît, niht ze kleine
si wâren alle sunder golt:
ez was des landes zinses solt,
daz Îsenhart vil dicke bôt
30 vroun Belacânen vür grôze nôt.
85 dô bôt man in ir trinken dar
in manegem steine lieht gevar,
smârâdę unde sardîn.
etslîcher was ein rubîn.
5 vür daz poulûn dô reit
zwêne ritter ûf ir sicherheit.
die wâren hin ûz gevangen
und kômen her în gegangen.
daz eine daz was Kailet:
10 der sach den künec Gahmuret
sitzen als er wærę unvrô.
er sprach: 'wie gebârstû sô?
dîn prîs ist doch dâ vür erkant,
vroun Herzeloiden und ir lant
15 hât dîn lîp errungen.
des jehent hie gar die zungen:
er sî Bertûn oder Îrschman
oder swer hie welsche sprâche kan,
Franzois oder Brâbant,
20 die jehent und volgent dîner hant,
dir enkünnę an sô bewantem spiln
gelîche niemen hie geziln.
des lisę ich hie den wâren brief.
dîn kraft mit ellen dô niht slief,

II.

25 dô dise herren kômen in nôt,
der hant nie sicherheit gebôt:
mîn her Brandelidelîn
und der küene Lehelîn,
Hardîz und Schafillôr.
30 ouwê Razalîc der môr,
86 dem dû vor Patelamunt
tæte ouch fîanze kunt!
des gert dîn prîs an strîte
der hœhę und ouch der wîte.'
5 er sprach: 'mîn vrouwe mac wænen, daz dû tobes,
sît dû mich alsô verlobes.
dû enmaht mîn doch verkoufen niht,
wandę etswer wandel an mir siht.
dîn munt ist lobes ze vil vernomen.
10 sagę et, wie bistû wider komen?'
   'diu werde diet von Punturteis
hât mich und disen Schampôneis
ledec lâzen über al.
Môrolt, der mînen neven stal,
15 von dem sol er ledec sîn,
mac mîn her Brandelidelîn
ledec sîn von dîner hant.
wir sîn noch anders beide phant,
ich und mîner swester sun:
20 dû solt an uns genâde tuon.
ein vesperię ist hie erliten,
daz turnieren wirt vermiten
an dirre zît vor Kanvoleiz.
die rehten wârheit ich des weiz,
25 wan diu ûzer herte sitzet hie.
nû sprich et, wâ von oder wie
möhten sj uns vor gehalden?
dû muost vil prîses walden.'
   diu künegîn sprach ze Gahmurete
30 von herzen eine süeze bete:
87 'swaz mînes rehtes an iu sî,
dâ sult ir mich lâzen bî.
dar zuo mîn dienst genâden gert.

wirdę ich der bete hie gewert,
5 sol iu daz prîs verkrenken,
sô lât mich vürbaz wenken.'
　　der künegîn Amphlîsen,
der kiuschen und der wîsen,
ûf spranc baldę ir kappelân.
10 er sprach: 'niht! in sol ze rehte hân
mîn vrouwe, diu mich in ditze lant
nâch sîner minne hât gesant.
diu lebet nâch im in slîbes zer,
ir minne hât an im gewer.
15 diu sol behalden sînen lîp,
wan sist im holt vür elliu wîp.
hie sint ir boten vürsten drî,
kint vor missewende vrî.
der heizet einer Lanzidant,
20 von hôher art ûz Gruonlant,
der ist ze Kerlingen komen
und hât die sprâchę an sich genomen.
der ander heizet Lîedarz,
fil li cunt Schîolarz.'
25 wer nû der dritte wære,
des hœret ouch ein mære.
des muoter hiez Bêâflûrs
und sîn vater Pansâmûrs:
die wâren von der feien art.
30 daz kint hiez Lîahturteltart.
diu liefen elliu driu vür in
und sprâchen: 'herre, hâstû sin
(dir zelt regîn de Franze
der werden minne schanze),
5 sô mahtû spiln sunder phant.
dîn vreudę ist kumbers ledec zehant.'
　　dô diu botschaft was vernomen,
Kailet, der ê was komen,
saz der künegîn under ir mantels ort.
10 hin zim sprach si disiu wort:
'sagę an, ist dir iht mêr geschehen?
ich hân slegę an dir gesehen.'

II.

dô begreif im diu gehiure
sîne quaschiure
15 mit ir linden handen wîz,
dar an lac der gotes vlîz.
dô was im gamesieret
unde zequaschieret
hiufel, kinne und an der nasen.
20 er hete der küneginne basen.

diu dise êre an im begienc,
daz si in mit handen zir gevienc,
si sprach nâch zühte lêre
hin ze Gahmurete mêre:
25 'iu biutet vaste ir minne
diu werde Franzoisinne.
nû êret an mir elliu wîp
und lât ze rehte mînen lîp.
sît hie unz ich mîn reht geneme:
30 ir lâzet anders mich in scheme.'
daz lobete ir der werde man.
si nam urloup, dô vuor si dan.
si huop Kailet, der degen wert,
sunder schamel ûf ir phert
5 und gienc von ir hin wider în,
aldâ er sach die vriunde sîn.

er sprach ze Hardîze:
'iuwer swester Alîze
mir minne bôt, die nam ich dâ.
10 diu ist bestatet anderswâ
und werdeclîcher denne ze mir.
durch iuwer zuht lât zornes gir.
si hât der vürste Lambekîn.
al sül si niht gekrœnet sîn,
15 si hât doch werdekeit bekant:
Hânouwe und Brâbant
ir dient und manec ritter guot.
kêrt mir ze grüezen iuwern muot,
lât mich in iuwern hulden sîn
20 und nemt hin wider dienest mîn.'
der künec von Gascôn dô sprach

als im sîn manlich ellen jach:
'iuwer rede was ie süeze.
swer iuch dar umbe grüeze,
25 dem ir vil lasters hât getân,
der woldez doch durch vorhte lân.
mich vienc iuwer muomen sun.'
'der kan an niemen missetuon:
ir wert wol ledec von Gahmurete.
30 daz sol sîn mîn êrstiu bete.

swenne ir denne unbetwungen sît,
mîn dienst gelebet noch die zît
daz ir mich zeinem vriunde nemt.
ir möht iuch nû wol hân verschemt.
5 swaz halt mir von iu geschiht,
mich enslüege doch iuwer swester niht.'
  der rede si lacheten über al.
dô wart getrüebet in der schal:
den wirt sîn triuwe mente
10 daz er sich wider sente,
wan jâmer ist ein scharpher gart.
ir ieslîcher innen wart
daz sîn lîp mit kumber ranc
und al sîn vreude was ze kranc.
15 dô zurnde sîner muomen sun,
er sprach: 'dû kans unvuoge tuon.'
  'nein, ich muoz bî riuwen sîn:
ich sene mich nâch der künegîn.
ich liez ze Patelamunt
20 dâ von mir ist mîn herze wunt,
in reiner art ein süeze wîp.
ir werdiu kiusche mir den lîp
nâch ir minne jâmers mant.
si gap mir liute unde lant.
25 mich tuot vrou Belacâne
manlîcher vreuden âne:
ez ist doch vil manlich,
swer minnen wankes schamet sich.
der vrouwen huote mich ûf bant,
30 daz ich niht ritterschefte vant.

II.

91
dô wânde ich daz ritterschaft
mich neme von ungemüetes kraft.
der hân ich hie ein teil getân.
nû wænt manec ungewisser man
5 daz mich ir swerze jagete dan:
die sach ich vür die sunnen an.
ir wîplîch prîs mir vüeget leit,
sist ein buckel ob der werdekeit.
einz undz ander muoz ich klagen:
10 ich sach mîns bruoder wâpen tragen
mit ûf kêrtem orte.'
    'ouwê mir dirre worte!'
daz mære wart dô jæmerlîch,
von wazzer wurden diu ougen rîch
15 dem werden Spânôle.
'ouwî künegîn fôle,
durch dîne minne gap den lîp
Gâlôes, den elliu wîp
von herzen klagen solden
20 mit triuwen, ob si wolden
daz ir site bræhte
lop swâ mans gedæhte.
künegîn von Averre,
swie lützel dir daz werre,
25 den mâc ich doch durch dich verlôs,
der ritterlîchen ende kôs
von einer tjoste, diu in sluoc.
der dîn kleinœte truoc,
vürsten, die gesellen sîn,
30 tuont herzenlîche ir klagen schîn:

92 si habent ir schildes breite
nâch jâmers geleite
zer erden gekêret,
grôz trûren si daz lêret.
5 alsus tuont si ritterschaft.
si sint verladen mit jâmers kraft,
sît Gâlôes, mîner muomen sun,
nâch minnen dienst niht solde tuon.'
    dô er vernam des bruoder tôt,

10 daz was sîn ander herzenôt.
mit jâmer sprach er disiu wort:
'wie hât nû mînes ankers ort
in riuwę ergriffen landes habe!'
der wâpen tet er sich dô abe:
15 sîn riuwę im hertes kumbers jach.
der helt mit wâren triuwen sprach:
'von Anschouwe Gâlôes
(vürbaz darf niemen vrâgen des,
ez enwart nie manlîcher zuht
20 geborn), der wâren milde vruht
uz dînem herzen blüete.
nû erbarmet mich dîn güete.'
er sprach ze Kailete:
'wie gehabet sich Schôete,
25 mîn muoter vreuden arme?'
'sô daz ez got erbarme.
dô ir erstarp Gandîn
und Gâlôes der bruoder dîn
und dô si dîn bî ir niht sach,
30 der tôt ouch ir daz herze brach.'

93 dô sprach der künec Hardîz:
'nû kêrt an manheit iuwern vlîz.
ob ir manheit kunnet tragen,
sô sult ir leit ze mâzen klagen.'
5 sîn kumber leider was ze grôz,
ein güssę im von den ougen vlôz.
er schuof den rittern ir gemach
und gienc dâ er sîne kamern sach,
ein kleine gezelt von samît.
10 die naht er dolde jâmers zît.
    als der ander tac erschein,
si wurden alle des enein,
die innern und daz ûzer her,
swer dâ mit strîteclîcher wer
15 wære, junc oder alt
oder blœde oder balt,
die ensolden tjostieren niht.
dô schein der mitte morgen lieht,

II.

si wâren mit strîte sô verriben
20 und diu ors mit sporn alsô vertriben,
daz die vrechen ritterschaft
ie dennoch twanc der müede kraft.
diu künegîn reit dô selbe
nâch den werden hin ze velde
25 und brâhte die mit ir in die stat.
die besten si dort inne bat
daz sie zer Lêôplâne riten.
dô enwart ir bete niht vermiten.
si kômen dâ man messe sanc
30 dem trûregen künege von Zazamanc.

als der bendiz wart getân,
dô kom vrou Herzeloide sân.
an Gahmuretes lîp si sprach:
si gertę als ir diu volge jach.
5 dô sprach er: 'vrouwę, ich hân ein wîp,
diu ist mir lieber danne der lîp.
ob ich der âne wære,
dennoch wessę ich ein mære,
dâ mit ich iu enbræste gar,
10 næmę iemen mînes rehtes war.'
si sprach: 'ir sult die mœrinne
lân durch mîne minne.
des toufes segen hât bezzer kraft.
nû ânet iuch der heidenschaft
15 und minnet mich nâch unser ê,
wan mirst nâch iuwer minne wê.
oder sol mir gein iu schade sîn
der Franzoiser künegîn,
der boten sprâchen süeziu wort?
20 si spilten ir mærę unz an den ort.'
'jâ diust mîn wâriu vrouwe:
ich brâhtę in Anschouwe
ir rât und mîner zühte site.
mir wont noch hiutę ir helfe mite,
25 dâ von daz mich mîn vrouwe zôch,
die wîbes missewendę ie vlôch.
wir wâren kinder beidiu dô

und doch ze sehen ein ander vrô.
diu küneginne Amphlîse
30 wont an wîplîchem prîse.
95 mir gap diu gehiure
von dem lande die besten stiure:
ich was dô ermer denne nuo.
dâ greif ich willeclîchen zuo.
5 zelt mich noch vür die armen.
ich solde iuch, vrouwe, erbarmen:
mir ist mîn werder bruoder tôt.
durch iuwer zuht lât mich âne nôt.
kêrt minne dâ diu vreude sî,
10 wan mir wont niwan jâmer bî.'
   'lât mich den lîp niht langer zern:
saget an, wâ mite welt ir iuch wern?'
'ich sage nâch iuwer vrâge ger.
ez wart ein turnei dâ her
15 gesprochen, des enwart hie niht.
manec geziuc mir des giht.'
'den hât ein vesperîe erlemt.
die vrechen sint sô hie gezemt,
daz der turnei dâ von verdarp.'
20 'iuwer stete wer ich warp
mit den diez guot hie hânt getân.
ir sult mich nôtrede erlân:
ez tet hie manec ritter baz.
iuwer reht ist gein mir laz,
25 niwan iuwer gemeiner gruoz,
ob ich den von iu haben muoz.'
   als mir diu âventiure saget,
dô nam der ritter und diu maget
einen rihtære über der vrouwen klage.
30 dô nâhetez dem mitten tage.
96 man sprach ein urteil zehant:
'swelh ritter helm hie ûf gebant,
der her nâch ritterschaft ist komen,
hât er den prîs hie genomen,
5 den sol diu küneginne hân.'
dar nâch diu volge wart getân.

II.

dô sprach si: 'herre, nû sît ir mîn.
ich tuon iu dienst nâch hulden schîn
und vüege iu solher vreuden teil,
10 daz ir nâch jâmer werdet geil.'
er hete iedoch von jâmer pîn.
dô was des aberellen schîn
zegangen, dar nâch komen was
kurz kleine grüene gras.
15 daz velt was gar vergrüenet,
daz blœdiu herzen küenet
und in gît hôchgemüete.
vil boume stuont in blüete
von dem süezen lufte des meien.
20 sîn art von der feien
muoste minnen oder minne gern.
des wolde in vriundîn dâ gewern.
an vroun Herzeloiden er dô sach,
sîn süezer munt mit zühten sprach:
25 'vrouwe, sol ich mit iu genesen,
sô lât mich âne huote wesen:
wan verlæt mich immer jâmers kraft,
sô tæte ich gerne ritterschaft.
lât ir niht turnieren mich,
30 sô kan ich noch den alden slich,
als dô ich mînem wîbe entran,
die ich ouch mit ritterschaft gewan.
dô si mich ûf von strîte bant,
ich liez liute unde lant.'
5 si sprach: 'herre, nû nemt iu selbe ein zil:
ich lâze iu iuwers willen vil.'
'ich wil vrumen noch vil der sper enzwei.
aller mânedgelîch ein turnei,
des sult ir, vrouwe, ruochen,
10 daz ich den müeze suochen.'
diz lobete si, wart mir gesaget:
er emphienc diu lant und ouch die maget.
disiu driu juncherrelîn
Amphlîsen der künegîn
15 hie stuonden und ir kappelân,

II.

    dâ volgę und urteil wart getân.
    aldâ erz hôrtę unde sach,
    heimlîchę er Gahmureten sprach:
    'man tet mîner vrouwen kunt
20 daz ir vor Patelamunt
    den hœsten prîs behieldet
    und dâ zweier krône wieldet.
    si hât ouch lant unde muot
    und gît iu lîp unde guot.'
25 'dô si mir gap die ritterschaft,
    dô muostę ich nâch der ordens kraft,
    als mir des schildes ambet saget,
    dâ bî belîben unverzaget.
    wan daz ich schilt von ir gewan,
30 ez wære noch anders ungetân.

98 ich wære des trûrec oder geil,
    mich behabet hie ritters urteil.
    vart wider, saget ir dienest mîn:
    ich sül iedoch ir ritter sîn,
5 ob mir alle krône wæren bereit.
    ich hân nâch ir mîn hœste leit.'
    er bôt in sîne grôze habe:
    sîner gebe tâten si sich abe.
    die boten vuoren ze lande
10 gar ânę ir vrouwen schande.
    si engerten urloubes niht,
    als lîhtę in zorne noch geschiht.
    ir knappen vürsten, disiu kint
    wâren von weinen vil nâch blint.
15   die den schilt verkêrt dâ hânt getragen,
    den begundę ir vriunt ze velde sagen:
    'vrou Herzeloide diu künegîn,
    diu hât behabet den Anschevîn.'
    'wer was von Anschouwe dâ?
20 unser herrę ist leider anderswâ,
    durch ritters prîs zen Sarrazîn.
    daz ist nû unser hœster pîn.'
    'der hie den prîs hât bezalt
    und sô manegen ritter abe gevalt

25 und der sô stach unde sluoc
und der den tiuren anker truoc
ûf dem helme lieht gesteinet,
daz ist den ir dâ meinet.
mir saget der künec Kailet,
30 der Anschevîn wære Gahmuret.
dem ist hie wol gelungen.'
nâch den orsen si dô sprungen,
ir wât wart von den ougen naz.
  dô si kômen dâ ir herre saz,
5 si emphiengen in, er emphienc ouch sie.
vreude und jâmer daz was hie.
dô kuste er die getriuwen,
er sprach: 'iuch ensol niht riuwen
zunmâzer wîs der bruoder mîn.
10 ich mac iuch wol ergetzen sîn:
kêrt ûf den schilt nâch sîner art.
gehabet iuch an der vreuden vart:
ich sol mîns vater wâpen tragen.
sîn lant mîn anker hât beslagen.
15 der anker ist ein recken zil:
den trage und neme nû swer der wil.
ich muoz nû lebelîche
gebâren: ich bin rîche.
wan solde ich volkes herre sîn,
20 den tæte wê der jâmer mîn.
vrou Herzeloide, helfet mir,
daz wir biten, ich und ir,
künege und vürsten die hie sîn,
daz si durch den dienest mîn
25 belîben, unz ir mich gewert
des minnen werc zer minnen gert.'
die bete warp ir beider munt,
die werden lobetenz sâ zestunt.
ieslîcher vuor an sîn gemach.
30   diu künegîn zir vriunde sprach:
'nû habet iuch an mîne phlege.'
si wîste in heimlîche wege.
sîner geste phlac man wol ze vromen,

swar halt ir wirt wære komen.
5 daz gesinde wart gemeine:
doch vuor er dan al eine,
wan zwei juncherrelîn.
juncvrouwen und diu künegîn
in vuorten dâ er vreude vant
10 und al sîn trûren gar verswant.
enschumphieret wart sîn riuwe
und sîn hôchgemüete al niuwe:
daz muoste iedoch bî liebe sîn.
vrou Herzeloide diu künegîn
15 ir magetuoms dâ âne wart.
die munde wâren ungespart:
die begunden si mit küssen zern
und den jâmer von den vreuden wern.
dar nâch er eine zuht begienc:
20 si wurden ledec, die er dâ vienc.
Hardîzen und Kailet,
seht, die versuonde Gahmuret.
dâ ergienc ein solhiu hôchgezît,
swer der hât gelîchet sît,
25 des hant iedoch gewaldes phlac.
Gahmuret sich des bewac,
sîn habe was vil ungespart.
aræbesch golt geteilet wart
armen rittern al gemeine,
30 und den künegen edel gesteine
101 teilde Gahmuretes hant
und ouch swaz er dâ vürsten vant.
[dâ wart daz varnde volc vil geil,
die emphiengen rîcher gâbe teil.]
5 lât si rîten, swer dâ geste sîn:
den gap urloup der Anschevîn.
daz pantel, daz sîn vater truoc,
von zobele ûf sînen schilt man sluoc.
al kleine wîz sîdîn
10 ein hemde der künegîn,
als ez ruorte ir blôzer lîp,
diu nû worden was sîn wîp,

daz was sîns halsberges dach.
ahzeheniu man durchstochen sach
15 und mit swerten gar zehouwen,
ê er schiede von der vrouwen.
daz legetę ouch si an blôze hût,
sô von ritterschefte kom ir trût,
der manegen schilt vil dürkel stach.
20 ir zweier minne man triuwen jach.
er hete werdekeit genuoc,
dô in sîn manlîch ellen truoc
hin über gein der herte.
mich jâmert sîner verte.
25 im kom diu wâre botschaft,
sîn herre der bâruc wære mit kraft
überriten von den Babilôn:
einer hiez Ipomidôn,
der ander Pompêjus.
30 den nennet diu âventiurę alsus,
daz was ein stolz werder man,
niht der von Rômę entran
Júliuse dâ bevor.
der künec Nabuchodonosor
5 sîner muoter bruoder was,
der an trügelîchen buochen las,
er solde selbe sîn ein got:
daz wære nû der liute spot.
ir lîp, ir guot was ungespart.
10 die gebruoder wâren von hôher art,
von Nînus, der gewaldes phlac
ê würde gestiftet Baldac
(der selbe stiftę ouch Nînivê):
in tet schade und laster wê.
15 der jach der bâruc zurborn.
des wart gewunnen und verlorn
genuoc ze beiden sîten:
man sach dâ helde strîten.
dô schiffetę er sich über mer
20 und vant den bâruc mit wer.

mit vreuden er emphangen wart,
swie mich jâmer sîner vart.

Waz dâ geschæhe, wiez dort ergê,
gewin und vlust, wie daz gestê,
25 des enweiz vrou Herzeloide niht.
diu was alsô diu sunne lieht
und hete minneclîchen lîp.
rîcheit bî tugende phlac daz wîp
und vreuden mêre denne ze vil.
30 si was gar ob dem wunsches zil:
si kêrte ir herze an guote kunst,
des bejagete si der werlde gunst.
[vrou Herzeloide diu künegin,
ir site an lobe vant gewin,]
5 ir kiusche was vür prîs erkant,
küneginne über driu lant:
Wâleis und Anschouwe,
dar über was si vrouwe,
si truoc ouch krône ze Norgâls
10 in der houbetstat ze Kingrivâls.
ir was ouch wol sô liep ir man,
ob ie kein vrouwe mêr gewan
sô werden vriunt, waz war ir daz?
si mohtez lâzen âne haz.
15 dô er ûze beleip ein halbez jâr,
sîns komens warte si vür wâr:
daz wart ir lîpgedinge.
dô brast ir vreuden klinge
mitten in dem hefte enzwei.
20 ouwê unde heiâ hei,
daz güete alsolhen kumber treget
und immer triuwe jâmer reget!
alsus vert diu menneschheit:
hiute vreude, morgen leit.
25 diu vrouwe umbe einen mitten tac
eins angestlîchen slâfes phlac:
ir kom ein vorhtlîcher schric.
si dûhte wie ein sternblic
si gein den lüften vuorte,

II.

30 dâ si mit kreften ruorte
104 manec viurîn donerstrâle.
die vlugen al zemâle
gein ir: dô sungelte unde sanc
von genstern ir zöpfe lanc.
5 mit krache gap der doner duz,
brinnendege zeher was sîn guz.
ir lîp si dâ nâch wider vant,
dô zucte ein grîfe ir zeswen hant.
daz wart ir verkêrt hie mite:
10 si dûhte wunderlîcher site,
wie si wære eins wurmes amme,
der sît zevuorte ir wamme,
und wie ein trache ir brüste süge
und daz der gâhes von ir vlüge,
15 sô daz si in nimmer mêr gesach.
daz herze er ir ûz dem lîbe brach.
die vorhte muosten ir ougen sehen:
ez ist selten wîbe mêr geschehen
in slâfe kumber dem gelîch.
20 dâ vor was si ritterlîch:
ach wênec, daz wirt verkêret gar,
si wirt nâch jâmer nû gevar.
ir schade wirt lanc unde breit,
ir nâhent kómendiu herzenleit.
25 diu vrouwe dô begunde
daz si dâ vor niht kunde,
beidiu zabeln unde wuofen,
in slâfe lûte ruofen.
vil juncvrouwen sâzen hie,
30 die sprungen dar und wacten sie.
105   dô kom geriten Tampanîs,
ir mannes meisterknappe wîs,
und kleiner juncherren vil.
dâ gienc ez ûz der vreuden zil:
5 die sageten klagende ir herren tôt.
des kom vrou Herzeloide in nôt:
si viel hin unversunnen.
die ritter sprâchen: 'wiest gewunnen

II.

    mîn herre in sînem harnas,
10 sô wol gewâpent sô er was?'
    swie den knappen jâmer jagete,
    den helden er doch sagete:
    'mînen herren lebens lenge vlôch.
    sîn hersenier von im er zôch:
15 des twanc in starkiu hitze.
    gunêrtiu heidensch witze
    hât uns verstoln den helt guot.
    ein ritter hete bockes bluot
    genomen in ein langez glas.
20 daz sluoc er an den adamas:
    dô wart er weicher danne ein swamp.
    den man noch mâlet vür daz lamp
    und ouch daz kriuze in sîne klân,
    den erbarme daz dâ wart getân.
25   dô si mit scharn zein ander riten,
    âvoi wie dâ wart gestriten!
    des bâruckes ritterschaft
    sich werte wol mit ellens kraft
    vor Baldac ûf dem gevilde.
30 durchstochen wart vil schilde,
    dâ si zein ander gâhten.
    die poinder sich dâ vlâhten,
    sich wurren die banier:
    dâ viel manec degen fier.
5 aldâ worhte mînes herren hant
    dâ von ir aller prîs verswant.
    dô kom gevarn Ipomidôn:
    mit tôde er mînem herren lôn
    gap, daz er in nider stach,
10 dâz manec tûsent ritter sach
    vor Alexandrîe.
    mîn herre valsches vrîe
    gein dem künege kêrte.
    des tjost in sterben lêrte,
15 sînen helm versneit: des spers ort
    durch sîn houbet wart gebort,
    daz man den trunzûn drinne vant.

II.

iedoch gesaz der wigant,
al teudę er ûz dem strîte reit
20 ûf eine plâne, diu was breit.
über in kom sîn kappelân:
er sprach mit kurzen worten sân
sîne bîhtę und sande her
diz hemde und daz selbe sper
25 daz in von uns gescheiden hât.
er starp ânę alle missetât.
juncherren und die knappen sîn
bevalh er der künegîn.
er wart geleget ze Baldac.
30 diu koste den bâruc ringe wac:
107 mit golde wart gehêret,
grôz rîcheit dran gekêret
mit edelem gesteine,
dâ inne liget der reine.
5 gebalsemt wart sîn junger rê.
vor jâmer wart vil liuten wê.
ein tiure rubîn ist der stein
ob sînem grabe, dâ durch er schein.
uns wart gevolget hie mite:
10 ein kriuze nâch der marter site,
als uns Kristes tôt lôste,
liez man stôzęn im ze trôste
ze scherm der sêle überz grap.
der bâruc die koste gap:
15 ez was ein tiure smârât.
wir tâtenz âne der heiden rât:
ir orden kan niht kriuzes phlegen,
als Kristes tôt uns liez den segen.
ez betent heiden sunder spot
20 an in als an ir werden got,
niht durch des kriuzes êre
noch durch des toufes lêre,
der zem urteillîchen ende
uns lœsen sol gebende.
25 diu manlîche triuwe sîn
gît im ze himele liehten schîn

und ouch sîn riuwec bîhte.
der valsch was an im sîhte.
  in sînen helm, den adamas,
30 ein epitafium ergraben was,
versigelt ûfz kriuzę ob dem grabe.
sus sagent die buochstabe:
'durch disen helm ein tjoste sluoc
den werden der ellen truoc.
5 Gahmuret was er genant,
gewaldec künec über driu lant.
ieglîchez im der krône jach,
dâ giengen rîche vürsten nâch.
er was von Anschouwę erborn
10 und hât vor Baldac verlorn
den lîp durch den bâruc.
sîn prîs gap sô hôhen ruc,
niemen reichet an sîn zil.
swâ man noch ritter prüeven wil,
15 er ist von muoter ungeborn,
zuo dem sîn ellen habe gesworn.
ich meine der schildes ambet hât.
helfę und manlîchen rât
gap er mit stæte vriunden sîn,
20 er leit durch wîp vil scharphen pîn.
er truoc den touf und kristen ê:
sîn tôt tet Sarrazînen wê
sunder liegen, daz ist wâr.
sîner zît versunnenlîchiu jâr
25 sîn ellen sô nâch prîse warp,
mit ritterlîchem prîsę er starp:
er hete der valscheit an gesiget.
nû wünschet im heiles, der hie liget.'
diz was alsô der knappe jach.
30 Wâleise man vil weinen sach:
die muosten wol von schulden klagen.
  diu vrouwe hete getragen
ein kint, daz in ir lîbe stiez,
die man âne helfe ligen liez.
5 ahzehen wochen hete gelebet,

II.

des muoter mit dem tôde strebet,
vrou Herzeloide diu künegin.
die andern heten kranken sin,
daz si niht hulfen dem wîbe,
10 wan diu truoc in ir lîbe
der aller ritter bluome wirt,
ob in ein sterben hie verbirt.
dô kom ein altwîser man
durch klage über die vrouwen sân,
15 dâ diu mit dem tôde ranc.
die zenę er ir von ein ander twanc:
man gôz ir wazzer in den munt.
aldâ wart ir versinnen kunt.
    si sprach: 'ouwê war kom mîn trût?'
20 diu vrouwę in klagetę über lût:
'mînes herzen vreude breit
was Gahmuretes werdekeit.
daz nam mir sîn vrechiu ger.
ich was vil junger dannę er
25 und bin sîn muoter und sîn wîp:
ich tragę alhie doch sînen lîp
und sînes verhes sâmen,
den gâben unde nâmen
unser zweier minne.
30 hât got getriuwe sinne,
110 sô lâzę erz mir ze vrühte komen.
ich hân doch schaden ze vil genomen
an mînem stolzen werden man.
wie hât der tôt ze mir getân!
5 er emphienc nie wîbes minnen teil,
er enwære al ir vreuden geil:
in müete wîbes riuwe.
daz riet sîn manlîch triuwe,
wandę er was valsches lære.'
10   nû hœret ein ander mære,
waz diu vrouwe dô begienc.
kint und bûch si zir gevienc
mit armen und mit henden.
si sprach: 'mir sol got senden

15 die werden vruht von Gahmurete.
daz ist mînes herzen bete.
got wende mich sô tumber nôt:
daz wære Gahmuretes ander tôt,
ob ich mich selben slüege,
20 die wîlę ich bî mir trüege
daz ich von sîner minnę emphienc,
der mannes triuwę an mir begienc.'
diu vrouwę enruochte wer daz sach:
daz hemde von der brust si brach.
25 ir brüste lindę unde wîz:
dar an kêrte si ir vlîz:
si dructe sį an ir rôten munt.
si tet wîplîche vuore kunt.
alsus sprach diu wîse:
30 'dû bist kastę eins kindes spîse.

111 die hât ez vor im her gesant,
sît ichz lebendec in dem lîbe vant.'
diu vrouwę ir willen dar an sach,
daz diu spîse was ir herzen dach,
5 diu milch in ir tüttelîn:
die dructe drûz diu künegîn.
si sprach: 'dû bist von triuwen komen.
hetę ich des toufes niht genomen,
dû wæres wol mîns toufes zil.
10 ich sol mich begiezen vil
mit dir und mit den ougen
offenlîch und tougen,
wandę ich wil Gahmureten klagen.'
diu vrouwe hiez dar nâher tragen
15 ein hemde nâch bluote var,
dar innę an sbâruckes schar
Gahmuret den lîp verlôs,
der werlîchen ende kôs
mit rehter manlîcher ger.
20 diu vrouwe vrâctę ouch nâch dem sper,
daz Gahmurete gap den rê.
Ipomidôn von Nînivê
gap alsus werlîchen lôn,

II.

der stolze werde Babilôn:
25 daz hemde ein hader was von slegen.
diu vrouwe woldez an sich legen,
als si dâ vor hete getân,
sô von ritterschefte kom ir man:
dô nâmen siz ir ûzer hant.
30 die besten über al daz lant
bestatten sper und ouch daz bluot
ze münster, sô man die tôten tuot.
in Gahmuretes lande
man jâmer dô bekande.
5 dannen über den vierzehenden tac
diu vrouwe eins kindelîns gelac,
eins suns, der solher lide was
daz si vil kûme dran genas.
hiest der âventiure wurf gespilt
10 und ir bogen ist gezilt,
wande er ist alrêst geborn,
dem diz mære wart erkorn.
sîns vater vreude und des nôt,
beidiu sîn leben und sîn tôt,
15 des habet ir wol ein teil vernomen.
nû wizzet wâ von iu sî komen
dises mæres sachewalde
und wie man den behalde.
man barc in vor ritterschaft,
20 ê er kœme an sîner witze kraft.
dô diu künegîn sich versan
und ir kindelîn wider zir gewan,
si und ander vrouwen
begunden allenthalben schouwen
25 zwischen den beinen sîn viselîn.
er muoste vil getriutet sîn,
dô er hete manlîchiu lit.
er wart mit swerten sît ein smit,
vil viures er von helmen sluoc:
30 sîn herze manlîch ellen truoc.
die künegîn des geluste
daz si in vil dicke kuste.

si sprach hin zim in allen vliz:
'bon fîz, scher fîz, bêâ fîz!'
5   diu künegîn nam dô sunder twâl
diu rôten velwelohten mâl,
ich meine ir tüttelînes grenselîn:
daz schoup sį im in sîn vlenselîn.
selbe was sîn amme
10 diu in truoc in ir wamme:
an ir brüste si in zôch.
die wîbes missewende vlôch,
si dûhte, si hete Gahmureten
wider an ir arm erbeten.
15 [si kêrte sich niht an lôsheit:
diemuot was ir bereit.]
vrou Herzeloide sprach mit sinne:
'diu hœste küneginne
Jêsus ir brüste bôt,
20 der sît durch uns vil scharphen tôt
an dem kriuze menneschlîchę emphienc
und sîne triuwę an uns begienc.'
swes lîp sîn zürnen ringet,
des sêlę unsanfte dinget,
25 swie kiuschę er sî und wære.
des weiz ich wâriu mære,
sich begôz des landes vrouwe
mit ir herzen jâmers touwe:
ir ougen regenden ûf den knaben.
30 si kunde wîbes triuwe haben:
beidiu siufzen unde lachen
kundę ir munt vil wol gemachen.
si vreute sich ir suns geburt:
ir schimph ertranc in riuwen vurt.

5   Swer nû wîben sprichet baz,
deiswâr daz lâzę ich âne haz:
ich vriesche gernę ir vreude breit.
wan einer bin ich unbereit
dienestlîcher triuwe:
10 mîn zorn ist immer niuwe

II.

gein ir, sît ich sị an wanke sach.
ich bin Wolfram von Eschenbach
und kan ein teil mit sange
und bin ein habendiu zange
15 mînen zorn gein einem wîbe:
diu hât mînem lîbe
erboten solhe missetât,
ich enhân si hazzens keinen rât.
dar umbe hânt mîn die andern haz.
20 ouwê war umbe tuont si daz?
alein sî mir ir hazzen leit,
ez ist iedoch ir wîpheit,
sît ich mich versprochen hân
und an mir selben missetân,
25 daz lihte nimmer mêr geschiht.
iedoch ensuln si sich vergâhen niht
mit hurte an mîn hâmît:
si vindent werlîchen strît.
  ich enhân des niht vergezzen,
30 ich enkünne wol gemezzen
115 beidẹ ir gebære und ir site.
swelhem wîbe volget kiusche mite,
der lobes kemphe wil ich sîn:
mir ist von herzen leit ir pîn.
5 sîn lop hinket an dem spat,
swer allen vrouwen sprichet mat
durch sîn eines vrouwen.
swelhiu mîn reht wil schouwen,
beidiu sehen und hœren,
10 die ensol ich niht betœren:
schildes ambet ist mîn art.
swâ mîn ellen sî gespart,
swelhiu mich minnet umbe sanc,
sô dunket mich ir witze kranc.
15 ob ich guotes wîbes minne ger,
mac ich mit schildẹ und ouch mit sper
verdienen niht ir minne solt,
al dar nâch sî si mir holt.
vil hôhes topels er doch spilt,

20 der an ritterschaft nâch minnen zilt.
   hetenz wîp niht vür ein smeichen,
   ich soldę iu vürbaz reichen
   an disem mærę unkundiu wort,
   ich spræchę iu die âventiure vort.
25 swer des von mir geruoche,
   der enzel sį ze keinem buoche:
   ich enkan deheinen buochstap.
   dâ nement genuogę ir urhap:
   disiu âventiure
30 vert âne der buoche stiure.
   ê man si hete vür ein buoch,
   ich wærę ê nacket âne tuoch,
   sô ich in dem bade sæze,
   ob ich squesten niht vergæze.

III.

5   Ez machet trûrec mir den lîp,
daz alsô manegiu heizet wîp.
ir stimme sint gelîche hel:
genuoge sint gein valsche snel,
etsliche valsches lære.
10 sus teilent sich diu mære:
daz die gelîche sint genamt,
des hât mîn herze sich geschamt.
wîpheit, dîn ordenlîcher site,
dem vert und vuor ie triuwe mite.

15   Genuoge sprechent, armuot,
daz diu sî ze nihte guot.
swer die durch triuwe lîdet,
helleviur die sêle mîdet.
die dolde ein wîp durch triuwe:
20 des wart ir gâbe niuwe
ze himele mit endelôser gebe.
ich wæne ir nû vil wênec lebe,
die junc der erden rîchtuom
liezen durch des himeles ruom:
25 ich erkenne ir nehein.
man und wîp mir sint al ein:
die mîdentz al gelîche.
    vrou Herzeloide diu rîche
ir drîer lande wart ein gast:
30 si truoc der vreuden mangels last.

117 der valsch an ir sô gar verswant,
ouge noch ôrę in nie dâ vant.
ein nebel was ir diu sunne.
si vlôch der werlde wunne,
5 ir was gelîch naht und der tac:
ir herze niht wan jâmers phlac.
sich zôch diu vrouwe jâmers balt
ûz ir landę in einen walt,
zer waste in Soltâne,
10 niht durch bluomen ûf die plâne.
ir herzen jâmer was sô ganz,
si enkêrte sich an keinen kranz,
er wære rôt oder val.
si brâhte dar durch vlühtesal
15 des werden Gahmuretes kint.
liute, die bî ir dâ sint,
müezen bûwen unde riuten.
si kunde wol getriuten
ir sun: ê daz sich der versan,
20 ir volc si gar vür sich gewan,
ez wære man oder wîp.
den gebôt si allen an den lîp,
daz sį immer ritters würden lût,
'wan vriesche daz mîns herzen trût,
25 welh ritters leben wære,
daz würde mir vil swære.
nû habet iuch an der witze kraft
und helt in alle ritterschaft.'
der site vuor angestlîche vart.

30   der knappę alsus geborgen wart
118 zer waste in Soltânę erzogen,
an küneclîcher vuore betrogen,
ez enmöhtę an einem site sîn:
bogen unde bölzelîn
5 die sneit er mit sîn selbes hant
und schôz vil vogele die er vant.
swennę aber er den vogel erschôz,
des schal von sangę ê was sô grôz,
sô weindę er unde roufte sich,

III.

10 an sîn hâr kêrte er gerich.
sîn lip was klâr unde fier:
ûf dem plân an dem rivier
twuoc er sich alle morgen.
er enkunde niht gesorgen,
15 ez enwære ob im der vogelsanc.
diu süeze in sîn herze dranc:
daz erstracte im sîniu brüstelin.
al weinde er lief zer künegin.
sô sprach si: 'wer hât dir getân?
20 dû wære hin ûz ûf den plân.'
er enkunde ir gesagen niht,
als kinden lîhte noch geschiht.

dem mære gienc si lange nâch.
eins tages si in kaphen sach
25 ûf die boume nâch der vogele schal.
si wart wol innen daz zeswal
von der stimme ir kindes brust.
des twanc in art und sîn gelust.
vrou Herzeloide kêrte ir haz
30 an die vogele, si enwesse um waz:
si wolde ir schal verkrenken.
ir bûliute und ir enken
die hiez si vaste gâhen,
vogele würgen unde vâhen.
5 die vogele wâren baz geriten:
etslîches sterben wart vermiten,
der beleip dâ lebendec ein teil,
die sît mit sange wurden geil.

der knappe sprach zer künegin:
10 'waz wîzet man den vogelin?'
er gerte in vrides sâ zestunt.
sîn muoter kuste in an den munt.
diu sprach: 'wes wende ich sîn gebot,
der doch ist der hœste got?
15 suln vogele durch mich vreude lân?'
der knappe sprach zer muoter sân:
'ouwê muoter, waz ist got?'
'sun, ich sage dirz âne spot:

er ist noch liehter denne der tac.
20 der antlitzes sich bewac
nâch menschen antlitze,
sun, merke eine witze
und vlêhę in umbe dîne nôt:
sîn triuwe der werldę ie helfe bôt.
25 sô heizet einer der helle wirt:
derst swarz, untriuwę in niht verbirt.
von dem kêre dîne gedanke
und ouch von zwîvels wanke.'
sîn muoter underschiet im gar
30 daz vinster und daz lieht gevar.

dar nâch sîn snelheit verre spranc.
er lernte den gabilôtes swanc,
dâ mit er manegen hirz erschôz,
des sîn muoter und ir volc genôz.
5 ez wære æber oder snê,
dem wilde tet sîn schiezen wê.
nû hœret vremdiu mære:
swennę er schôz daz swære,
des wærę ein mûl geladen genuoc,
10 als unzeworht hin heim erz truoc.
eins tages gienc er den weideganc
an einer halden, diu was lanc.
er brach durch blates stimmę ein zwîc.
dâ nâhen bî im gienc ein stîc,
15 dâ hôrtę er schal von huofslegen:
sîn gabilôt begundę er wegen.
dô sprach er: 'waz hân ich vernomen?
wan woldę et nû der tiuwel komen
mit grimme zorneclîche!
20 den bestüendę ich sicherlîche.
mîn muoter vreisen von im saget:
ich wænę ir ellen sî verzaget.'
alsus stuont er in strîtes ger.
nû seht, dort kom geschûftet her
25 ritter nâch wunsche var,
von vuoze ûf gewâpent gar.
der knappe wânde sunder spot,

daz ieslîcher wære ein got.
dô stuont ouch er niht langer hie,
30 in den phat viel er ûf sîniu knie.
121 lûte rief der knappe sân:
'hilf, got! dû maht wol helfe hân.'
der vorder zornes sich bewac,
dô der knappe in dem phade lac:
5 'dirre tœrsche Wâleise
unsich wendet gâher reise.'
ein prîs den wir Beier tragen,
muoz ich von Wâleisen sagen:
die sint tœrscher denne beiersch her
10 und doch bî manlîcher wer.
swer in den zwein landen wirt,
gevuoge ein wunder an im birt.
dô kom geleischieret
und wol gezimieret
15 ein ritter, dem was harte gâch.
er reit in strîteclîchen nâch,
die verre wâren von im komen:
zwêne ritter heten im genomen
eine vrouwen in sînem lande.
20 den helt ez dûhte schande:
in müete der juncvrouwen leit,
diu jæmerlîche vor in reit.
dise drî wâren sîne man.
er reit ein schœne kastelân,
25 sîns schildes was vil wênec ganz.
er hiez Karnahkarnanz
leh cons Ulterlec.
er sprach: 'wer irret uns den wec?'
sus vuor er zuo dem knappen sân.
30 den dûhte er als ein got getân:
122 er enhetę ê sô liehtes niht erkant.
ûf dem touwe der wâpenroc erwant.
mit guldîn schellen kleine
vor iewederm beine
5 wâren die stegereife erklenget
und ze rehter mâzę erlenget.

sîn zeswer arm von schellen klanc.
swar er den bôt oder swanc,
der was durch swertslege sô hel:
10 der helt was gein prîse snel.
sus vuor der vürste rîche,
gezimieret wünneclîche.
   aller manne schœnę ein bluomen kranz,
den vrâcte Karnahkarnanz:
15 'juncherre, sâhet ir vür iuch varn
zwêne ritter die sich niht bewarn
kunnen an ritterlîcher zunft?
si ringent mit der nôtnunft
und sint an werdekeit verzaget:
20 si vüerent roubes eine maget.'
der knappe wânde, swaz er sprach,
ez wære got, als im verjach
vrou Herzeloide diu künegîn,
dô sį im underschiet den liehten schîn.
25 dô rief er lûte sunder spot:
'nû hilf mir, helferîcher got!'
vil dicke viel an sîn gebet
fil li roi Gahmuret.
der vürste sprach: 'ich bin niht got,
30 ich leistę aber gerne sîn gebot.
dû maht hie vier ritter sehen,
ob dû ze rehte kundes spehen.'
   der knappe vrâcte vürbaz:
'dû nennest ritter: waz ist daz?
5 hâstû niht gotlîcher kraft,
sô sage mir, wer gît ritterschaft?'
'daz tuot der künec Artûs.
juncherre, komt ir in des hûs,
der bringet iuch an ritters namen,
10 daz irs iuch nimmer durfet schamen.
ir muget wol sîn von ritters art.
von den helden er geschouwet wart:
dô lac diu gotes gunst an im.
von der âventiurę ich daz nim,
15 diu mich mit wârheit des beschiet:

nie mannes varwe baz geriet
vor im sît Adâmes zît.
des wart sîn lop von wîben wît.
aber sprach der knappe sân,
20 dâ von ein lachen wart getân:
'ei ritter got, waz mahtû sîn?
dû hâs sus manec vingerlîn
an dînen lîp gebunden
dort oben und hie unden.'
25 aldâ begreif des knappen hant
swaz er îsers an dem vürsten vant.
des harnas begunde er schouwen:
'mîner muoter juncvrouwen
ir vingerlîn an snüeren tragent,
30 die niht sus an ein ander ragent.'

124 der knappe sprach durch sînen muot
zem vürsten: 'war zuo ist diz guot,
daz dich sô wol kan schicken?
ich enmac es niht abe gezwicken.'
5 der vürste im zeicte sâ sîn swert:
'nû sich, swer an mich strîtes gert,
des selben wer ich mich mit slegen.
vür die sîne muoz ich an mich legen
und vür den schuz und vür den stich
10 muoz ich alsus wâpen mich.'
aber sprach der knappe snel:
'ob die hirze trüegen sus ir vel,
sô enverwunte ir niht mîn gabilôt.
der vellet maneger von mir tôt.'
15 die ritter zurnden daz er hielt
bî dem knappen der vil tumpheit wielt.
der vürste sprach: 'got hüete dîn!
ouwî wan wære dîn schœne mîn!
dir hete got den wunsch gegeben,
20 ob dû mit witzen soldes leben.
diu gotes kraft dir virre leit!'
die sîne und ouch er selbe reit
und gâhten harte balde
zeinem velde in dem walde.

25 dâ vant der gevüege
vrou Herzeloiden phlüege
(ir volke leider nie geschach),
die er balde eren sach:
si begunden sæn, dar nâch egen,
30 ir gartę ob starken ohsen wegen.
125 der vürstę in guoten morgen bôt
und vrâcte, ob si sæhen nôt
eine juncvrouwen lîden.
si enkunden niht vermîden,
5 swes er vrâcte daz wart gesaget.
'zwêne ritter und ein maget
dâ riten hiute morgen:
diu vrouwe vuor mit sorgen.
mit sporn si vaste ruorten.'
10 die die juncvrouwen vuorten,
ez was Meljakanz,
den ergâhte Karnahkarnanz:
mit strîtę er im die vrouwen nam.
diu was dâ vor an vreuden lam:
15 si hiez Imâne
von der Bêâfontâne.
die bûliute verzageten.
dô die helde vür si jageten,
si sprâchen: 'wiest uns sus geschehen?
20 hât unser juncherrę ersehen
an disen rittern helme schart,
sô enhân wir uns niht wol bewart.
wir suln der küneginne haz
von schulden hœren umbe daz,
25 wandę er mit uns dâ her lief
hiute morgen dô si dannoch slief.'
der knappę enruochtę ouch wer dô schôz
die hirze kleinę unde grôz:
er huop sich gein der muoter wider
30 und sagetę ir mære. dô viel si nider:
126 sîner worte si sô sêrę erschrac,
daz sį unversunnen vor im lac.
dô diu küneginne

wider kom zir sinne,
5 swie si dâ vor wære verzaget,
dô sprach si: 'sun, wer hât gesaget
dir von ritters orden?
wâ bistûs innen worden?'
'muoter, ich sach vier man
10 noch liehter danne got getân:
die sageten mir von ritterschaft.
Artûs küneclîchiu kraft
sol mich nâch ritters êren
an schildes ambet kêren.'
15   sich huop ein niuwer jâmer hie.
diu vrouwe enwesse rehte wie,
daz si ir den list erdæhte
und in von dem willen bræhte.
der knappe tump unde wert
20 iesch von der muoter dicke ein phert.
daz begunde si in ir herzen klagen.
si dâhte: 'ich enwil im niht versagen,
ez muoz aber vil bœse sîn.'
dô gedâhte mêr diu künegîn:
25 'der liute vil bî spotte sint.
tôren kleider sol mîn kint
ob sînem liehten lîbe tragen.
wirt er geroufet und geslagen,
sô kumt er mir her wider wol.'
30 ouwê der jæmerlîchen dol!
diu vrouwe nam ein sactuoch,
si sneit im hemde unde bruoch,
daz doch an einem stücke erschein,
unz enmitten an sîn blankez bein:
5 daz wart vür tôren kleit erkant.
eine gugeln man obene drûfe vant.
al vrisch rûch kelberîn
von einer hiute zwei ribalîn
nâch sînen beinen wart gesniten.
10 dâ wart grôz jâmer niht vermiten.
diu künegîn was alsô bedâht,
si bat belîben in die naht:

'dû ensolt niht hinnen kêren,
ich wil dich liste lêren.
15 an ungebanten strâzen
soltû tunkel vürte lâzen:
die sîhte unde lûter sîn,
dâ soltû al balde rîten în.
dû solt dich site nieten,
20 der werlde grüezen bieten.
ob dich ein grâ wîse man
zuht wil lêren als er wol kan,
dem soltû gerne volgen
und wis im niht erbolgen.
25 sun, lâ dir bevolhen sîn,
swâ dû guotes wîbes vingerlin
müges erwerben und ir gruoz,
daz nim: ez tuot dir kumbers buoz.
dû solt zir kusse gâhen
30 und ir lîp vaste umbevâhen:
daz gît gelücke und hôhen muot,
ob si kiusche ist unde guot.
dû solt ouch wizzen, sun mîn,
der stolze küene Lehelîn
5 dînen vürsten abe ervaht zwei lant,
diu solden dienen dîner hant,
Wâleis und Norgâls.
ein dîn vürste Turkentâls
den tôt von sîner hende emphienc:
10 dîn volc er sluoc unde vienc.'
'diz riche ich, muoter: ruocht es got,
in verwundet noch mîn gabilôt.'
des morgens dô der tac erschein,
der knappe balde wart enein,
15 im was gein Artûse gâch.
vrou Herzeloide in kuste und lief im nâch.
der werlde riuwe aldâ geschach:
dô si ir sun niht langer sach
(der reit enwec: wemst deste baz?).
20 dô viel diu vrouwe valsches laz
ûf die erde, aldâ si jâmer sneit

sô daz si ein sterben niht vermeit.
ir vil getriulîcher tôt
der vrouwen wert die hellenôt.
25 ô wol si daz si muoter wart!
sus vuor die lônes bernden vart
ein wurzel der güete
und ein stam der diemüete.
ouwê daz wir nû niht enhân
30 ir sippe unz an den eilften spân!
des wirt gevelschet manec lîp.
doch solden nû getriuwiu wîp
heiles wünschen disem knaben,
der sich hie von ir hât erhaben.
5 dô reit der knappe wol getân
gein dem fôreist in Brizljân.
er kom an einen bach geriten,
den hete ein hane wol überschriten:
swie dâ stuonden bluomen unde gras,
10 durch daz sîn vluz sô tunkel was,
der knappe den vurt dar an vermeit.
den tac er gar dâ neben reit,
als ez sînen witzen tohte.
er beleip die naht swie er mohte,
15 unz im der liehte tac erschein.
der knappe sich danne al ein
huop zeinem vurte lûter wol getân.
dâ was anderhalp der plân
mit einem gezelt gehêret,
20 grôz rîcheit dran gekêret
von drîer varwe samît.
ez was hôch unde wît,
ûf den næten lâgen borten guot.
dâ hienc ein liderîn huot,
25 den man drüber ziehen solde
immer swennez regenen wolde.
duc Orilus de Lalander,
des wîp dort unde vander
ligende minneclîche,
30 die herzoginne rîche,

III.

130
    gelîchę einem ritters trûte.
    si hiez Jeschûte.
      diu vrouwe was entslâfen,
    si truoc der minne wâfen,
5 einen munt durchliuhtec rôt
    und gerndes ritters herzen nôt.
    innen des diu vrouwe slief,
    der munt ir von ein ander lief:
    der truoc der minne hitze viur.
10 sus lac des wunsches âventiur.
    von snêwîzem beine
    nâhe bî ein ander kleine,
    sus stuonden ir die liehten zene.
    ich wæne mich iemen küssens wene
15 an einen sus gelobeten munt:
    daz ist mir selten worden kunt.
    ir deckelachen zobelîn
    erwant an ir hüffelîn,
    daz si durch hitze von ir stiez,
20 dâ si der wirt al eine liez.
    si was geschicket und gesniten,
    an ir was künste niht vermiten:
    got selbe worhtę ir süezen lîp.
    ouch hete daz minneclîche wîp
25 langen arm und blanke hant.
      der knappę ein vingerlîn dâ vant,
    daz in gein dem bette twanc.
    dô er mit der herzoginne ranc,
    dô dâhtę er an die muoter sîn:
30 diu riet an wîbes vingerlîn.

131
    ouch spranc der knappe wol getân
    von dem teppechę an daz bette sân.
    diu süeze kiuschę unsanftę erschrac,
    dô der knappe an ir arme lac:
5 si muostę iedoch erwachen.
    mit schamę al sunder lachen
    diu vrouwe zuht gelêret
    sprach: 'wer hât mich entêret?
    juncherrę, es ist iu gar ze vil:

III.

10 ir mohtet iu nemen ander zil.'
diu vrouwe lûte klagete.
er enruochte waz si sagete:
ir munt er an den sînen twanc.
dâ nâch was dô niht ze lanc,
15 ê er ductę an sich die herzogîn
und nam ir ouch ein vingerlîn.
an ir hemdę ein vürspan er dâ sach:
ungevuogę erz dannen brach.
diu vrouwe was mit wîbes wer,
20 ir was sîn kraft ein ganzez her:
doch wart dâ ringens vil getân.
 der knappe klagete den hunger sân.
diu vrouwe was ir lîbes lieht,
si sprach: 'ir sult mîn ezzen niht.
25 wært ir ze vromen wîse,
ir næmet iu ander spîse.
dort stêt brôt unde wîn
und ouch zwei pardrîsekîn,
als sị ein juncvrouwe brâhte,
30 dius wênec iu gedâhte.'
132 er enruochte wâ diu wirtîn saz:
einen guoten kroph er az,
dar nâch er swære trünke tranc.
 die vrouwen dûhte gar ze lanc
5 sîns wesens in dem poulûn.
si wândę, er wære ein garzûn
gescheiden von den witzen.
ir schame begunde switzen.
iedoch sprach diu herzogîn:
10 'juncherrę, ir sult mîn vingerlîn
hie lâzen und mîn vürspan.
hebet iuch enwec: wan kumt mîn man,
ir müezet zürnen lîden,
daz ir gerner möhtet mîden.'
15 dô sprach der knappe wol geborn:
'ouwê waz vürhtę ich iuwers mannes zorn?
wan schadet ez iu an êren,
sô wil ich hinnen kêren.'

dô gienc er zuo dem bette sân:
20 ein ander kus dâ wart getân,
daz was der herzoginne leit.
der knappe âne urloup dannen reit.
iedoch sprach er: 'got hüete dîn!
alsus riet mir diu muoter mîn.'
25   der knappe des roubes was gemeit.
dô er eine wîle von dan gereit,
wol nâch gein der mîle zil,
dô kom von dem ich sprechen wil.
der spürte an dem touwe
30 daz gesuochet was sîn vrouwe.

133   der snüere ein teil was ûz getret:
dâ hete ein knappe daz gras gewet.
der vürste wert und erkant
sîn wîp dort unde al trûrec vant.
5 dô sprach der stolze Orilus:
'ouwê vrouwe, wie hân ich sus
mîn dienst gein iu gewendet!
mir ist nâch laster gendet
manec ritterlîcher prîs:
10 ir habet ein ander âmîs.'
mit wazzerrîchen ougen
diu vrouwe bôt ir lougen
sô, daz si unschuldec wære:
er engeloupte niht ir mære.
15 iedoch sprach si mit vorhte siten:
'dâ kom ein tôr her zuo geriten:
swaz ich liute erkennet hân,
ich engesach nie lîp sô wol getân.
mîn vürspan und ein vingerlîn
20 daz nam er âne den willen mîn.'
'hei sîn lîp iu wol gevellet.
ir habet iuch zim gesellet.'
dô sprach si: 'nû enwelle got!
sîniu ribalîn, sîn gabilôt
25 wâren mir doch ze nâhen.
diu rede iu solde smâhen:
vürstinne ez übele zæme,

III.

ob si dâ minne næme.'
aber sprach der vürste sân:
30 'vrouwe, ich enhân iu niht getân,
ir enwelt iuch einer site schamen:
ir liezet küneginne namen
und hiezt durch mich ein herzogin.
der kouf gît mir ungewin.
5 mîn manheit ist doch sô quec,
daz iuwer bruoder Êrec,
mîn swâger, fil li roi Lac,
iuch wol dar umbe hazzen mac.
mich erkennet iedoch der wîse
10 an sô bewandem prîse,
der ninder mac entêret sîn,
wan daz er mich vor Prûrîn
mit sîner tjoste valte.
an im ich sît bezalte
15 hôhen prîs vor Karnant.
ze rehter tjost stach in mîn hant
hinderz ors durch fîanze:
durch sînen schilt mîn lanze
iuwer kleinœte brâhte.
20 vil wênec ich dô gedâhte
iuwer minne einem andern trûte,
mîn vrouwe Jeschûte.
vrouwe, ir sult gelouben des,
daz der stolze Gâlôes,
25 fil li roi Gandîn,
tôt lac von der tjoste mîn.
ir hieldet ouch dâ nâhen bî,
dâ Plîopliherî
gein mir durch tjostieren reit
30 und mich sîn strîten niht vermeit.
mîn tjoste in hinderz ors verswanc,
daz in der satel ninder dranc.
ich hân dicke prîs bezalt
und manegen ritter abe gevalt:
5 des enmohte ich nû geniezen niht.
ein hôhez laster mir des giht.

si hazzent mich besunder,
die von der tavelrunder,
der ich ehte nider stach,
10 dâz manec wert juncvrouwe sach,
um den sparwære ze Kanedic.
ich behielt iu prîs und mir den sic.
daz sâhet ir und Artûs,
der mîne swester hât ze hûs,
15 die süezen Cunnewâren.
ir munt kan niht gebâren
mit lachen, ê si den gesiht
dem man des hœsten prîses giht.
wan kœme mir doch der selbe man!
20 sô würde ein strîten hie getân
als hiute morgen, dô ich streit
und einem vürsten vrumte leit,
der mir sîn tjostieren bôt:
von mîner tjoste lac er tôt.
25   ich enwil iu niht von zorne sagen,
daz maneger hât sîn wîp geslagen
umbe ir krenker schulde.
hete ich dienest oder hulde,
daz ich iu solde bieten,
30 ir müestet iuch mangels nieten.
ich ensol niht mêr erwarmen
an iuwern blanken armen,
dâ ich etswenne durch minne lac
manegen wünneclîchen tac.
5 ich sol velwen iuwern rôten munt
und iuwern ougen machen rœte kunt,
ich sol iu vreude entêren
und iuwer herze siuften lêren.'
   diu vürstîn an den vürsten sach.
10 ir munt dô jæmerlîchen sprach:
'nû êret an mir ritters prîs.
ir sît getriuwe unde wis
und ouch wol sô gewaldec mîn,
ir muget mir geben hôhen pîn.
15 ir sult ê mîn gerihte nemen.

III.

durch elliu wîp lât iuch gezemen
(ir muget mir dannoch vüegen nôt):
lægę ich von andern handen tôt,
daz iu niht prîs geneicte,
20 swie schierę ich denne veicte,
daz wære mir ein süeziu zit,
sît iuwer hazzen an mir lît.'
   aber sprach der vürste mêre:
'vrouwę, ir wæret mir gar ze hêre.
25 des sol ich an iu mâzen:
geselleschaft wirt lâzen
mit trinken und mit ezzen,
bî ligens wirt vergezzen.
ir emphâhet mêr dehein gewant,
30 wan als ich iuch sitzende vant.

137 iuwer zoum muoz sîn ein bestîn seil,
iuwer phert bejaget wol hungers teil,
iuwer satel wol gezieret
der wirt enschumphieret.'
5 vil baldę er zartę unde brach
den samît drabe. dô daz geschach,
er zesluoc den satel dâ sị inne reit.
ir kiuschę und ir wîpheit
sîn hazzen lîden muosten:
10 mit bestînen buosten
bant er in aber wider zuo.
ir kom sîn hazzen alze vruo.
   dô sprach er an den zîten:
'vrouwe, nû suln wir rîten.
15 kœmę ich an in (des würdę ich geil),
der hie nam iuwer minne teil,
ich bestüendę in doch durch âventiur,
ob sîn âtem gæbe viur
als eines wilden trachen.'
20 al weinde sunder lachen
diu vrouwe jâmers rîche
schiet dannen trûreclîche.
si enmüetę niht swaz ir geschach,
wan ir mannes ungemach:

25 des trûren gap ir grôze nôt,
   daz si noch sanfter wære tôt.
   nû sult ir si durch triuwe klagen:
   si beginnet nû hœher kumber tragen.
   wære mir aller wîbe haz bereit,
30 mich müete doch vroun Jeschûten leit.

   sus riten sj ûf der slâ hin nâch.
   dem knappen vor in ouch was vil gâch:
   doch wesse der unverzagete
   niht daz man in jagete,
5 wan swen sîn ougen sâhen,
   sô er dem begunde nâhen,
   den gruozte der knappe guoter
   und jach: 'sus riet mir mîn muoter.'
   sus kom unser tœrscher knabe
10 geriten eine halden abe.
   wîbes stimmę er hôrte,
   vor eines velses orte
   ein vrouwę ûz rehtem jâmer schrei:
   ir was diu wâre vreudę enzwei.
15 der knappe reit ir balde zuo.
   nû hœret waz diu vrouwe tuo:
   dâ brach vrou Sigûne
   ir langen zöphe brûne
   vor jâmer ûz ir swarten.
20 der knappe begunde warten:
   Schîânatulander
   den vürsten tôt dâ vander
   der juncvrouwen in ir schôz.
   aller schimphe si verdrôz.
25 'er sî trûrec oder vreuden var,
   die bat mîn muoter grüezen gar.
   got haldę iuch!' sprach des knappen munt.
   'ich hân hie jæmerlîchen vunt
   in iuwerm schôze vunden.
30 wer gap iu den ritter wunden?'
   [der knappe unverdrozzen
   sprach: 'wer hât in erschozzen?]
   geschach ez mit einem gabilôt?

III.

mich dunket, vrouwe, er lige tôt.
5 welt ir mir dâ von iht sagen,
wer iu den man habe erslagen,
ob ich in mac errîten,
ich wil gerne mit im strîten.'
dô greif der knappe mære
10 zuo sînem kochære:
vil scharphiu gabilôt er vant.
er vuorte ouch dannoch beidiu phant,
diu er von Jeschûten brach
und ein tumpheit dâ geschach.
15 hete er gelernt sîns vater site,
die werdeclîche im wonten mite,
diu buckel wære gehurtet baz,
dâ diu herzoginne al eine saz,
diu sît vil kumbers durch in leit:
20 mêr danne ein ganzez jâr si meit
gruoz von ir mannes lîbe.
unrehte geschach dem wîbe.
nû hœret ouch von Sigûnen sagen:
diu kunde ir leit mit jâmer klagen.
25 si sprach zem knappen: 'dû hâs tugent.
gêret sî dîn süeziu jugent
und dîn antlitze minneclîch.
deiswâr dû wirst noch sælden rîch.
disen ritter meit daz gabilôt:
30 er lac ze tjostieren tôt.
140 [dû bist geborn von triuwen,
daz er dich sus kan riuwen.']
ê si den knappen rîten lieze,
si vrâcte in wie er hieze,
5 und jach er trüege den gotes vlîz.
'bon fîz, scher fîz, bêâ fîz,
alsus hât mich genennet
der mich dâ heime erkennet.'
dô diu rede was getân,
10 si erkande in bî dem namen sân.
nû hœret in rehter nennen,
daz ir wol müget erkennen

wer dirre âventiure herre sî:
der hielt der juncvrouwen bî.
15 ir rôter munt sprach sunder twâl:
'deiswâr dû heizes Parzivâl.
der name ist rehte mitten durch.
grôz liebe ier solh herzen vurch
mit dîner muoter triuwe:
20 dîn vater liez ir riuwe.
ich engihe dirs niht ze ruome,
dîn muoter ist mîn muome,
und sage dir sunder valschen list
die rehten wârheit, wer dû bist.
25 dîn vater was ein Anschevîn,
ein Wâleis von der muoter dîn
bistû geborn von Kanvoleiz.
die rehten wârheit ich des weiz:
dû bist ouch künec ze Norgâls,
30 in der houbetstat ze Kingrivâls

141 sol dîn houbet krône tragen.
dirre vürste wart durch dich erslagen,
wande er dîn lant ie werte:
sîne triuwe er nie verscherte.
5 junc vlætec süezer man,
die gebruoder hânt dir vil getân:
zwei lant nam dir Lehelîn.
disen ritter und den vetern dîn
ze tjostieren sluoc Orilus.
10 der liez ouch mich in jâmer sus.
mir diende âne alle schande
dirre vürste von dînem lande:
dô zôch mich dîn muoter.
lieber neve guoter,
15 nû hœre waz disiu mære sîn.
ein brackenseil gap im den pîn.
in unser zweier dienste den tôt
hât er bejaget und jâmers nôt
mir nâch sîner minne.
20 ich hete kranke sinne,
daz ich im niht minne gap.

III.

```
       des hât der sorgen urhap
       mir vreude verschrôten:
       nû minnę ich in alsô tôten.'
   25  dô sprach er: 'niftel, mir ist leit
       dîn kumber und mîn laster breit.
       swennę ich daz mac gerechen,
       daz wil ich gerne zechen.'
       dô was im gein dem strîte gâch.
   30  si wîstę in unrehte nâch:
       si vorhte daz er den lîp verlür
       und daz si grôzen schaden kür.
       eine strâzę er dô gevienc,
       diu gein den Berteneisen gienc:
    5  diu was gestrîchet unde breit.
       swer im widergienc oder widerreit,
       ez wære ritter oder koufman,
       die selben gruoztę er alle sân
       und jach daz wære sîner muoter rât.
   10  diu gap in ouch âne missetât.
       der âbent begunde nâhen,
       grôz müede gein im gâhen.
       dô ersach der tumpheit genôz
       ein hûs ze guoter mâze grôz.
   15  dâ was innę ein arger wirt,
       als noch ûf ungeslehte birt:
       daz was ein vischære
       und aller güete lærc.
       den knappen hunger lêrte
   20  daz er dâ gegen kêrte
       und klagete dem wirte hungers nôt.
       der sprach: 'ich engæbę iu ein halbez brôt
       niht ze drîzec jâren.
       swer mîner milde vâren
   25  vergebene wil, der sûmet sich.
       ich ensorgę um niemen dannę um mich,
       dar nâch um mîniu kindelîn.
       ir enkomt tâlanc dâ her în.
       hetet ir phenningę oder phant,
   30  ich behieldę iuch al zehant.'
```

(142)

III.

143
    dô bôt im der knappe sân
vroun Jeschûten vürspan.
dô ez der vilân ersach,
sîn munt dô lachetę unde sprach:
5 'wiltû belîben, liebez kint,
dich êrent alle die hinne sint.'
'wiltû mich hînt wol spîsen
und morgen rehte wîsen
gein Artûse (dem bin ich holt),
10 sô mac belîben dir daz golt.'
'diz tuon ich' sprach der vilân:
'ich engesach nie lîp sô wol getân.
ich bringe dich durch wunder
vür des küneges tavelrunder.'
15 die naht beleip der knappe dâ:
man sach in smorgens anderswâ.
des tages er kûmę erbeite.
der wirt ouch sich bereite
und lief im vor, der knappe nâch
20 reit: dô was in beiden gâch.
    mîn her Hartman von Ouwe,
vrou Ginôvêr, iuwer vrouwe,
und iuwer herre, der künec Artûs,
den kumt ein mîn gast ze hûs.
25 bitet hüeten sîn vor spotte.
er enist gîge noch diu rotte:
si suln ein ander gampel nemen.
des lâzen sich durch zuht gezemen:
anders iuwer vrouwę Ênîte
30 und ir muoter Karsnafîte
144 werdent durch die mül gezucket
und ir lop gebucket.
sol ich den munt mit spotte zern,
ich wil mînen vriunt mit spotte wern.
5   dô kom der vischære
und ouch der knappe mære
einer houbetstat sô nâhen,
aldâ si Nantes sâhen.
dô sprach er: 'kint, got hüete dîn!

III.

10 nû sich, dort soltû rîten în.'
dô sprach der knappe an witzen laz:
'dû solt mich wîsen vürbaz.'
'wie wol mîn lîp daz bewart!
diu massenîe ist alsolher art,
15 genæhte ir immer vilân,
daz wære vil sêre missetân.'
 der knappe al eine vürbaz reit
ûf einen plân niht ze breit,
der stuont von bluomen lieht gemâl.
20 in zôch dehein Curvenâl:
er kunde kurtôsîe niht,
als ungevarnem man geschiht.
sîn zoum der was bestîn
und harte kranc sîn pherdelîn:
25 daz tet von strûchen manegen val.
ouch was sîn satel über al
unbeslagen mit niuwen ledern.
samît, hermîner vedern
man dâ vil lützel an im siht.
30 er enbedorfte der mantelsnüere niht:
145 vür suckenîe und vür surkôt,
dâ vür nam er sîn gabilôt.
des site man gein prîse maz,
sîn vater was gekleidet baz
5 ûf dem teppeche vor Kanvoleiz.
 der geliez nie vorhtlîchen sweiz,
im kom ein ritter widerriten.
den gruozte er nâch sînen siten:
'got halde iuch! riet mîn muoter mir.'
10 'juncherre, got lône iu und ir!'
sprach Artûses basen sun,
den zôch Utepandragûn.
ouch sprach der selbe wîgant
erbeschaft ze Bertâne ûfz lant:
15 ez was Îthêr von Gaheviez.
den rôten ritter man in hiez:
sîn harnas was gar sô rôt,
daz ez den ougen rœte bôt

sîn ors was rôt unde snel,
20 al rôt was sîn gügerel,
rôt samît was sîn kovertiur,
sîn schilt noch rœter danne ein viur,
al rôt was sîn kursît
und wol an in gesniten wît,
25 rôt was sîn schaft, rôt was sîn sper,
al rôt nâch des heldes ger
was im sîn swert gerœtet,
nâch der scherphe iedoch gelœtet.
der künec von Kukûmerlant,
30 al rôt von golde ûf sîner hant
stuont ein koph vil wol gegraben,
ob tavelrunder ûf erhaben.
blanc was sîn vel, rôt was sîn hâr.
der sprach zem knappen sunder vâr:
5 'gêret sî dîn süezer lîp:
dich brâhte zer werlde ein reine wîp.
ô wol der muoter diu dich gebar!
ich engesach nie lîp sô wol gevar.
dû bist der wâren minne blic,
10 ir schumphentiure und ir sic:
vil wîbes vreude an dir gesiget.
dar nâch dir jâmer swære wiget,
lieber vriunt, wiltû dâ hin în,
sô sage mir durch den dienest mîn
15 dem künege und al den sînen,
ich ensül niht vlühtec schînen:
ich wil hie gerne beiten.
swer zer tjost sich sol bereiten,
ir neheiner habez vür wunder.
20 ich reit vür tavelrunder,
mîns landes ich mich underwant:
disen koph mîn ungevüegiu hant
ûf zucte, daz der wîn vergôz
vroun Ginôvêren in ir schôz.
25 underwinden mich daz lêrte.
ob ich schoube umbe kêrte,
sô würde ruozec mir mîn vel:

daz meit ich' sprach der degen snel.
'ich enhânz ouch niht durch roup getân:
30 des hât mîn krône mich erlân.
147 vriunt, nû sage der künegîn,
ich begüzze sị âne den willen mîn,
aldâ die werden sâzen.
die rehter wer vergâzen,
5 ez sîn künegẹ oder vürsten,
wes lânt sị ir wirt erdürsten?
wan holnt sị im hie sîn goltvaz?
ir sneller prîs wirt anders laz.'
    der knappe sprach: 'ich wirbe dir
10 swaz dû gesprochen hâs ze mir.'
er reit von im ze Nantes în.
dâ volcten im diu kindelîn
ûf den hof vür den palas,
dâ maneger slahte vuore was.
15 schiere wart umbẹ in gedranc:
Îwânet dar nâher spranc,
ein knappe valsches vrîe.
der bôt im kumpânîe.
der knappe sprach: 'got halde dich!
20 bat reden mîn muoter mich,
ê daz ich schiede von ir hûs.
ich sihe hie manegen Artûs:
wer sol mich ritter machen?'
Îwânet begunde lachen,
25 er sprach: 'dû ensihs des rehten niht,
daz aber schiere nû geschiht.'
    er vuortẹ in în zem palas,
dâ diu werde massenîe was.
sus vil kundẹ er in schalle,
30 er sprach: 'got haldẹ iuch herren alle,
148 benamen den künec und des wîp!
mir gebôt mîn muoter an den lîp,
daz ich die gruozte sunder.
die ob der tavelrunder
5 von rehtem prîse heten stat,
die selben si mich grüezen bat.

dar an ein kunst mich verbirt,
ich enweiz niht welher hinne ist wirt.
dem hât ein ritter her enboten
10 (den sach ich allenthalben roten),
er welle sîn dâ ûze bîten.
mich dunket er welle strîten.
im ist ouch leit daz er den wîn
vergôz ûf die künegîn.
15 ouwî wan hete ich sîn gewant
emphangen von des küneges hant!
sô wære ich vreuden rîche,
wan ez stêt sô ritterlîche.'
der knappe unbetwungen
20 wart harte vil gedrungen,
gehurtet her unde dar.
si nâmen sîner varwe war:
diz was selpschouwet,
geherret noch gevrouwet
25 wart nie minneclîcher vruht.
got was in einer süezen zuht,
dô er Parzivâlen worhte.
  der vreise wênec vorhte,
sus wart er vür Artûsen brâht.
30 an dem got wunsches hete erdâht,
149 im kunde niemen vîent sîn.
dô besach in ouch diu künegîn,
ê si schiede von dem palas,
dâ si dâ vor begozzen was.
5 Artûs an den knappen sach,
zuo dem tumben er dô sprach:
'juncherre, got vergelde iu gruoz,
den ich gerne dienen muoz
mit dem lîbe und mit dem guote.
10 des ist mir wol ze muote.'
'wolde et got, wan wære daz wâr!
der wîle dunket mich ein jâr
daz ich niht ritter wesen sol.
daz tuot mir wirs denne wol:
15 nû ensûmet mich niht mêre,

III.

```
     phleget mîn nâch ritters êre.'
     'daz tuon ich gerne' sprach der wirt.
     'ob werdekeit mich niht verbirt,
     dû bist wol sô gehiure,
20   rich an koste stiure
     wirt dir mîn gâbe undertân.
     deiswâr ich solz ungerne lân.
     dû solt unz morgen beiten:
     ich wil dich wol bereiten.'
25   der wol geborne knappe
     hielt gagernde als ein trappe.
     er sprach: 'ich enwil hie nihtes biten.
     mir kom ein ritter widerriten:
     mac mir des harnas werden niht,
30   ich enruoche wer küneges gâbe giht.
150  sô gît aber mir diu muoter mîn:
     ich wæne doch diust ein künegîn.'
     Artûs sprach zem knappen sân:
     'daz harnas vüert an im ein man,
 5   daz ich dirs niht getörste geben.
     ich muoz doch sus mit kumber leben
     âne alle mîne schulde,
     sît ich darbe sîner hulde.
     ez ist Îthêr von Gaheviez,
10   der trûren mir durch vreude stiez.'
       'ir wæret ein künec milde
     ob iuch solher gâbe bevilde.
     gebetz im dar' sprach Keie sân
     'und lât in zuo zim ûf den plân,
15   sol iemen bringen uns den koph.
     hie helt diu geisel, dort der toph:
     lâtz kint in umbe trîben,
     sô lobet manz vor den wîben.
     ez muoz noch dicke bâgen
20   und solhe schanze wâgen.
     ich ensorge umbe ir deweders leben:
     man sol hunde nâch ebers houbet geben.'
     'ungerne wolde ich im versagen,
     wan daz ich vürhte er werde erslagen,
```

25 dem ich helfen sol der ritterschaft'
sprach Artûs ûz triuwen kraft.
der knappe iedoch die gâbe emphienc,
dâ von ein jâmer sît ergienc.
   dô was im von dem künege gâch.
30 junge und alde im drungen nâch:
151   Îwânet in an der hende zôch
vür eine louben niht ze hôch.
   dô sach er vür unde wider:
ouch was diu loube sô nider,
5 daz er drûfe hôrte und ouch ersach
dâ von ein trûren im geschach.
   dâ wolde ouch diu künegîn
selbe an dem venster sîn
mit rittern und mit vrouwen.
10 die begunden in alle schouwen.
   dâ saz vrou Cunnewâre,
diu fiere und diu klâre.
   diu enlachete deheinen wîs,
si ensæhe in der den hœsten prîs
15 hete oder solde erwerben:
si wolde ê sus ersterben.
   allez lachen si vermeit,
unz daz der knappe vür si reit:
dô erlachete ir minneclîcher munt.
20 des wart ir rücke ungesunt.
   dô nam Keie seneschalt
vroun Cunnewâren de Lalant
mit ir reiden hâre.
   ir lange zöphe klâre
25 die want er umbe sîne hant:
er spancte si âne türbant.
   ir rücke wart dehein eit gestabet,
doch wart ein stap sô dran gehabet,
unz daz sîn siusen gar verswanc,
30 durch die wât und durch ir vel ez dranc.
152   dô sprach der unwîse:
'iuwerm werden prîse
ist gegeben ein smæhiu letze:

ich bin sîn vengec netze,
5 ich sol in wider in iuch smiden
daz irs emphindet ûf den liden.
ez ist dem künege Artûs
ûf sînen hof und in sîn hûs
sô manec werder man geriten,
10 durch den ir lachen hât vermiten,
und lachet nû durch einen man
der niht mit ritters vuore kan.'
in zorne wunders vil geschiht.
sîns slages wære im erteilet niht
15 vor dem rîche ûf dise maget,
diu vil von vriunden wart geklaget,
ob si halt schilt solde tragen.
diu ungevuoge ist dâ geslagen
(wan si was von arte ein vürstîn),
20 Orilus und Lehelîn,
ir bruoder, hetenz die gesehen,
der slege minner wære geschehen.

der verswigen Antanôr,
der durch swîgen dûhte ein tôr,
25 sîn rede und ir lachen
was gezilt mit einen sachen:
er enwolde nimmer wort gesagen,
si enlachete diu dâ wart geslagen.
dô ir lachen wart getân,
30 sîn munt sprach ze Keien sân:
153 'got weiz, her seneschalt,
daz Cunnewâre de Lalant
durch den knappen ist zebert,
iuwer vreude es wirt verzert
5 noch von sîner hende,
er ensî nie sô ellende.'
'sît iuwer êrste rede mir dreut,
ich wæne irs wênec iuch gevreut.'
sîn brât wart gâlûnet,
10 mit slegen vil gerûnet
dem witzehaften tôren
mit viusten in sîn ôren:

daz tet Keie sunder twâl.
dô muoste der junge Parzivâl
15 disen kumber schouwen.
Antanors und der vrouwen,
im was von herzen leit ir nôt:
vil dicke er greif zem gabilôt.
vor der künegîn was solh gedranc,
20 daz er durch daz vermeit den swanc.
urloup nam dô Îwânet
zem fil li roi Gahmuret,
des reise al eine wart getân
hin ûz gein Îthêr ûf den plân.
25 dem sagete er solhiu mære,
daz niemen dinne wære
der tjostierens gerte.
'der künec mich gâbe werte.
ich sagete, als dû mir verjæhe,
30 wiez âne danc geschæhe
daz dû den wîn vergüzze,
unvuoge dich verdrüzze.
ir deheinen lüstet strîtes.
gip mir dâ dû ûfe rîtes,
5 und dar zuo al dîn harnas:
daz emphienc ich ûf dem palas,
dar inne ich ritter werden muoz.
widersaget sî dir mîn gruoz,
ob dû mirz ungerne gîs.
10 wer mich, ob dû bî witzen sîs.'
der künec von Kukûmerlant
sprach: 'hât Artûses hant
dir mîn harnas gegeben,
deiswâr daz tæte er ouch mîn leben,
15 möhtestû mirz an gewinnen.
sus kan er vriunde minnen:
was er dir aber ê iht holt?
dîn dienst gedient sô schier den solt.'
'ich getar wol dienen swaz ich sol:
20 ouch hât er mich gewert vil wol.
gip her und lâz dîn lantreht:

III.

ich enwil niht langer sîn ein kneht,
ich sol schildes ambet hân.'
er greif im nâch dem zoume sân:
25 'dû maht wol wesen Lehelîn,
von dem mir klagete diu muoter mîn.'
    der ritter umbe kêrte den schaft
und stach den knappen sô mit kraft,
daz er und sîn pherdelîn
30 muosten vallende ûf die bluomen sîn.
155 der helt was zornes dræte:
er sluoc in daz im wæte
von dem schafte ûzer swarten bluot.
Parzivâl der knappe guot
5 stuont al zornec ûf dem plân.
sîn gabilôt begreif er sân.
dâ der helm und diu barbier
sich locheten ob dem hersenier,
durchz ouge in sneit daz gabilôt
10 und durch den nac, sô daz er tôt
viel, der valscheit widersaz.
wîbe siufzen, herzen jâmers kraz
gap Îthêrs tôt von Gaheviez.
der wîben nazziu ougen liez,
15 swelhiu sîner minne emphant,
durch die vreude ir was gerant
und ir schimph enschumphieret,
gein der riuhe gekondewieret.
    Parzivâl der tumbe
20 kêrte in dicke al umbe:
er kunde im abe geziehen niht.
daz was ein wunderlîch geschiht:
helmes snüere noch sîniu schinnelier,
mit sînen blanken handen fier
25 kunde ers niht ûf gestricken
noch sus her abe gezwicken.
vil dicke erz doch versuochte,
wîsheit der unberuochte.
daz ors und daz pherdelîn
30 erhuoben einen sô hôhen grîn,

156 daz ez Îwânet erhôrte
vor der stat an sgraben orte,
vroun Ginôvêren knappę und ir mâc.
dô er von dem orsę erhôrte den bâc
5 und dô er niemen drûfe sach
(von sînen triuwen daz geschach
die er nâch Parzivâle truoc),
dô gâhte dar der knappe kluoc.
er vant Îthêren tôt
10 und Parzivâlen in tumber nôt:
snellîchę er zin beiden spranc.
dô sagetę er Parzivâle danc
prîses des erwarp sîn hant
an dem von Kukûmerlant.
15 'got lône dir! nû rât waz ich tuo.
ich kan hie harte wênec zuo:
wie bringę ichz ab im und an mich?'
'daz kan ich wol gelêren dich.'
sus sprach der stolze Îwânet
20 zem fil li roi Gahmuret.
entwâpent wart der tôte man
aldâ vor Nantes ûf dem plân
und an den lebenden geleget,
den dannoch grôziu tumpheit reget.
25   Îwânet sprach: 'diu ribalîn
suln niht under dem îser sîn:
dû solt nû tragen ritters kleit.'
diu rede was Parzivâle leit.
dô sprach der knappe guoter:
30 'swaz mir gap mîn muoter,
157 des sol vil wênec von mir komen,
ez gê ze schaden oder ze vromen.'
daz dûhte wunderlîch genuoc
Îwâneten: der was kluoc,
5 iedoch muostę er im volgen.
er enwas im niht erbolgen:
zwuo liehte hosen îserîn
schuohtę er im über diu ribalîn,
sunder leder mit zwein borten.

III.

10 zwêne sporn dar zuo gehôrten:
er spien im an daz goldes werc.
ê er im büte dar den halsberc,
er strictę im umbe diu schinnelier.
sunder twâl vil harte schier
15 von vuoze ûf gewâpent wol
wart Parzivâl mit gernder dol.
dô iesch der knappe mære
sînen kochære.
'ich enreiche dir dehein gabilôt:
20 diu ritterschaft dir daz verbôt'
sprach Îwânet der knappe wert.
der gurtę im umbę ein scharphez swert:
daz lêrtę er in ûz ziehen
und widerriet im vliehen.
25 dô zôch er im dar nâher sân
des tôten mannes kastelân,
daz truoc bein hôch und lanc.
der gewâpendę in den satel spranc:
er engerte stegereifes niht.
30 dem man noch snelheite giht,
Îwâneten niht bevilde,
er enlêrtę in underm schilde
künsteclîch gebâreñ
und der vînde schaden vâren.
5 er bôt im in die hant ein sper:
daz was gar âne sîne ger,
doch vrâctę er in: 'war zuo ist diz vrum?'
'swer gein dir zer tjoste kum,
dâ soltûz balde brechen,
10 durch sînen schilt verstechen.
wiltû des vil getrîben,
man lobet dich vor den wîben.'
als uns diu âventiure giht,
von Kölne noch von Mâstrieht
15 dehein schildærę entwürfę in baz,
dennę als er ûf dem orse saz.
dô sprach er zÎwâneten sân:
'lieber vriunt, mîn kumpân,

ich hân hie erworben des ich bat.
20 dû solt mîn dienest in die stat
dem künege Artûse sagen
und ouch mîn hôhez laster klagen.
brinc im wider sîn goltvaz.
ein ritter sich an mir vergaz,
25 daz er die juncvrouwen sluoc
durch daz si lachens mîn gewuoc.
mich müent ir jæmerlîchen wort,
diu enrüerent mir dehein herzen ort:
jâ muoz enmitten drinne sîn
30 der vrouwen ungedienter pîn.

159 nû tuoz durch dîne gesellekeit
und lâz dir sîn mîn laster leit.
got hüete dîn! ich wil von dir varn.
der mac uns beide wol bewarn.'
5 Îthêrn von Gaheviez
er jæmerlîche ligen liez:
der was, doch tôt, sô minneclîch.
lebende was er sælden rîch.
wære ritterschaft sîn endes wer
10 zer tjost durch schilt mit einem sper,
wer klagete denne die wunders nôt?
er starp von einem gabilôt.
Îwânet ûf in dô brach
der liehten bluomen zeinem dach.
15 er stiez den gabilôtes stil
zuo zim, nâch der marter zil
der knappe kiusche unde stolz
ducte en kriuzes wîs ein holz
durch des gabilôtes snîden.
20 dô enwolde er niht vermîden,
hin in die stat er sagete
des manec wîp verzagete
und des manec ritter weinde.
der klagende triuwe erscheinde
25 (dâ wart jâmers vil gedolt),
der tôte schône wart geholt.
diu künegîn reit ûz der stat,

III.

daz heilectuom si vüeren bat
ob dem künege von Kukûmerlant,
30 den tôte Parzivâles hant.
    vrou Ginôvêr diu künegin
sprach jæmerlîcher worte sin:
'ouwê unde heiâ hei!
Artûses werdekeit enzwei
5 sol brechen noch diz wunder,
der ob der tavelrunder
den hœsten prîs solde tragen,
daz der vor Nantes liget erslagen.
sîns erbeteils er gerte,
10 dâ man in sterbens werte.
er was doch massenîe alhie
alsô, daz dehein ôre nie
dehein sîn untât vernam.
er was vor wildem valsche zam:
15 der was vil gar von im geschaben.
nû muoz ich alze vruo begraben
ein slôz ob dem prîse.
sîn herze an zühten wîse,
ob dem slôze ein hantveste,
20 riet im benamen daz beste,
swâ man nâch wîbes minne
mit ellenthaftem sinne
solde erzeigen mannes triuwe.
ein berndiu vruht al niuwe
25 ist trûrens ûf diu wîp gesæt.
ûz dîner wunden jâmer wæt.
dir was doch wol sô rôt dîn hâr,
daz dîn bluot die bluomen klâr
niht rœter dorfte machen.
30 dû swendes wîplich lachen.'
    Îthêr der lobes rîche
wart bestatet küneclîche.
des tôt schoup siufzen in diu wîp,
sîn harnas im verlôs den lîp:
5 dar umbe was sîn endes wer
des tumben Parzivâles ger.

III.

sît dô er sich baz versan,
ungerne hetę erz dô getân.
  daz ors einer site phlac:
10 grôz arbeit ez ringe wac,
ez wære kalt oder heiz.
ez enliez durch reise deheinen sweiz,
ez træte stein oder ronen.
er dorftę im keines gürtens wonen
15 doch eines loches nâher baz,
sô er zwêne tage drûfe saz.
gewâpent reitz der tumbe man
den tac sô verrę, ez hete lân
ein blôz wîser, soldę erz hân geriten
20 zwêne tagę, ez wære vermiten.
er liez et schûften, selten draben:
er kundę im lützel ûf gehaben.
hin gein âbendę er ersach
eins turnes guphen und des dach.
25 den tumben dûhte sêre,
wie der türne wüehse mêre:
der stuont dâ vil ûf einem hûs.
dô wândę er si sætę Artûs:
des jach er im vür heilekeit
30 und daz sîn sælde wære breit.
  alsô sprach der tumbe man:
'mîner muoter volc niht bûwen kan:
jâ enwehset niht sô lanc ir sât.
swaz sị ir in dem walde hât,
5 grôz regen si selten dâ verbirt.'
    Gurnemanz de Grâharz hiez der wirt
ûf dirre burc dar zuo er reit.
dâ vor stuont ein linde breit
ûf einem grüenen anger,
10 der was breiter noch langer
niht wan ze rehter mâze.
daz ors und ouch diu strâze
in truogen dâ er sitzen vant
des was diu burc und ouch daz lant.
15 ein grôziu müedę in des betwanc,

III.

daz er den schilt unrehte swanc,
ze verre hinder oder vür,
et ninder nâch der site kür
die man dâ gein prîse maz.
20 Gurnemanz der vürste al eine saz:
ouch gap der linden tolde
ir schaten, als si solde,
dem houbetman der wâren zuht.
des site was vor valsche ein vluht,
25 der emphienc den gast. daz was sîn reht:
bî im was rittter noch der kneht.
 sus antwurte im dô Parzivâl
ûz tumben witzen sunder twâl:
'mich bat mîn muoter nemen rât
30 ze dem der grâwe locke hât.
163 dâ wil ich iu dienen nâch,
sît mir mîn muoter des verjach.'
 'sît ir durch râtes schulde
her komen, iuwer hulde
5 müezet ir mir durch râten lân,
und welt ir râtes volge hân.'
 dô warf der vürste mære
einen mûzersparwære
von der hende: in die burc er swanc,
10 ein guldîn schelle dran erklanc.
daz was ein bote: dô kômen sân
vil juncherren wol getân.
er bat den gast, den er dâ sach,
în vüeren und schaffen sîn gemach.
15 der sprach: 'mîn muoter saget al wâr:
altmannes rede stêt niht ze vâr.'
 hin în vuorten sị in al zehant,
dâ er manegen werden ritter vant
ûf dem hove an einer stat.
20 ieslîcher in erbeizen bat.
dô sprach an dem was tumpheit schîn:
'mich hiez ein künec ritter sîn:
swaz halt drûfe mir geschiht,
ich enkum von disem orse niht.

25 gruoz gein iu riet mîn muoter mir.'
si dancten beidiu im und ir.
dô daz grüezen wart getân
(daz ors was müede und ouch der man),
maneger bete si gedâhten,
30 ê si in von dem orse brâhten
164 in eine kemenâten.
si begunden im alle râten:
'lâtz harnas von iu bringen
und iuwern liden ringen.'
5 schiere er muoste entwâpent sîn.
dô si diu rûhen ribalîn
und diu tôren kleit gesâhen,
dô erschrâken die sîn phlâgen.
vil blûge ez wart ze hove gesaget:
10 der wirt vor schame was nâch verzaget.
ein ritter sprach durch sîne zuht:
'deiswâr sô werdeclîche vruht
erkôs nie mîner ougen sehe.
an im liget der sælden spehe
15 mit reiner süezen hôhen art.
wiest der minnen blic alsus bewart?
mich jâmert immer daz ich vant
an der werlde vreude alsolh gewant.
wol doch der muoter diu in truoc!
20 an dem des wunsches liget genuoc,
sîn zimierde ist rîche.
daz harnas stuont ritterlîche
ê ez kœme von dem gehiuren.
von einer quaschiuren
25 bluotege amesiere
kôs ich an im schiere.'
der wirt sprach zem ritter sân:
'daz ist durch wîbe gebot getân.'
'nein, herre! erst mit solhen siten,
30 er enkunde nimmer wîp gebiten
165 daz si sîn dienest næme.'
'sîn varwe der minne zæme.'
der wirt sprach: 'nû sul wir sehen

an des wætę ein wunder ist geschehen.'
5 si giengen dâ si vunden
Parzivâlen den wunden
von einem sper, daz beleip doch ganz.
sîn underwant sich Gurnemanz.
solh was sîn underwinden,
10 daz ein vater sînen kinden,
der sich triuwe kunde nieten,
möhtez in niht baz erbieten.
sîne wunden wuosch und bant
der wirt mit sîn selbes hant.
15 dô was ouch ûf geleget daz brôt.
des was dem jungen gaste nôt,
wandę in grôz hunger niht vermeit:
al vastendę er des morgens reit
von dem vischære.
20 sîn wundę und harnas swære,
die vor Nantes er bejagete,
im müedę und hunger sagete
und diu verre tagereise
von Artûse dem Berteneise,
25 dâ man in allenthalben vasten liez.
der wirt in mit im ezzen hiez.
der gast sich dâ gelabete:
in den barn er sich sô habete,
daz er der spîse swande vil.
30 daz nam der wirt gar zeinem spil:
166 dô bat in vlîzeclîche
Gurnemanz der triuwen rîche,
daz er vaste æze
und der müede sîn vergæze.
5 man huop den tisch, dô des wart zît.
'ich wæne daz ir müede sît'
sus sprach der wirt: 'wært ir iht vruo?'
'got weiz, mîn muoter sliefe nuo:
diu kan sô vil niht wachen.'
10 der wirt begunde lachen,
er vuortę in an die slâfstat.
der wirt in sich ûz sloufen bat:

ungernę erz tet, doch muostez sîn.
ein declachen hermîn
15 wart geleget über sînen blôzen lîp.
sô werde vruht gebar nie wîp.
  grôz müedę und slâf in lêrte
daz er sich selten kêrte
an die andern sîten:
20 sus kundę er tages erbîten.
dô gebôt der vürste mære
daz ein bat bereite wære
rehtę umbe den mitten morgens tac.
zendę an dem teppech der dâ lac,
25 daz muoste smorgens alsô sîn.
man warf dâ rôsen oben în.
swie wênec man umbę in dâ rief,
der gast erwachte der dâ slief.
der junge werde süeze man
30 gienc sitzen in die kuofen sân.

167   ich enweiz wer si des bæte:
juncvrouwen mit rîcher wæte
und an lîbes varwe minneclîch,
die kômen zühte site gelîch.
5 si twuogen und strichen schiere
von im sîn amesiere
mit blanken linden henden.
jâ endorftę in niht ellenden
der dâ was witzę ein weise.
10 sus doldę er vreudę und eise,
tumpheit er wênec gein in engalt.
juncvrouwen kiuschę unde balt
in alsus kunrierten.
swâ von si parlierten,
15 dâ kundę er wol geswîgen zuo.
ez dorftę in dunken niht ze vruo,
wan von in schein der ander tac.
der glast alsus en strîte lac,
sîn varwe laschte beidiu lieht:
20 des was sîn lîp versûmet niht.
man bôt ein badelachen dar.

III.

des nam er vil kleine war:
sus kundę er sich bî vrouwen schemen.
vor in woldę erz niht umbe nemen,
25 die juncvrouwen muosten gên.
si entorsten dâ niht langer stên:
ich wæne si gerne heten gesehen,
ob im dort undę iht wære geschehen.
wîpheit vert mit triuwen,
30 si kan vriundes kumber riuwen.

168   der gast an daz bette schreit.
al wîz gewant im was bereit,
von golde unde sîdîn
einen bruochgürtel zôch man drîn.
5 scharlachens hosen rôt man streich
an in. dem ellen nie gesweich,
âvoi wie stuonden sîniu bein!
reht geschickedę ab in schein.
brûn scharlachen wol gesniten,
10 dem was furrieren niht vermiten,
beidiu innen hermîn blanc,
roc und mantel wâren lanc,
breit swarz unde grâ
zobel dâ vor man kôs aldâ:
15 daz legetę an der gehiure.
under einen gürtel tiure
wart er gefischieret
und wol gezimieret
mit einem tiuren vürspan.
20 sîn munt dâ bî vor rœte bran.

dô kom der wirt mit triuwen kraft,
nâch dem gienc stolziu ritterschaft.
der emphienc den gast. dô daz geschach,
der ritter ieslîcher sprach,
25 si engesæhen nie sô schœnen lîp.
mit triuwen lobeten si daz wîp,
diu gap der werldę alsolhe vruht.
durch wârheit und umbę ir zuht
si jâhen: 'er wirt wol gewert,
30 swâ sîn dienst genâden gert:

169 im ist minnę und gruoz bereit,
mac er geniezen werdekeit.'
ieslîcher im des dâ verjach
und dar nâch swer in ie gesach.
5   der wirt in mit der hant gevienc,
geselleclîchę er dannen gienc.
in vrâcte der vürste mære,
welh sîn ruowe wære
des nahtes dâ bî im gewesen.
10 'dâ enwærę ich niht genesen,
wan daz mîn muoter her mir riet
des tages dô ich von ir schiet.'
'got müeze lônen iu und ir!
herrę, ir tuot genâdę an mir.'
15 dô gienc der helt mit witzen kranc
dâ man got und dem wirte sanc.
der wirt zer messę in lêrte
daz noch die sælde mêrte,
ophern unde segenen sich
20 und gein dem tiuvel kêren gerich.
  dô giengen sį ûf den palas.
aldâ der tisch gedecket was,
der gast ze sînem wirte saz.
die spîsę er ungesmæhet az.
25 der wirt sprach durch höveschheit:
'herrę, iu ensol niht wesen leit,
ob ich iuch vrâge mære,
wannen iuwer reise wære.'
er sagetę im gar die underscheit
30 und wie er von sîner muoter reit,
170 umz vingerlîn und umz vürspan
und wie erz harnas gewan.
der wirt erkande den ritter rôt:
der ersiuftę und erbarmetę in sîn nôt.
5 sînen gast des namen er niht erliez,
den rôten ritter er in hiez.
  dô man den tisch hin dan genam,
dar nâch wart wilder muot vil zam.
der wirt sprach zem gaste sîn:

III.

10 'ir redet als ein kindelîn.
wan geswîget ir iuwer muoter gar
und nemet ander mære war?
habet iuch an mînen rât:
der scheidet iuch von missetât.
15   sus hebę ich an. lât iuch gezemen,
ir sult niemer iuch verschemen,
verschamter lîp, waz touc der mêr?
der wont in der mûze rêr,
dâ im werdekeit entrîset
20 und in gein der helle wîset.
    ir traget geschickedę unde schîn,
ir muget wol volkes herre sîn.
ist hôch und hœht sich iuwer art,
lât iuwern willen des bewart,
25 iuch sol erbarmen nôtec her:
gein des kumber sît ze wer
mit milde und mit güete.
vlîzet iuch diemüete.
der kumberhafte werde man
30 wol mit schame ringen kan
(daz ist ein unsüezę arbeit):
dem sult ir helfe sîn bereit.
swennę ir dem tuot kumbers buoz,
sô nâhet iu der gotes gruoz.
5 im ist noch wirs denne den die gênt
nâch brôtę aldâ diu venster stênt.
    ir sult bescheidenlîche
sîn arm unde rîche,
wan swâ der herre gar vertuot,
10 daz ist niht herrenlîcher muot:
sament er aber schaz ze sêre,
daz sint ouch unêre.
    gebet rehter mâzę ir orden.
ich bin wol innen worden
15 daz ir râtes dürftec sît:
nû lât der unvuogę ir strît.
    ir ensult niht vil gevrâgen:
ouch ensol iuch niht betrâgen

bedâhter gegenrede, diu gê
20 rehtę als jenes vrâgen stê,
der iuch wil mit worten spehen.
ir kunnet hœren unde sehen,
entseben unde dræhen:
daz soldę iuch witzen næhen.
25 lât die erberme bî der vrevel sîn.
sus tuot mir râtes volge schîn:
an swem ir strîtes sicherheit
bezalt, er enhabę iu solhiu leit
getân diu herzen kumber wesen,
30 die nemet und lâzet in genesen.
ir müezet dicke wâpen tragen:
sôz von iu kom, daz ir getwagen
under ougen und an handen sît!
des ist nâch îsers râme zît.
5 [sô werdet ir minneclîch gevar:
des nement wîbes ougen war.]
sît manlîch und wol gemuot
(daz ist ze werdem prîsę iu guot)
und lât iu liep sîn diu wîp:
10 daz tiuret junges mannes lîp.
gewenket nimmer tac an in:
dast rehte manlîcher sin.
welt ir in gerne liegen,
ir muget ir vil betriegen:
15 gein werder minne valscher list
hât gein prîse kurze vrist.
dâ wirt der slîchære klage
daz dürre holz in dem hage,
daz bristet unde krachet:
20 der wahtærę erwachet.
ungevertę und hâmît,
dar gedîhet manec strît:
diz zelt gein der minne.
diu werde hât sinne,
25 gein valsche listeclîche kunst:
swennę ir bejaget ir ungunst,
sô müezet ir gunêret sîn

III.

    und immer dulden schemeden pîn.
    dise lêre sult ir nâhe tragen.
30   ich wil iu mêr von wîbes orden sagen:
173 man und wîp diu sint al ein
    als diu sunne diu hiute schein,
    und ouch der name der heizet tac.
    der enwederz sich gescheiden mac:
5   si blüent ûz einem kerne gar.
    des nemet künsteclîche war.'
       der gast dem wirte durch râten neic.
    sîner muoter er gesweic
    mit rede und in dem herzen niht,
10 als noch getriuwem man geschiht.
    der wirt sprach sîn êre:
    'noch sult ir lernen mêre
    kunst an ritterlîchen siten.
    wie kômet ir zuo mir geriten!
15 ich hân beschouwet manege want,
    dâ ich den schilt baz hangen vant
    denne er iu ze halse tæte.
    ez ist uns niht ze spæte:
    wir suln ze velde gâhen,
20 dâ sult ir künste nâhen.
    brinct im sîn ors und mir daz mîn
    und ieslîchem ritterz sîn.
    juncherren suln ouch dar komen,
    der ieslîcher habe genomen
25 einen starken schaft und bringe in dar,
    der nâch der niuwe sî gevar.'
       sus kom der vürste ûf den plân.
    dâ wart mit rîten kunst getân:
    sînem gaste er râten gap,
30 wie erz ors ûz dem walap
174 mit sporn gruozes pîne,
    mit schenkel vliegens schîne
    ûf den poinder solde wenken
    und den schaft ze rehte senken
5   und den schilt gein tjoste vür sich nemen.
    er sprach: 'des lâzet iuch gezemen.'

unvuogę er im sus werte
baz dennę ein swankel gerte
diu argen kinden brichet vel.
10 dô hiez er komen ritter snel
gein im durch tjostieren.
er begundę in kondewieren
einem zegegen an den rinc.
dô brâhte der jungelinc
15 sîn êrsten tjost durch einen schilt,
des von in allen wart bevilt
und daz er hinderz ors verswanc
einen starken ritter niht ze kranc.
ein ander tjostiur was komen:
20 dô hetę ouch Parzivâl genomen
einen starken niuwen schaft,
sîn jugent hetę ellen unde kraft.
der junge süeze âne bart,
den twanc diu Gahmuretes art
25 und angeborniu manheit,
daz ors von rabînę er reit
mit volleclîcher hurte dar.
er nam der vier nagel war:
des wirtes ritter niht gesaz,
30 al vallendę er den acker maz.
175 dô muosten kleiniu stückelîn
aldâ von trunzûnen sîn.
sus stach er ir vünve nider.
der wirt in nam und vuortę in wider:
5 aldâ behielt er schimphes prîs.
er wart ouch sît an strîte wîs.
die sîn rîten gesâhen,
al die wîsen im des jâhen,
dâ vüere kunst und ellen bî.
10 'nû wirt mîn herre jâmers vrî:
sich mac nû jungen wol sîn leben,
er sol im ze wîbe geben
sîne tohter, unser vrouwen.
ob wir in bî witzen schouwen,
15 sô lischet im sîn jâmers nôt:

III.

vür sîner drîer süne tôt
ist im ein gelt ze hûs geriten.
nû hât in sælde niht vermiten.'
sus kom der vürste sâbents în.
20 der tisch gedecket muoste sîn:
sîne tohter bat er komen
ze tische, alsus hân ichz vernomen,
dô er die maget komen sach,
nû hœret wie der wirt sprach
25 zuo der schœnen Lîâzen:
'dû solt dich küssen lâzen
disen ritter, biut im êre:
er vert mit sælden lêre.
ouch solde an iuch gedinget sîn,
30 daz ir der megede ir vingerlîn
liezet, ob siz möhte hân.
nû enhât sis niht noch vürspan:
wer gæbe ir solhen volleist
sô der vrouwen in dem fôreist?
5 diu hete etswenne von dem si emphienc
daz iu zemphâhen sît ergienc.
ir muget Lîâzen niht genemen.'
der gast begunde sich des schemen,
iedoch kuste er si an den munt,
10 dem was wol viurs varwe kunt.
Lîâzen lîp was minneclîch,
dar zuo der wâren kiusche rîch.
  der tisch was nider unde lanc.
der wirt mit niemen sich dâ dranc:
15 er saz al eine an den ort.
sînen gast hiez er sitzen dort
zwischen im und sînem kinde.
ir blanken hende linde
muosten snîden, sô der wirt gebôt,
20 den man dâ hiez der ritter rôt,
swaz der ezzen wolde.
niemen si wenden solde,
si engebârten heimlîche.
diu maget mit zühten rîche

III.

25 leiste ir vater willen gar.
si und der gast wâren wol gevar.
dar nâch schier gienc diu maget wider.
sus phlac man des heldes sider
unz an den vierzehenden tac.
30 bî sînem herzen kumber lac
177 anders niht wan umbe daz:
er wolde ê gestrîten baz,
ê daz er dar an würde warm
daz man dâ heizet vrouwen arm.
5 in dûhte, wert gedinge
daz wære ein hôhiu linge
ze disem lîbe hie und dort.
daz sint noch ungelogeniu wort.
eins morgens urloubes er bat.
10 dô rûmde er Grâharz die stat,
der wirt mit im ze velde reit.
dô huop sich niuwez herzenleit.
dô sprach der vürste ûz triuwe erkorn:
'ir sît mîn vierder sun verlorn.
15 jâ wânde ich ergetzet wære
drîer jæmerlîchen mære.
der wâren dennoch niht wan drîu:
der nû mîn herze envieriu
mit sîner hende slüege
20 und ieslîchez stücke trüege,
daz diuhte mich ein grôz gewin,
einz vür iuch (ir rîtet hin),
diu driu vür mîniu werden kint
diu ellenthaft erstorben sint.
25 sus lônt iedoch diu ritterschaft:
ir zagel ist jâmerstricke haft.
ein tôt mich lemt an vreuden gar,
mînes sunes wol gevar,
der was geheizen Schenteflûrs.
30 dâ Condwîrâmûrs
178 lîp und ir lant niht wolde geben,
in ir helfe er verlôs sîn leben
von Clâmidê und von Kingrûn.

des ist mir dürkel als ein zûn
5 mîn herze von jâmers sniten.
nû sît ir alze vruo geriten
von mir trôstelôsem man.
ouwê daz ich niht sterben kan,
sît Lîâze diu schœne maget
10 und ouch mîn lant iu niht behaget.
mîn ander sun hiez cuns Lascoit:
den sluoc mir Îdêr fil Noit
umbẹ einen sparwære.
des stên ich vreuden lære.
15 mîn dritter sun hiez Gurzgrî:
dem reit Mahaute bî
mit ir schœnem lîbe,
wan si gap im ze wîbe
ir stolzer bruoder Ehkunat.
20 gein Brandigân der houbetstat
kom er nâch Schoidelakurt geriten.
dâ wart sîn sterben niht vermiten:
dâ sluoc in Mabonagrîn.
des verlôs Mahautẹ ir liehten schîn
25 und lac mîn wîp, sîn muoter, tôt.
grôz jâmer irz nâch im gebôt.'
  der gast nam swirtes jâmer war,
wandẹ erz im underschiet sô gar.
dô sprach er: 'herrẹ, ich enbin niht wîs:
30 bezal aber ich immer ritters prîs,
sô daz ich wol mac minne gern,
ir sult mich Lîâzen wern,
iuwer tohter, der schœnen maget.
ir habet mir alze vil geklaget:
5 mac ich iu jâmer dennẹ entsagen,
des lâzẹ ich iuch sô vil niht tragen.'
urloup nam der junge man
von dem getriuwen vürsten sân
und zal der massenîe.
10 des vürsten jâmers drîe
was riuwec an daz quater komen,
die vierden vlust hetẹ er genomen.

IV.

Dannen schiet sus Parzivâl.
ritters sitẹ und ritters mâl
15 sîn lîp mit zühten vuorte,
ouwê wan daz in ruorte
manec unsüeziu strenge.
im was diu wîte zẹ enge
und ouch diu breite gar ze smal,
20 elliu grüenẹ in dûhte val,
sîn rôt harnas in dûhte blanc:
sîn herze diu ougen des betwanc,
sît er tumpheit âne wart.
dô enwoldẹ in Gahmuretes art
25 denkens niht erlâzen
nâch der schœnen Lîâzen,
der megede sælden rîche,
diu im geselleclîche
sunder minne bôt êre.
30 swar sîn ors nû kêre,
er enmacz vor jâmer niht enthaben,
ez welle springen oder draben.
kriuzẹ unde stûden stric,
dar zuo der wagenleisen bic
5 sîne waltstrâzen meit:
vil ungevertes er dô reit,
dâ wênec wegerîches stuont.
tal und berc wâren im unkunt.
genuoge hânt des einen site
10 und sprechent sus, swer irre rite

IV.

    daz der den slegel vünde:
    slegels urkünde
    lac dâ âne mâze vil,
    suln grôze ronen sîn slegels zil.
15 doch reit er wênec irre,
    wan die slihte an der virre
    kom er des tages von Grâharz
    in daz künecrîche ze Brôbarz
    durch wilde gebirge hôch.
20 der tac gein dem âbende zôch,
    dô kom er an ein wazzer snel,
    daz was von sînem duzze hel,
    ez gâben die velse ein ander.
    daz reit er nider, dô vander
25 die stat ze Pelrapeire.
    der künec Tampenteire
    hete sį gerbet ûf sîn kint,
    bî der vil liute in kumber sint.

    daz wazzer vuor nâch bolze siten,
30 die wol gevidert und gesniten
181 sint, sô si armbrustes span
    mit senewen swanke trîbet dan.
    dar über gienc ein brücken slac,
    dâ manec hurt ûfe lac.
5 ez vlôz aldâ rehte inz mer.
    Pelrapeire stuont wol ze wer.
    seht wie kint ûf schocken varn,
    die man schockes niht wil sparn,
    sus vuor diu brücke âne seil:
10 diu was vor jugende niht sô geil.
    dort anderhalben stuonden
    mit helmen ûf gebunden
    sehzec ritter oder mêr.
    die riefen alle: 'kêrâ kêr!'
15 mit ûf geworfen swerten:
    die kranken strîtes gerten.
    durch daz sį in dicke sâhen ê,
    si wânden ez wære Clâmidê,
    wande er sô küneclîchen reit

20 gein der brücke ûf dem velde breit.
dô si disen jungen man
sus mit schalle riefen an,
swie vil erz ors mit sporn versneit,
durch vorhte ez doch die brücken meit.
25 den rehtiu zageheit ie vlôch,
der erbeizte nider unde zôch
sîn ors ûf der brücken swanc.
eins zagen muot wære alze kranc,
solde er gein solhem strîte varn.
30 dar zuo muoste er ein dinc bewarn,

182 wande er vorhte sorses val.
dô lasch ouch anderhalp der schal.
die ritter truogen wider în
helme, schilde, ir swerte schîn
5 und sluzzen zuo ir porten:
grœzer her si vorhten.
 sus zôch hin über Parzival
und kom geriten an ein wal,
dâ maneger sînen tôt erkôs,
10 der durch ritters prîs den lîp verlôs
vor der porte gein dem palas,
der hôch und wol gehêret was.
einen rinc er an der porte vant,
den ruorte er vaste mit der hant:
15 sîns rüefens nam dâ niemen war,
wan ein juncvrouwe wol gevar.
ûz einem venster sach diu maget
den helt halden unverzaget.
diu schœne zühte rîche
20 sprach: 'sît ir vîentlîche
her komen, herre, dast âne nôt.
âne iuch man uns vil hazzens bôt
von dem lande und ûf dem mer,
zornec und ellenthaftez her.'
25 dô sprach er: 'vrouwe, hie habet ein man,
der iu dienet. ob ich kan
(iuwer gruoz sol sîn mîn solt),
ich bin iu dienestlîchen holt.'

IV.

    dô gienc diu maget mit sinne
30 vür die küneginne
und half im daz er kom dar în,
daz in sît wande hôhen pîn.
    sus wart er în verlâzen.
iewederthalp der strâzen
5 stuont von bovel ein grôziu schar.
die werlîche kômen dar,
slingære und patelierre,
der was ein langiu virre
und arger schützen harte vil.
10 er kôs ouch an dem selben zil
vil küener sarjande,
der besten von dem lande,
mit langen starken lanzen
scharphen unde ganzen,
15 als ichz mære vernomen hân.
dâ stuont ouch manec koufman
mit hâschen und mit gabilôt,
als in ir meisterschaft gebôt:
die truogen alle slachen balc.
20 der küneginne marschalc
muoste in durch si leiten
ûf den hof mit arbeiten.
der was gein wer berâten:
türnę ob den kemenâten,
25 wîchûs, bervrit, erkêr,
der stuont dâ sicherlîchen mêr
dennę er dâ vor gesæhe ie.
dô kômen allenthalben hie
ritter die in emphiengen.
30 die riten unde giengen:
ouch was diu jæmerlîche schar
elliu nâch aschen var
oder alsô valwer leim.
mîn herre der grâve von Wertheim
5 wære ungerne soldier dâ gewesen:
er möhtę ir soldes niht genesen.
    der zadel vuoctę in hungers nôt:

si enheten kæse, vleisch noch brôt.
[si liezen zenstüren sîn
10 und smalzten ouch deheinen wîn
mit ir munde, sô si trunken.
die wambę in nider sunken.
ir hüffe hôch unde mager,
gerumphen als ein Ungers zager
15 was in diu hût zuo den riben:
der hunger hetę inz vleisch vertriben,
den muosten si durch zadel doln.
in trouf vil wênec in die koln.]
des twanc si ein werder man,
20 der stolze künec von Brandigân:
[si arnden Clâmidês bete.
sich vergôz dâ selten mit dem mete
der zuber oder diu kanne.
ein Trühendingære phanne
25 mit kraphen selten dâ erschrei:
in was der selbe dôn enzwei.]
woldę ich nû daz wîzen in,
sô hetę ich harte kranken sin.
wan dâ ich dicke bin erbeizet
30 und dâ man mich herre heizet,
dâ heimę in mîn selbes hûs,
dâ wirt gevreut vil selten mûs,
wan diu müestę ir spîse steln.
die dörfte niemen vor mir heln:
5 ich envindę ir offenlîche niht.
alze dicke daz geschiht
mir Wolfram von Eschenbach,
daz ich doldę alsolh gemach.
mîner klagę ist vil vernomen:
10 nû sol diz mære wider komen,
wie Pelrapeire stuont jâmers vol.
dâ gap diu diet von vreuden zol,
die helde triuwen rîche
lebeten kumberlîche:
15 ir wâriu manheit daz gebôt.
nû lât erbarmen iuch ir nôt:

IV.

[ir lîp ist nû benennet phant,
si enlœse drûz diu hœste hant.]
   nû hœrt mêre von den armen,
20 die solden iuch erbarmen.
si emphiengen schemlîche
ir gast ellens rîche.
der dûhte si anders wol so wert,
daz er niht dörfte hân gegert
25 ir herbèrge als ez in stuont:
ir grôziu nôt was im unkunt.
man legete einen teppech ûf daz gras,
dâ vermûret und geleitet was
durch den schaten ein linde.
30 dô entwâpende inz gesinde.
er was in ungelîche var:
dô er den râm von im sô gar
getwuoc mit einem brunnen,
dô hete er der sunnen
5 verdecket vil nâch ir liehten glast.
des dûhte er si ein werder gast.
man bôt im einen mantel sân,
gelîch alsô der roc getân,
der ê des an dem helde lac:
10 des zobel gap wilden niuwen smac.
si sprâchen: 'welt ir schouwen
die künegîn, unser vrouwen?'
dô jach der helt stæte
daz er daz gerne tæte:
15 si giengen gein einem palas,
dâ hôch hin ûf gegrêdet was.
   ein minneclîch antlitzes schîn,
dar zuo der ougen süeze sîn,
von der küneginne gienc
20 ein liehter glast, ê si in emphienc.
von Katelangen Kîôt
und der werde Manphiliôt
(herzogen beide wâren die),
ir bruoder kint si brâhten hie,
25 des landes küneginne.

IV.

    durch die gotes minne
    heten si ûf gegeben ir swert.
    dâ giengen die vürsten wert
    grâ unde wol gevar,
30 mit grôzer zuht si brâhten dar
187 die vrouwen mitten an die stegen:
    dâ kuste si den werden degen,
    die munde wâren beide rôt.
    diu künegîn ir hant im bôt,
5 Parzivâlen si vuorte wider,
    aldâ si sâzen beidiu nider.
      vrouwen unde ritterschaft
    heten alle swache kraft:
    die dâ stuonden unde sâzen,
10 si heten vreude lâzen,
    daz gesinde und diu wirtîn.
    Condwîrâmûrs ir schîn
    doch schiet von disen strîten:
    Jeschûten, Ênîten
15 und Cunnewâren de Lalant
    und swâ man lobes die besten vant,
    dâ man vrouwen schœne gewuoc,
    ir glastes schîn vaste under sluoc
    und beider Îsalden.
20 jâ muoste prîses walden
    Condwîrâmûrs.
    diu truoc den rehten bêâ curs:
    der name ist tiuschen schœner lîp.
    ez wâren wol nütziu wîp,
25 die disiu zwei gebâren,
    diu dâ bî ein ander wâren.
    dô schuof wîp unde man
    niht mêre wan daz si sâhen an
    diu zwei bî ein ander.
30 guote vriunt dâ vander.
188 der gast gedâhte, ich sage iu wie:
    'Lîâze ist dort, Lîâze ist hie.
    mir wil got sorge mâzen:
    nû sihe ich Lîâzen,

IV.

```
 5 des werden Gurnemanzes kint.'
   Lîâzen schœne was ein wint
   gein der megede diu hie saz
   (an der got wunsches niht vergaz,
   diu was des landes vrouwe),
10 als von dem süezen touwe
   diu rôsę ûz ir belgelîn
   blecket niuwen werden schîn,
   der beidiu wîz ist unde rôt.
   daz vuoctę ir gaste grôze nôt.
15 sîn manlîch zuht was im sô ganz,
   sît in der werde Gurnemanz
   von sîner tumpheit geschiet
   und im vrâgen widerriet,
   ez enwære bescheidenlîche,
20 bî der küneginne rîche
   saz sîn munt gar âne wort,
   nâhę aldâ, niht verre dort.
   maneger kan noch rede sparn,
   der mêr gein vrouwen ist gevarn.
25    diu küneginne gedâhte sân:
   'ich wæne, mich smæhet dirre man
   durch daz mîn lîp vertwâlet ist.
   nein, er tuotz durch einen list:
   erst gast, ich bin wirtîn.
30 diu êrste rede wære mîn.
```

189
```
   dar nâch er güetlîchę an mich sach,
   sît uns ze sitzen hie geschach:
   er hât sich zuht gein mir enbart.
   mîn redę ist alze vil gespart,
 5 hie ensol niht mêr geswigen sîn.'
   zir gaste sprach diu künegîn:
   'herrę, ein wirtîn reden muoz.
   ein kus erwarp mir iuwern gruoz,
   ouch butet ir dienest dâ her în
10 (sus sagetę ein juncvrouwe mîn):
   des hânt uns geste niht gewent,
   des hât mîn herze sich gesent.
   herrę, ich vrâgę iuch mære,
```

wannen iuwer reise wære.'
15 'vrouwe, ich reit bî disem tage
von einem man, den ich in klage
liez mit triuwen âne schranz.
der vürste heizet Gurnemanz,
von Grâharz ist er genant.
20 dannen reit ich hiute in ditze lant.'
alsus sprach diu werde maget:
'hetez anders iemen mir gesaget,
der volge würde im niht verjehen,
daz ez eines tages wære geschehen:
25 wan swelh mîn bote ie baldest reit,
die reise er zwêne tage vermeit.
sîn swester was diu muoter mîn,
iuwers wirtes. sîner tohter schîn
sich ouch vor jâmer krenken mac.
30 wir haben manegen sûren tac
mit nazzen ougen verklaget,
ich und Lîâze diu maget.
sît ir iuwerm wirte holt,
sô nemetz hînte als wirz gedolt
5 hie lange hân, wîp und man:
ein teil ir dienet im dar an.
ich wil iu unsern kumber sagen:
wir müezen strengen zadel tragen.'
dô sprach ir veter Kîôt:
10 'vrouwe, ich sende iu zwelf brôt,
schultern unde hammen drî,
dâ ligent ehte kæse bî,
und zwei buzzel mit wîn.
iuch sol ouch der bruoder mîn
15 hînte stiuren, des ist nôt.'
dô sprach Manphiliôt:
'vrouwe, ich sende iu alsô vil.'
dô saz diu maget an vreuden zil,
ir grôzer danc wart niht vermiten.
20 si nâmen urloup unde riten
dâ bî zir weidehûsen.
zer wilden albe klûsen

IV.

    die alden sâzen sunder wer:
    si heten ouch vride von dem her.
25 ir bote wider kom gedrabet:
    des wart diu kranke diet gelabet.
    dô was der burgære nar
    gedigen an dise spîse gar.
    ir was vor hunger maneger tôt,
30 ê daz in dar kœme ditze brôt.

191 teilenz hiez diu künegîn,
    dar zuo die kæse, daz vleisch, den wîn
    dirre kreftelôsen diet.
    Parzivâl ir gast daz riet:
5 des beleip in zwein vil kûmę ein snite,
    die teilden sį âne bâgens site.
    diu wirtschaft was ouch verzert,
    dâ mite maneges tôt erwert,
    den der hunger leben liez.
10 dem gaste man dô betten hiez
    sanfte, des ich wænen wil.
    wæren die burgære vederspil,
    si enwæren überkrüphet niht,
    des noch ir tischgerihte giht.
15 si truogen alle hungers mâl,
    wan der junge Parzivâl.
    der nam slâfes urloup.
    ob sîne kerzen wæren schoup?
    nein, si wâren bezzer gar.
20 dô gienc der junge wol gevar
    an ein bette rîche
    gehêret künecliche,
    niht nâch armüete kür.
    ein teppech was geleget dâ vür.
25 er bat die ritter wider gên,
    die enliez er dâ niht langer stên.
    kint im entschuohten, sân er slief,
    unz im der wâre jâmer rief
    und liehter ougen herzen regen.
30 die wacten schiere den werden degen.

192   daz kom als ich iu sagen wil.

ez brach niht wîplichiu zil:
mit stæte kiusche truoc diu maget.
von der ein teil hie wirt gesaget,
5 die twanc urliuges nôt
und lieber helfære tôt
ir herzę an solhez krachen,
daz ir ougen muosten wachen.
dô gienc diu küneginne,
10 niht nâch solher minne
diu solhen namen reizet
der megede wîp heizet:
si suochte helfę und vriundes rât.
an ir was werlîchiu wât,
15 ein hemde wîz sîdîn:
waz möhte kamphlîcher sîn
dan gein dem man sus komendę ein wîp?
ouch swanc diu vrouwę umbę ir lîp
von samît einen mantel lanc.
20 si gienc als si der kumber twanc.
juncvrouwen, kameræere,
swaz der dâ bî ir wære,
die liez si slâfen über al.
    dô sleich si lîsę ânę allen schal
25 in eine kemenâten.
daz schuofen diez dâ tâten,
daz Parzivâl al eine lac.
von kerzen lieht sô der tac
was vor sîner slâfstat.
30 gein sînem bette gienc ir phat,
ûf den teppech kniete si vür in.
si heten beidiu kranken sin,
er und diu küneginne,
an bî ligender minne.
5 hie wart alsus geworben:
an vreuden verdorben
was diu maget, des twanc si scheme.
ob er si hin an iht neme?
leider des enkan er niht.
10 âne kunst ez doch geschiht,

```
        mit einem alsô bewanden vride,
        daz si diu süenebæren lide
        niht zuo ein ander brâhten.
        wênec si des gedâhten.
    15  der megede jâmer was sô grôz,
        vil zeher von ir ougen vlôz
        ûf den jungen Parzivâl.
        der erhôrte ir weinens solhen schal,
        daz er si wachende an gesach.
    20  leide und liebe im dran geschach.
        ûf rihte sich der junge man,
        zer küneginne sprach er sân:
        'vrouwe, bin ich iuwer spot?
        ir soldet knien alsus vür got:
    25  geruochet sitzen zuo mir her'
        (daz was sîn bete und sîn ger)
        'oder leget iuch hie aldâ ich lac.
        lât mich belîben swâ ich mac.'
        si sprach: 'welt ir iuch êren,
    30  solhe mâze gein mir kêren
194     daz ir mit mir ringet niht,
        mîn ligen aldâ bî iu geschiht.'
        des wart ein vride von im getân:
        si smouc sich an daz bette sân.
     5  es was dennoch sô spæte,
        daz ninder huon dâ kræte:
        hanboume stuonden dâ blôz,
        der zadel hüener von in schôz.
           diu vrouwe jâmers rîche
    10  vrâcte in zühteclîche,
        ob er hœren wolde ir klage.
        si sprach: 'ich vürhte, ob ichz iu sage,
        ez wende iu slâf: daz tuot iu wê.
        mir hât der künec Clâmidê
    15  und Kingrûn sîn seneschalt
        verwüestet bürge unde lant
        unz an Pelrapeire.
        mîn vater Tampenteire
        liez mich armen weisen
```

```
20 in vorhteclîchen vreisen.
   mâge, vürsten unde man,
   rîchę und arme (undertân
   was mir grôz ellenthaftez her),
   die sint erstorben an der wer
25 halp oderz merre teil.
   wes möhtę ich armiu wesen geil?
   nûst ez mir komen ûf daz zil,
   daz ich mich selben tœten wil,
   ê daz ich magetuom und lîp
30 gæbę und Clâmidês wîp
```
195 würde, wan sîn hant mir sluoc
```
    Schentefiûren, des herze truoc
    manegen ritterlîchen prîs.
    er mannes schœnę ein blüende rîs,
  5 er kunde valscheit mâzen,
    der bruoder Lîâzen.'
      dô Lîâze wart genant,
    nâch ir vil kumbers was gemant
    der dienest gebende Parzivâl.
 10 sîn hôher muot kom in ein tal:
    daz riet Lîâzen minne.
    er sprach zer küneginne:
    'vrouwe, hilfet iuch iemens trôst?'
    'jâ, herre, ob ich würdę erlôst
 15 von Kingrûne seneschalt.
    ze rehter tjost hât er gevalt
    mir vil manegen ritter nider.
    der kumt morgen dâ her wider
    und wænet daz der herre sîn
 20 sül ligen an dem arme mîn.
    ir sâhet wol mînen palas,
    der ninder sô gehœhet was,
    ich envielę ê nider in den graben,
    ê Clâmidê solde haben
 25 mit gewalt mînen magetuom.
    sus woldę ich wenden sînen ruom.
    dô sprach er: 'vrouwę, ist Kingrûn
    Franzois oder Bertûn
```

IV.

oder von swelhem lande er vert,
30 mit mîner hant ir sît gewert
196 alz ez mîn lîp volbringen mac.'
diu naht hete ende und kom der tac:
diu vrouwe stuont ûf und neic,
ir grôzen danc si niht versweic.
5 dô sleich si wider lîse:
niemen was dâ sô wîse,
der würde ir gêns dâ gewar,
wan Parzivâl der lieht gevar.

der slief niht langer dô dâ nâch.
10 der sunnen was gein der hœhe gâch,
ir glesten durch die wolken dranc.
dô erhôrte er maneger glocken klanc:
kirchen, münster suochte diu diet
die Clâmidê von vreuden schiet.
15 ûf rihte sich der junge man.
der küneginne kappelân
sanc gote und sîner vrouwen.
ir gast si muoste schouwen,
unz daz der bendiz geschach.
20 nâch sînem harnas er sprach:
dâ wart er wol gewâpent în.
er tet ouch ritters ellen schîn
mit rehter manlîcher wer.

dô kom Clâmidês her
25 mit maneger baniere.
Kingrûn kom schiere
vor den andern verre
ûf einem orse von Îserterre.
als irz mære hânt vernomen,
30 dô was ouch vür die porten komen
197 fil li roi Gahmuret.
der hete der burgære gebet,
diz was sîn êrste swertes strît.
er nam den poinder wol sô wît,
5 daz von sîner tjoste hurt
beiden orsen wart engurt.
darmgürteln brâsten: umbe daz

```
        ieweders ors ûf hehsen saz,
        die ê des ûf in sâzen,
     10 ir swert si niht vergâzen:
        in den scheiden si die vunden.
        Kingrûn truoc wunden
        durch den arm und in die brust.
        disiu tjost in lêrte vlust
     15 an solhem prîse, des er phlac
        unz an sîn hôchvart-swindens tac.
        solh ellen was ûf in gezalt,
        sehs ritter solde er hân gevalt,
        die gein im kœmen ûf ein velt.
     20 Parzivâl im brâhte gelt
        mit sîner ellenthaften hant,
        daz Kingrûn seneschalt
        wânde vremder mære,
        wie ein pheterære
     25 mit würfen an in seicte.
        ander strît in neicte:
        ein swert im durch den helm erklanc.
        Parzivâl in nider swanc,
        er sazte im an die brust ein knie.
     30 er bôt daz wart geboten nie
        deheinem man, sîn sicherheit.
        ir enwolde niht der mit im streit:
        er bat in fîanze
        bringen Gurnemanze.
      5   'nein, herre, dû maht mir gerner tuon
        den tôt: ich sluoc im sînen sun,
        Schenteflûren nam ich sîn leben.
        got hât dir êren vil gegeben:
        swâ man daz saget daz von dir
     10 diu kraft erzeiget ist an mir,
        daz dû mich hâs betwungen,
        sô ist dir wol gelungen.'
        dô sprach der junge Parzival:
        'ich wil dir lâzen ander wal:
     15 nû sicher der künegîn,
        der dîn herre hôhen pîn
```

hât gevrumt mit zorne.'
'sô würdę ich der verlorne.
mit swerten wære mîn lîp verzert
20 kleine sô daz in sunnen vert,
wandę ich hân herzeleit getân
dort inne manegem küenen man.'
'sô vüere von disem plâne
inz lant ze Bertâne
25 dîne ritterlîche sicherheit
einer maget, diu durch mich leit
des si niht lîden solde,
der unvuogę erkennen wolde,
und sagę ir, swaz halt mir geschehe,
30 daz si mich nimmer vrô gesehe,
ê daz ich si gereche
aldâ ich schilt durchsteche.
sagę Artûsę und dem wîbe sîn,
in beiden, von mir dienest mîn,
5 dar zuo der massenîe gar
und daz ich nimmer kume dar,
ê ich lasters mich entsage,
daz ich geselleclîchen trage
mit ir diu mir lachen bôt.
10 des kom ir lîp in grôze nôt.
sagę ir, ich sî ir dienestman,
dienstlîcher dienestę undertân.'
der redę ein volge dâ geschach:
die helde man sich scheiden sach.
15 hin wider kom gegangen,
dâ sîn ors was gevangen,
der burgære kamphes trôst.
si wurden sît von im erlôst.
zwîvels phlac daz ûzer her,
20 daz Kingrûn an sîner wer
was enschumphieret.
nû wart gekondewieret
Parzivâl zer künegîn.
diu tet im umbevâhens schîn,
25 si ductę in vastę an ir lîp.

IV.

```
        si sprach: 'ich enwirde nimmer wip
        ûf erde deheines man,
        wan den ich umbevangen hân.'
        si half daz er entwâpent wart:
     30 ir dienest was vil ungespart.
        nâch sîner grôzen arbeit
        was krankiu wirtschaft bereit.
        die burgære sus gevuoren,
        daz sį im alle hulde swuoren
      5 und jâhen er müestę ir herre sîn.
        dô sprach ouch diu künegîn,
        er solde sîn ir âmîs,
        sît daz er sô hôhen prîs
        bezaldę an Kingrûnę.
     10 zwêne segele brûne
        die kôs man von der wer hin abe.
        die sluoc grôz wint vastę in die habe.
        die kiele wâren geladen sô,
        des die burgære wurden vrô:
     15 si entruogen niht wan spîse.
        daz vuocte got der wîse.
        hin von den zinnen vielen
        und gâhten zuo den kielen
        daz hungerec her durch den roup.
     20 si möhten vliegen sô diu loup:
        die magern und die sîhten,
        von vleische die lîhten,
        in was erschoben niht der balc.
        der küneginne marschalc
     25 tet den schiffen solhen vride,
        daz er gebôt bî der wide
        daz sich ir deheiner ruorte.
        die koufliutę er vuorte
        vür sînen herren in die stat.
     30 Parzivâl in gelden bat
        ir habe zwispilde.
        die koufliute des bevilde:
        sus wart vergolden in ir kouf.
        den burgæren in die koln trouf:
```

(page markers: 200, 201)

5 ich wære dâ nû wol soldier,
wan dâ trinket niemen bier,
si hânt wîns und spîse vil.
dô warp als ich iu sagen wil
Parzivâl der reine:
10 von êrste die spîse kleine
teildę er mit sîn selbes hant.
er sazte die werden die er dâ vant.
er wolde niht ir læren magen
überkrüphe lâzen tragen:
15 er gap in rehter mâze teil
(si wurden sînes râtes geil),
hin ze naht schuof er in mêre.
    der unlôse, niht ze hêre
bî ligens wart gevrâget dâ:
20 er und diu künegîn sprâchen jâ.
er lac mit solhen vuogen,
des nû niht wil genuogen
manegiu wîp, swer in sô tuot.
daz si durch arbeitlîchen muot
25 ir zuht sus parrierent
und sich dâ gegen zierent!
vor gesten sint sị an kiuschen siten:
ir herzen wille hât versniten
swaz mac an den gebærden sîn.
30 ir vriunt si heimlîchen pîn
202 vüegent mit ir zarte.
des mâzę ie sich bewarte,
der getriuwe stæte man
wol vriundinne schônen kan.
5 er denket, als ez ist lîhte wâr:
'ich hân gedienet mîniu jâr
nâch lône disem wîbe.
diu hât mînem lîbe
erboten trôst: nû ligę ich hie.
10 des hete mich genüeget ie,
ob ich mit mîner blôzen hant
müeste rüeren ir gewant.
ob ich nû gîtes gerte,

untriuwę es vür mich werte.
15 soldę ich si arbeiten,
unser beider laster breiten?'
   vor slâfe süeziu mære
sint vrouwen site gebære:
sus lac der Wâleise,
20 kranc was sîn vreise.
den man den rôten ritter hiez,
die künegîn er maget liez.
si wândę iedoch, si wære sîn wîp:
durch sînen minneclîchen lîp
25 des morgens si ir houbet bant.
dô gap im bürgę unde lant
disiu magetbæriu brût,
wandę er was ir herzen trût.
si wâren mit ein ander sô,
30 daz si durch liebe wâren vrô
203 zwêne tage und die dritten naht.
von im dicke wart gedâht
umbevâhens, des sîn muoter riet:
Gurnemanz im ouch underschiet,
5 man und wîp wæren al ein.
si vlâhten arm unde bein.
ob ichz iu sagen müeze,
er vant daz nâhe süeze.
der alde und der niuwe site
10 wontę aldâ in beiden mite:
in was wol und niht ze wê.
   nû hœret ouch wie Clâmidê
in krefteclîcher hervart
mit mæren ungetrœstet wart.
15 sus begundę im ein knappe sagen,
des ors zen sîten was durchslagen:
'vor Pelrapeirę ûf dem plân
ist werdiu ritterschaft getân,
scharph genuoc: von ritters hant
20 betwungen ist der seneschalt.
des hers meister Kingrûn
vert gein Artûse dem Bertûn.

[die soldier ligent noch vor der stat,
dò er dannen schiet, als er si bat.]
25 ir und iuwer beidiu her
vindet Pelrapeire mit wer.
dort inne ist ein ritter wert,
der anders niht wan strîtes gert.
iuwer soldier jehent besunder,
30 daz von der tavelrunder
diu küneginne habe besant
Îthêren von Kukûmerlant:
des wâpen kom zer tjoste vür
und wart getragen nâch prîses kür.'
5 der künec sprach zem knappen sân:
'Condwîrâmûrs wil mich hân
und ich ir lîp und ir lant.
Kingrûn mîn seneschalt
mir mit wârheit enbôt,
10 si gæben die stat durch hungers nôt
und daz diu küneginne
mir büte ir werden minne.'
der knappe erwarp dâ niht wan haz.
der künec mit her reit vürbaz.
15 im kom ein ritter widervarn,
der ouch daz ors niht kunde sparn:
der sagete diu selben mære.
Clâmidê wart swære
vreude und ritterlîcher sin,
20 ez dûhte in grôz ungewin.
des küneges man, ein vürste sprach:
'Kingrûnen dâ niemen sach
strîten vür unser manheit:
niwan vür sich einen er dâ streit.
25 nû lât in sîn ze tôde erslagen:
suln durch daz zwei her verzagen,
diz und jenez vor der stat?'
sînen herren er trûren lâzen bat:
'wir sulnz noch baz versuochen.
30 welnt si wer geruochen,
wir geben in noch strîtes vil

und bringenz ûz ir vreuden zil.
man und mâge sult ir manen
und suocht die stat mit zwein vanen:
5 wir mugen an der lîten
wol zorse zuo zin rîten,
die porten suochen wir ze vuoz.
deiswâr wir tuon in schimphes buoz.'
den rât gap Galogandres,
10 der herzoge von Gippones.
der brâhte die burgære in nôt,
er holdę ouch an ir letze den tôt.
als tet der grâve Nârant,
ein vürste ûz Ukerlant,
15 und manec wert armer man,
den man tôten truoc her dan.
  nû hœret ein ander mære,
wie die burgære
ir letze tâtęn goume.
20 si nâmen lange boume
und stiezen starke stecken drîn.
daz gap den suochæren pîn:
mit seilen si die hiengen,
die ronen in redern giengen.
25 daz was geprüevet allez ê
si suochte sturmes Clâmidê,
nâch Kingrûnes schumphentiur.
ouch kom in heidensch wilde viur
mit der spîsę in daz lant.
30 daz ûzer antwerc wart verbrant:
ir ebenhœhę und ir mangen,
swaz ûf redern kom gegangen,
igel, katzen in den graben,
die kundez viur hin dan wol schaben.
5   Kingrûn seneschalt
was komen ze Bertânę in daz lant
und vant den künec Artûs
in Brizljân zem weidehûs,
daz was geheizen Karminâl.
10 dô warp er als in Parzivâl

gevangenen hete dar gesant:
vroun Cunnewâren de Lalant
brâhte er sîne sicherheit.
diu juncvrouwe was gemeit,
15 daz mit triuwen klagete ir nôt
den man dâ hiez der ritter rôt.
über al diz mære wart vernomen.
dô was ouch vür den künec komen
der betwungene werde man.
20 im und der massenîe sân
sagete er waz in was enboten.
Keie erschrac und begunde roten,
doch sprach er: 'bistûz Kingrûn?
âvoi wie manegen Bertûn
25 hât enschumphieret dîn hant!
dû Clâmidês seneschalt,
wirt mir dîn meister nimmer holt,
dîns amts dû doch geniezen solt:
der kezzel ist uns undertân,
30 mir hie und dir ze Brandigân.
207 hilf mir durch dîne werdekeit
Cunnewâren hulde um kraphen breit.'
er bôt ir anders wandels niht.
    die rede lât sîn: hœrt waz geschiht
5 dâ wir diz mære liezen ê.
vür Pelrapeire kom Clâmidê:
dâ enwart grôz stürmen niht vermiten.
die innern mit den ûzern striten:
si heten trôst unde kraft.
10 man vant die helde werhaft:
dâ von behabeten si daz wal.
ir landes herre Parzivâl
streit den sînen verre vor.
dâ stuonden offen gar diu tor.
15 mit slegen er die arme erswanc,
sîn swert durch herte helme erklanc.
swaz er dâ ritter nider sluoc,
die vunden arbeit genuoc:
die kunde man si lêren.

```
20 zer halsberge gêren
   die burgære tâten râche schîn:
   si erstâchen si zen slitzen în.
   Parzivâl in werte daz.
   dô si drumbę erhôrten sînen haz,
25 zweinzec sį ir lebendec geviengen
   ê si von strîte giengen.
     Parzivâl wart wol gewar
   daz Clâmidê mit sîner schar
   ritterschaft zen porten meit
30 und daz er anderhalben streit.
```

208 der junge muotes herte
kêrtę anz ungeverte:
hin umbe begundę er gâhen,
des küneges vanen nâhen.
5 seht, dô wart Clâmidês solt
alrêst mit schaden dâ geholt.
die burgære strîten kunden,
sô daz in gar verswunden
die herten schilde von der hant.
10 Parzivâles schilt verswant
von slegen und von schüzzen.
swie wênec sis genüzzen,
die suochære die daz sâhen,
des prîses sį im alle jâhen.
15 Galogandres truoc den vanen
(der kundę ouch daz her wol manen),
der lac an küneges sîten tôt.
Clâmidê kom selbę in nôt:
im und den sînen wart dâ wê.
20 den sturm verbôt dô Clâmidê.
die burgære manheite wîs
behielden vromen und den prîs.
  Parzivâl der werde degen
hiez der gevangen schône phlegen
25 unz an den dritten morgen.
daz ûzer her phlac sorgen.
der junge stolze wirt gemeit
nam der gevangen sicherheit.

er sprach: 'als ichz iu enbiute,
30 komt wider, guoten liute.'
209 ir harnas er behalden bat,
inz her si kêrten vür die stat.
swie si wæren von trünken rôt,
die ûzern sprâchen: 'hungers nôt
5 habet gedolt ir armen.'
'lât iuch uns niht erbarmen'
sprach diu gevangene ritterschaft.
'dort innę ist spîsę alsolhiu kraft,
woldet ir hie ligen noch ein jâr,
10 si behielden iuch mit in vür wâr.
diu künegîn hât den schœnsten man
der schildes ambet ie gewan:
er mac wol sîn von hôher art.
aller ritter êrę ist zim bewart.'
15   dô diz erhôrte Clâmidê,
alrêst tet im sîn arbeit wê.
boten sandę er wider în
und enbôt, swer bî der künegîn
dâ gelegen wære,
20 'ist er kamphesbære,
sô daz sį in dâ vür hât erkant,
daz er ir lîp und ir lant
mir mit kamphe türre wern,
sô sî ein vride von beiden hern.'
25 Parzivâl des wart al vrô,
daz im diu botschaft alsô
gein sîn eines kamphe was gesaget.
dô sprach der junge unverzaget:
'dâ vür sî mîn triuwe phant,
30 des innern hers dehein hant
210 kumt durch mîne nôt ze wer.'
zwischen dem graben und dem ûzern her
wart gestætet dirre vride.
dô wâpenden sich die kamphes smide.
5   dô saz der künec von Brandigân
ûf ein gewâpent kastelân,
daz was geheizen Guverjorz.

> von sînem neven Grîgorz,
> dem künec von Ipotente,
> 10 mit rîcher prîsente
> was ez komen Clâmidê:
> norden über den Ukersê
> ez brâhte cuns Nârant
> und dar zuo tûsent sarjant
> 15 mit harnas al sunder schilt.
> den was ir solt alsus gezilt,
> volleclîchen zwei jâr.
> ob diu âventiure saget al wâr,
> Grîgorz im sande ritter kluoc
> 20 vünf hundert (ieslîcher truoc
> helm ûf houbet gebunden),
> die wol mit strîte kunden.
> dô hete Clâmidês her
> ûf dem lande und in dem mer
> 25 Pelrapeire alsô belegen,
> die burgære muosten kumbers phlegen.
>
> ûz kom geriten Parzival
> an daz urteillîche wal,
> dâ got erzeigen solde
> 30 ob er im lâzen wolde
> des künec Tampenteires barn.
> stolzlîch er kom gevarn,
> niwan als daz ors den walap
> vor der rabîne gap.
> 5 daz was gewâpent wol vür nôt:
> von samît ein decke rôt
> lac ûf der îserînen.
> an im selben liez er schînen
> rôt schilt, rôt kursît.
> 10 Clâmidê erhuop den strît:
> kurz ein unbesniten sper
> brâhte er durch tjoste vellen her,
> dâ mit er nam den poinder lanc.
> Guverjorz mit hurte spranc.
> 15 wol dâ getjostieret wart
> von den zwein jungen âne bart

IV.

sunder fâlieren.
von liuten noch von tieren
wart nie gestriten herter kamph.
20 ieweder ors von müede damph:
sus heten si gevohten,
daz diu ors niht mêrę enmohten.
dô sturzten si dar under.
ensamt, niht besunder
25 ir ieweder des geruochte,
daz erz viur im helme suochte.
si enmohten vîrens niht gephlegen:
in was ze werkę aldâ gegeben.
dô zerstuben in die schilde,
30 als der mit schimphe spilde
212 und vedern würfę in den wint.
dennoch was Gahmuretes kint
ninder müedę an deheinem lide.
dô wânde Clâmidê daz der vride
5 wære gebrochen ûz der stat:
sînen kamphgenôz er bat,
daz er sich selben êrte
und mangen würfe werte.
ez giengen ûf in slege grôz,
10 die wâren wol mangensteins genôz.
sus antwurtę im des landes wirt:
'ich wæne dich mangen wurf verbirt,
wan dâ vür ist mîn triuwe phant:
hetes et vride von mîner hant,
15 dir enbræche mangen swenkel
brust, houbet noch den schenkel.'
Clâmidê dranc müede zuo:
diu was im dennoch gar ze vruo.
sic gewunnen, sic verlorn
20 wart sunder dâ mit strîtę erkorn.
doch wart der künec Clâmidê
an schumphentiur beschouwet ê
mit einem niderzucke.
von Parzivâles drucke
25 bluot wæte ûz ôren und ûz der nasen,

daz machte rôt den grüenen wasen.
er enblôztę imz houbet schier
von helmę und von hersenier:
gein slage saz der betwungen lîp.
30 der sigehaftę sprach: 'mîn wîp
213 mac nû belîben vor dir vrî.
nû lerne waz sterben sî.'
'neinâ, werder degen balt!
dîn êre wirt sus drîzecvalt
5 vastę an mir erzeiget.
sît dû mich hâs geneiget,
wâ möhte dir hôher prîs geschehen?
Condwîrâmûrs mac wol jehen
daz ich der unsælege bin
10 und dîn gelücke hât gewin:
dîn lant ist erlœset.
als der sîn schif erœset
(ez ist vil deste lîhter),
mîn gewalt ist sîhter.
15 reht manlîchiu wünne
ist worden an mir dünne:
durch waz soldestû mich sterben?
ich muoz doch laster erben
ûf alle mîne nâchkomen.
20 dû hâs den prîs und den vromen:
tuostû mir mêr, dast âne nôt.
ich trage den lebendegen tôt,
sît ich von ir gescheiden bin,
diu mir herzę unde sin
25 ie mit ir gewalt beslôz
und ich des nie gein ir genôz.
des muoz ich unsælec man
ir lîp, ir lant dir ledec lân.'
dô dâhte der den sic hât
30 sân an Gurnemanzes rât,
214 daz ellenthafter manheit
erberme solde sîn bereit.
sus volgetę er dem râte nâch.
hin ze Clâmidê er sprach:

```
 5 'ich enwil dich niht erlâzen,
   ir vater, Lîâzen,
   dû enbringes im dîne sicherheit.'
   'neinâ, herre! dem hân ich herzeleit
   getân: ich sluoc im sînen sun.
10 dû ensolt alsô mit mir niht tuon.
   durch Condwîrâmûrs
   vaht ouch mit mir Schenteflûrs:
   ouch wære ich tôt von sîner hant,
   wan daz mir half mîn seneschalt.
15 in sande inz lant ze Brôbarz
   Gurnemanz de Grâharz
   mit werdeclîcher hers kraft.
   dâ tâten guote ritterschaft
   niun hundert ritter die wol striten
20 (gewâpent ors die alle riten)
   und zwelf hundert sarjant.
   gewâpent ich si in strîte vant:
   den gebrast niht wan der schilde.
   sîns hers mich bevilde:
25 ir kom ouch kûme der sâme wider.
   mêr helde verlôs ich sider.
   nû darbe ich vreude und êre:
   wes gerstû von mir mêre?'
   'ich wil senften dînen vreisen.
30 var gein den Berteneisen:
   dâ vert ouch vor dir Kingrûn
   gein Artûse dem Bertûn.
   dem soltû mînen dienest sagen:
   bit in daz er mir helfe klagen
 5 laster daz ich vuorte dan.
   ein juncvrouwe mich lachete an:
   daz man die durch mich zeblou,
   sô sêre mich nie dinc gerou.
   der selben sage, ez sî mir leit,
10 und brinc ir dîne sicherheit
   sô daz dû leistes ir gebot,
   oder nim alhie den tôt.'
   'sol daz geteilde gelden,
```

IV.

sô enwil ichz niht beschelden'
15 sus sprach der künec von Brandigân
'ich wil die vart von hinnen hân.'
  mit gelübede dô dannen schiet
den ê sîn hôchvart verriet.
Parzivâl der wîgant
20 gienc dâ er sîn ors al müede vant:
sîn vuoz dâ nâch nie gegreif.
er spranc drûf âne stegereif,
daz alumbe begunden zirben
sîn verhouwen schildes schirben.
25 des wâren die burgære gemeit.
daz ûzer her sach herzeleit:
brât und lidẹ im tâten wê.
man leite den künec Clâmidê
dâ sîne helfære wâren.
30 die tôten mit den bâren
vrumtẹ er an ir reste.
dô rûmdenz lant die geste.
Clâmidê der werde
reit gein Lǫver ûf die erde.
5   ensamt, niht besunder
die von der tavelrunder
wâren ze Dîanazdrûn
bî Artûse dem Bertûn,
ob ich iu niht gelogen hân.
10 von Dîanazdrûn der plân
muoste zeltstangen wonen
mêr dannẹ in Spehteshart sî ronen:
mit solher massenîe lac
durch hôchgezît den phingestac
15 Artûs mit maneger vrouwen.
ouch mohte man dâ schouwen
manege banierẹ unde schilt,
den sunderwâpen was gezilt,
manegen wol gehêrten rinc.
20 ez diuhten nû vil grôziu dinc:
wer möhte diu reiselachen
solhem wîbe her gemachen?

IV.

    ouch wânde dô ein vrouwe sân,
    si solde den prîs verlorn hân,
25 hete si dâ niht ir âmîs.
    ich entætes niht deheinen wîs
    (ez was dô manec tumber lîp),
    ich bræhtę ungerne nû mîn wîp
    in alsô grôz gemenge,
30 ich vorhtę unkunt gedrenge.

217   etslîcher hin zir spræche,
    daz in ir minne stæche
    und im die vreude blande:
    ob si die nôt erwande,
5 daz diendę er vor unde nâch.
    mir wærę ê mit ir dannen gâch.

    ich hân geredet um mîn dinc:
    nû hœret wie Artûses rinc
    sunder was erkenneclîch.
10 vor ûz mit maneger schoie rîch
    diu massenîe vor im az,
    manec werder man gein valsche laz
    und manec juncvrouwe stolz,
    daz niht wan tjoste was ir bolz:
15 ir vriunt si gein dem vîent schôz.
    lêrtę in strît dâ kumber grôz,
    sus stuont lîhtę ir gemüete
    daz siz galt mit güete.

    Clâmidê der jungelinc
20 reit mitten in den rinc.
    verdecket ors, gewâpent lîp
    sach an im Artûses wîp,
    sînen helm, sînen schilt verhouwen.
    daz sâhen gar die vrouwen:
25 sus was er ze hove komen.
    ir habet ê wol vernomen
    daz er des wart betwungen.
    er erbeizte, vil gedrungen
    wart sîn lîp, ê er sitzen vant
30 vroun Cunnewâren de Lalant.
218   dô sprach er: 'vrouwe, sît ir daz,

der ich sol dienen âne haz
(ein teil mich es twinget nôt),
sîn dienst iu enbôt der ritter rôt:
5 der wil vil ganze phlihte hân
swaz iu ze laster ist getân.
ouch bitet erz Artûse klagen.
ich wæne ir sît durch in geslagen:
vrouwe, ich bringe iu sicherheit.
10 sus gebôt der mit mir dâ streit:
nû leiste ichz gerne, swenne ir welt.
mîn lîp gein tôde was verselt.'
   vrou Cunnewâre de Lalant
greif an die gîserten hant.
15 aldâ vrou Ginôvêr saz,
diu âne den künec mit ir az,
Keie ouch vor dem tische stuont,
aldâ im diz mære wart kunt.
der widersaz im ein teil,
20 des wart vrou Cunnewâre geil.
dô sprach er: 'vrouwe, dirre man,
swaz der hât gein iu getân,
des ist er vaste underzogen.
doch wæne ich des, erst ûf gelogen.
25 ich tetz durch hovelîchen site
und wolde iuch hân gebezzert mite:
dar umbe hân ich iuwern haz.
iedoch wil ich iu râten daz,
heizt entwâpen disen gevangen:
30 in mac hie stêns erlangen.'

   im bat diu juncvrouwe schier
abe nemen helm undz hersenier.
dô manz von im stroufte und bant,
Clâmidê wart schiere erkant.
5 Kingrûn sach dicke
an in kuntlîche blicke.
dô wurden an den stunden
sîne hende alsô gewunden,
daz si begunden krachen
10 als die dürren spachen.

den tisch stiez von im zehant
Clâmidês seneschalt,
sînen herren vrâctę er mære,
den vant er vreuden lære.
15 der sprach: 'ich bin ze schaden geborn.
ich hân sô wirdec her verlorn,
daz muoter nie gebôt ir brust
dem der erkande hôher vlust.
mich enriuwet niht mîns hers tôt
20 dâ gegen: minne mangels nôt
lestet ûf mich solhen last.
mirst vreude gestîn, hôchmuot gast.
Condwîrâmûrs vrumt mich grâ.
Pilâtus von Ponciâ
25 und der arme Jûdas,
der bî einem kusse was
an der triuwenlôsen vart
dâ Jêsus verrâten wart,
swie daz ir schephære ræche,
30 die nôt ich niht verspræche,
220 daz Brôbarzære vrouwen lîp
mit ir hulden wære mîn wîp,
sô daz ich sį umbevienge,
swiez mir dar nâch ergienge.
5 ir minnę ist leider verre
dem künege von Iserterre:
mîn lant undz volc ze Brandigân
müezens immer jâmer hân.
mîns vetern sun Mabonagrîn
10 leit ouch dâ ze langen pîn.
nû bin ich, künec Artûs,
her geriten in dîn hûs,
betwungen von ritters hant.
dû weist wol daz in mîn lant
15 dir manec laster ist getân:
des vergiz nû, werder man,
die wîlę ich hie gevangen sî.
lâz mich solhes hazzes vrî.
mich sol vrou Cunnewâre

```
20  ouch scheiden von dem vâre,
    diu mîne sicherheit emphienc,
    dô ich gewâpent vür si gienc.'
    Artûs vil getriuwer munt
    verkôs die schulde sâ zestunt.
25    dô vriesch wîp unde man
    daz der künec von Brandigân
    was geriten ûf den rinc.
    nû dar nâher! dringâ drinc!
    schiere wart daz mære breit.
30  mit zühten iesch gesellekeit
```
221 Clâmidê der vreuden âne:
    'ir sult mich Gâwâne
    bevelhen, vrouwe: bin ichs wert,
    sô weiz ich wol daz ers ouch gert.
5   leist er dar an iuwer gebot,
    er êrt iuch und den ritter rôt.'
    Artûs bat sîner swester sun
    gesellekeit dem künege tuon:
    daz wære iedoch ergangen.
10 dô wart wol emphangen
    von der werden massenîe
    der betwungene valsches vrîe.
      ze Clâmidê sprach Kingrûn:
    'ouwê daz ie dehein Bertûn
15 dich betwungen sach ze hûs!
    noch rîcher denne Artûs
    wære dû helfe und urborn
    und hetes dîne jugent bevorn.
    sol Artûs dâ von prîs nû tragen,
20 daz Keie durch zorn hât geslagen
    ein edel vürstinne,
    diu mit herzen sinne
    ir mit lachen hât erwelt
    der âne liegen ist gezelt
25 mit wârheit vür den hœsten prîs?
    die Berteneise ir lobes rîs
    wænent nû hôch gestôzen hân:
    âne ir arbeit ist getân

IV.

```
          daz tôt her wider wart gesant
       30 der künec von Kukûmerlant
222       und daz mîn herre im siges jach.
          den man gein im in kamphe sach,
          der selbe hât betwungen mich
          gar âne hælingen slich.
        5 man sach dâ viur ûz helmen wæn
          und swert in henden umbe dræn.'
          dô sprâchen si alle gelîche,
          beide arme und rîche,
          daz Keie hete missetân.
       10    hie sule wir diz mære lân
          und komens wider an die vart.
          daz wüeste lant erbûwen wart,
          dâ krône truoc Parzival.
          man sach dâ vreude unde schal.
       15 sîn sweher Tampenteire
          liez im ûf Pelrapeire
          lieht gesteine und rôtez golt:
          daz teilde er sô daz man im holt
          was durch sîne milde.
       20 vil baniere, niuwe schilde,
          des wart sîn lant gezieret
          und vil geturnieret
          von im und von den sînen.
          er liez dicke ellen schînen
       25 an der marc sîns landes ort.
          der junge degen unervorht,
          sîn tât was gein den gesten
          geprüevet vür die besten.
             nû hœret ouch von der künegîn.
       30 wie möhte der immer baz gesîn?
223       diu junge süeze werde
          hete den wunsch ûf der erde.
          ir minne stuont mit solher kraft,
          gar âne wankes anehaft:
        5 si hete ir man dâ 'vür erkant.
          iewederz an dem andern vant:
          er was ir liep, alsô was si im.
```

swenne ich daz mære an mich nû nim,
daz si sich müezen scheiden,
10 dâ wehset schade in beiden.
ouch riuwet mich daz werde wîp:
ir liute, ir lant, dar zuo ir lîp
schiet sîn hant von grôzer nôt.
dâ gein si im ir minne bôt.
15   eins morgens er mit zühten sprach
(manec ritter ez hôrte unde sach):
'ob ir gebietet, vrouwe,
mit urloube ich schouwe
wiez umbe mîne muoter stê.
20 ob der wol oder wê
sî, daz ist mir harte unkunt.
dar wil ich zeiner kurzen stunt
und ouch durch âventiure zil.
mac ich iu gedienen vil,
25 daz gildet iuwer minne wert.'
sus hete er urloubes gegert.
er was ir liep, sôz mære giht:
si enwolde im versagen niht.
von allen sînen mannen
30 schiet er al eine dannen.

V.

224 Swer ruochet hœren war nû kumt
den âventiur hât ûz gevrumt,
der mac grôziu wunder
merken al besunder.
5 lât rîten Gahmuretes kint:
swâ nû getriuwe liute sint,
die wünschen im heiles, wan ez muoz sîn
daz er nû lîdet hôhen pîn,
etswenne ouch vreude und êre.
10 ein dinc in müete sêre,
daz er von ir gescheiden was,
daz munt von wîbe nie gelas
nâch sus gesagetem mære,
diu schœner und bezzer wære.
15 gedanke nâch der künegin
begunden krenken im den sin:
den muoste er gar verlorn hân,
wærez niht ein herzehafter man.
mit gewalt den zoum daz ros
20 truoc über ronen und durch daz mos,
wande ez enwîste niemens hant.
uns tuot diu âventiure bekant,
daz er bî dem tage reit,
ein vogel hetes arbeit,
25 solde erz allez hân ervlogen.
mich enhabe diu âventiure betrogen,
sîn reise unnâch was sô grôz
des tages dô er Îthêren schôz,

und sît dô er von Grâharz
30 kom in daz lant ze Brôbarz.
225   welt ir nû hœren wiez im gestê?
er kom des âbents an einen sê:
dâ heten geankert weideman,
den was daz wazzer undertân.
5 dô si in rîten sâhen,
si wâren dem stade sô nâhen
daz si wol hôrten swaz er sprach.
einen er in dem schiffe sach,
der hete an im alsolh gewant,
10 ob im dienden elliu lant,
daz ez niht bezzer möhte sîn
gefurriert. sîn huot was phâwîn.
den selben vischære
begunde er vrâgen mære,
15 daz er im riete durch got
und durch sîner zühte gebot,
wâ er herberge möhte hân.
   sus antwurte im der trûrege man,
er sprach: 'herre, mirst niht bekant
20 daz weder wazzer oder lant
inner drîzec mîlen erbûwen sî.
wan ein hûs liget uns hie bî:
mit triuwen ich iu râte dar.
war möhtet ir tâlanc anderswar?
25 dort an des velses ende
dâ kêrt zer zeswen hende.
sô ir ûf hin komet an den graben
(ich wæne dâ müezet ir stille haben),
bitet iu die brücken nider lâzen
30 und offen iu die strâzen.'
226 er tet als im der vischære riet.
mit urloube er dannen schiet.
er sprach: 'komt ir rehte dar
(ich nim iuwer hînte selbe war),
5 sô danket als man iuwer phlege.
hüetet iuch: dâ gênt unkunde wege.
ir muget an der lîten

vil wol misserîten,
deiswâr des ich iu doch niht gan.'
10 Parzivâl der huop sich dan,
er begunde wackerlîchen draben
den rehten phat unz an den graben.
dâ was diu brücke ûf gezogen,
diu burc an veste niht betrogen:
15 si stuont als si wære gedræt.
ez envlüge oder hete der wint gewæt,
mit sturme ir niht geschadet was.
vil türne, manec palas
dâ stuont mit wunderlîcher wer.
20 ob si suochten elliu her,
si engæben vür die selben nôt
ze drîzec jâren niht ein brôt.

ein knappe des geruochte
und vrâcte in waz er suochte
25 oder wannen sîn reise wære.
er sprach: 'der vischære
hât mich von im her gesant.
ich hân genigen sîner hant
niwan durch der herberge wân.
30 er bat die brücken nider lân
und hiez mich zuo ziu rîten în.'
'herre, ir sult willekomen sîn,
sît es der vischære verjach.
man biutet iu êre und gemach
5 durch in der iuch sande wider'
sprach der knappe und liez die brücken nider.
in die burc der küene reit
ûf einen hof wît unde breit.
durch schimph er niht zetretet was:
10 dâ stuont al kurz grüene gras,
dâ was bûhurdieren vermiten,
mit banieren selten überriten
alsô der anger zAbenberc.
selten vrœlîchiu werc
15 was dâ gevrumt ze langer stunt:
in was wol herzen jâmer kunt.

V.

    wênec er des gein in engalt.
    in emphiengen ritter junc und alt,
    vil kleiner juncherrelîn
20 sprungen gein dem zoume sîn,
    ieslîchez vür daz ander greif.
    si habeten sînen stegereif:
    sus muoste̩ er von dem orse stên..
    in bâten ritter vürbaz gên,
25 die vuorten in an sîn gemach.
      harte schiere daz geschach,
    daz er mit zuht entwâpent wart.
    dô si den jungen âne bart
    gesâhen alsus minneclîch,
30 si jâhen, er wære sælden rîch.

228   ein wazzer iesch der junge man:
    er twuoc den râm von im sân
    undern ougen und an handen.
    alde̩ und junge wânden
5 daz von im ander tac erschine:
    sus saz der minneclîche wine
    gar vor allem tadel vrî.
    mit phelle von Arâbî
    man truoc im einen mantel dar:
10 den legete̩ an sich der wol gevar
    mit offener snüere.
    ez was im ein lobes gevüere.
    dô sprach der kameræte kluoc:
    'Repanse de Schoie̩ in truoc,
15 mîn vrouwe, diu künegîn:
    ab ir sol er iu gelihen sîn,
    wan iust niht kleider noch gesniten.
    jâ mohte̩ ich sis mit êren biten,
    wande̩ ir sît ein werder man,
20 ob ichz geprüevet rehte hân.'
    'got lône̩ iu, herre, daz irs jehet.
    ob ir mich ze rehte spehet,
    sô hât mîn lîp gelücke̩ erholt:
    diu gotes kraft gît solhen solt.'
25 man schancte̩ im unde phlac sîn sô,

die trûregen wâren mit im al vrô.
man bôt im wirde und êre,
wan dâ was râtes mêre
denne er ze Pelrapeire vant,
30 die dô von kumber schiet sîn hant.

sîn harnas was von im getragen:
daz begunde er sider sêre klagen,
dâ er sich schimphes niht versan.
ze hove ein redespæher man
5 bat komen ze vrevellîche
den gast ellens rîche
zem wirte, als ob im wære zorn.
des hete er nâch den lîp verlorn
von dem jungen Parzivâl.
10 dô er sîn swert wol gemâl
ninder bî im ligen vant,
zer viuste twanc er sus die hant,
daz daz bluot ûz den nageln schôz
und im den ermel gar begôz.
15 'nein, herre!' sprach diu ritterschaft,
'ez ist ein man der schimphes kraft
hât. swie trûrec wir anders sîn,
tuot iuwer zuht gein im schîn:
ir ensultz niht anders hân vernomen,
20 wan daz der vischære sî komen.
dar gêt (ir sît im werder gast)
und schütet ab iu zornes last.'
si giengen ûf einen palas.
hundert krône dâ gehangen was,
25 vil kerzen drûf gestôzen
ob den hûsgenôzen,
kleine kerzen alumbe an der want.
hundert bette er ligen vant.
daz schuofen dies dâ phlâgen:
30 hundert kulter drûfe lâgen,
ie vier gesellen sundersiz.
dâ zwischen was ein underviz,
dâ vür ein teppech sinewel.
fil li roi Frimutel

V.

5 mohte wol geleisten daz.
eins dinges man dâ niht vergaz:
si enhete niht betûret,
mit marmel was gemûret
drî vierecke viurrame.
10 dar ûfe was des viurs name,
holz, hiez lignâlôê:
sô grôziu viur sît noch ê
sach niemen hie ze Wildenberc.
jenez wâren kostenlîchiu werc.
15 der wirt sich selben setzen bat
gein der mitteln viurstat
ûf ein spanbette.
ez was worden wette
zwischen im und der vreude:
20 er lebete niht wan teude.
   in den palas kom gegangen
der dâ wart wol emphangen,
Parzivâl der lieht gevar,
von im der in sande dar:
25 der liez in dâ niht langer stên.
in bat der wirt nâher gên
und sitzen 'zuo mir dâ her an.
saztę ich iuch verre dort hin dan,
daz wærę iu alze gastlîch.'
30 sus sprach der wirt jâmers rîch.

231 der wirt hete durch siecheit
grôziu viur und an im warmiu kleit,
wît und lanc zobelîn:
sus muostę ûzen und innen sîn
5 der pelliz und der mantel drobe.
der swechest balc wære wol ze lobe:
der was doch swarz unde grâ.
des selben was ein hûbę aldâ
ûf sînem houbete zwivalt
10 von zobele. den man tiure galt,
sinewel arâbesch ein borte
oben drûf gehôrte,
mitten dran ein knöphelîn,

ein durchliuhtec rubîn.
15 dâ saz manec ritter kluoc,
dâ man jâmer vür si truoc.
ein knappe spranc zer tür dar în,
der truoc eine glævîn:
der site was ze trûren guot.
20 an der snîden huop sich bluot
und lief den schaft unz ûf die hant,
daz ez in dem ermel widerwant.
dâ wart geweinet und geschrît
ûf dem palase wît,
25 daz volc von drîzec landen
möhtez den ougen niht enblanden.
er truoc si in sînen henden
alumbe zen vier wenden
unz aber wider zuo der tür.
30 der knappe spranc hin ûz dâ vür.
232 gestillet was des volkes nôt,
als in der jâmer ê gebôt,
des si diu glævîn hete ermant,
die der knappe brâhte in sîner hant.
5 wil iuch nû niht erlangen,
sô wirt hie zuo gevangen
daz ich iuch bringe an die vart,
wie dâ mit zuht gedienet wart.
zende an dem palas
10 ein stehelîn tür entslozzen was:
dâ giengen ûz zwei werdiu kint
(nû hœret wie diu geprüevet sint),
daz si wol gæben minnen solt,
swerz dâ mit dienste hete erholt.
15 daz wâren juncvrouwen klâr.
zwei schapel über blôziu hâr,
bluomen was ir gebende.
iewederiu ûf der hende
truoc von golde ein kerzstal.
20 ir hâr was reit, lanc und val.
si truogen brinnendegiu lieht.
hie sule wir vergezzen niht

```
        umbe der juncvrouwen gewant,
        dâ man si komendę inne vant.
    25  diu grævîn von Tenabroc,
        brûn scharlachen was ir roc:
        des selben truoc ouch ir gespil.
        si wâren gefischieret vil
        mit zwein gürteln an der krenke
    30  ob der hüffę an dem gelenke.
233     nâch den kom ein herzogîn
        und ir gespil, zwei stöllelîn
        si truogen von helfenbein.
        ir munt nâch viurs rœte schein.
     5  die nigen alle viere.
        zwuo sazten schiere
        vür den wirt die stollen.
        dâ wart gedient mit vollen.
        die stuonden ensamt an eine schar
    10  und wâren alle wol gevar:
        den vieren was gelîch ir wât.
            nû seht wâ sich niht versûmet hàt
        ander vrouwen vierstunt zwuo.
        die wâren dâ geschaffet zuo:
    15  viere truogen kerzen grôz,
        die andern viere niht verdrôz,
        si entrüegen einen tiuren stein,
        dâ tages diu sunne lieht durch schein.
        dâ vür was sîn namę erkant:
    20  ez was ein grânât jâchant,
        beide lanc unde breit.
        durch die lîhtę in dünne sneit,
        swer in zeinem tische maz:
        dâ obe der wirt durch rîcheit az.
    25  si giengen harte rehte
        vür den wirt al ehte,
        gein nîgen sį ir houbet wegeten.
        viere die taveln legeten
        ûf helfenbein wîz als ein snê,
    30  stollen die dâ kômen ê.
234     mit zuht si kunden wider gên,
```

V.

zuo den êrsten vieren stên.
an disen ehte vrouwen was
röcke grüener denne ein gras,
5 von Azagouc samît,
gesniten wol lanc und wît.
dâ mitten si zesamene twanc
gürteln tiure, smal und lanc.
dise ehte vrouwen kluoc,
10 ieslîchiu ob ir hâre truoc
ein kleine blüemîn schapel.
  cuns Îwân von Nônel
und Jernîs von Rîle,
jâ was über manege mîle
15 ze dienste ir tohter dar genomen:
man sach die zwuo vürstîn komen
in harte wünneclîcher wât.
zwei mezzer snîdende als ein grât
brâhten si durch wunder
20 ûf zwein tweheln al besunder:
daz was silber herte und wîz.
dar an lac ein spæher vlîz:
im was solh scherphen niht vermiten,
ez hete stahel wol versniten.
25 vor dem silber kômen vrouwen wert,
der dar ze dienste was gegert:
die truogen lieht dem silber bî,
vier kint vor missewende vrî.
sus giengen si alle sehse zuo.
30 nû hœret waz ieslîchiu tuo:
si nigen, ir zwuo dô truogen dar
ûf die taveln wol gevar
daz silber unde legetenz nider.
dô giengen si mit zühten wider
5 zuo den êrsten zwelfen sân.
ob ich geprüevet rehte hân,
hie suln ahzehen vrouwen stên.
  âvoi nû siht man sehse gên
in wæte die man tiure galt:
10 daz was halbez blîalt,

daz ander phelle von Ninivê.
dise und die êrsten sehse ê
truogen zwelf röcke geteilet,
gein tiurer kost geveilet.
15 nâch den kom diu künegîn.
ir antlitze gap den schîn,
si wânden alle ez wolde tagen.
man sach die maget an ir tragen
phellel von Arâbî.
20 ûf einem grüenen achmardî
truoc si den wunsch von pardîs,
beide wurzeln unde rîs:
daz was ein dinc, daz hiez der grâl,
erden wunsches überwal.
25 Repanse de Schoie si hiez,
die sich der grâl tragen liez.
der grâl was von solher art,
wol muoste ir kiusche sîn bewart,
diu sîn ze rehte solde phlegen:
30 diu muoste valsches sich bewegen.

236   vor dem grâle kômen lieht
(diu wâren von armer koste niht),
sehs glas lanc lûter wolgetân,
dar inne balsem der wol bran.
5 dô si kômen von der tür
ze rehter mâze alsus her vür,
mit zühten neic diu künegîn
und al diu juncvrouwelîn
die dâ truogen balsemvaz.
10 diu künegîn valscheite laz
sazte vür den wirt den grâl.
diz mære giht daz Parzivâl
dicke an si sach und dâhte:
diu den grâl dâ brâhte,
15 er hete ouch ir mantel an.
mit zuht die sibene giengen dan
zuo den ahzehen êrsten.
dô liezen si die hêrsten
zwischen sich, man sagete mir,

20 zwelvę iewederthalben ir.
diu maget mit der krône
stuont dâ harte schône.
swaz ritter dô gesezzen was
über al den palas,
25 den wâren kameraere
mit guldîn becken swaere
ie vieren geschaffet einer dar
und ein juncherre wol gevar
der eine wîze tweheln truoc.
30 man sach dâ rîcheit genuoc:
der taveln hundert muosten sîn,
die man dô truoc zer tür dar în.
man saztę ieslîche schiere
vür werder ritter viere,
5 tischlachen var nâch wîze
wurden drûf geleget mit vlîze.
 der wirt dô selbe wazzer nam.
der was an hôchmuote lam,
mit im twuoc sich Parzivâl:
10 eine sîdîne tweheln wol gemâl
die bôt eins grâven sun dâ nâch.
dem was ze knien vür si gâch.
swâ dô der taveln deheiniu stuont,
dâ tet man vier knappen kunt
15 daz sj ir dienstes niht vergaezen
den die dâ obe saezen:
zwêne knieten unde sniten,
die andern zwêne niht vermiten,
si entrüegen trinken und ezzen dar,
20 und nâmen ir mit dienste war.
hœrt mêr von rîcheite sagen:
vier karrâschen muosten tragen
manec tiure goltvaz
ieslîchem ritter der dâ saz.
25 man zôch si zen vier wenden.
vier ritter mit ir henden
man sj ûf die taveln setzen sach.
ieslîchem gienc ein schrîbaere nâch,

```
              der sich dar zuo arbeite
           30 und si wider ûf bereite,
      238     sô dâ gedienet wære.
              nû hœret ein ander mære.
              hundert knappen man gebôt:
              die nâmen in wîze tweheln brôt
            5 mit zühten vor dem grâle.
              die giengen al zemâle
              und teilden vür die taveln sich.
              man sagete mir, diz sage ouch ich
              ûf iuwer iesliches eit,
           10 daz vor dem grâle wære bereit
              (sol ich des iemen triegen,
              sô müezet ir mit mir liegen),
              swâ nâch jener bôt die hant,
              daz er al bereite vant
           15 spîse warm, spîse kalt,
              spîse niuwe und dar zuo alt,
              daz zam und daz wilde.
              es enwürde nie dehein bilde,
              beginnet maneger sprechen:
           20 der wil sich übel rechen,
              wan der grâl was der sælden vruht,
              der werlde süeze alsolh genuht,
              er wac vil nâch geliche
              als man saget von himelriche.
           25 in kleiniu goltvaz man nam,
              als ieslîcher spîse zam,
              salsen, pheffer, âgrâz.
              dâ hete der kiusche und der vrâz
              alle gelîche genuoc,
           30 mit grôzer zuht manz vür si truoc.
      239     môraz, wîn, sinôpel rôt,
              swâ nâch den naph ieslîcher bôt,
              swaz er trinkens kunde nennen,
              daz mohte er drinne erkennen
            5 allez von des grâles kraft.
              diu werde geselleschaft
              heten wirtschaft von dem grâl.
```

V.

```
    wol gemarcte Parzivâl
    die rîcheit und daz wunder grôz:
10  durch zuht in vrâgens doch verdrôz.
    er dâhte: 'mir riet Gurnemanz
    mit grôzen triuwen âne schranz,
    ich solde vil gevrâgen niht.
    waz ob mîn wesen hie geschiht
15  die mâze als dort bî im?
    âne vrâge̜ ich vernim
    wiez dirre massenîe stêt.'
    in dem gedanke nâher gêt
    ein knappe, der truoc ein swert:
20  des balc was tûsent marke wert,
    sîn gehilze was ein rubîn,
    ouch möhte wol diu klinge sîn
    grôzer wunder urhap.
    der wirt ez sînem gaste gap.
25  der sprach: 'herre̜, ich brâhtez in nôt
    in maneger stat, ê daz mich got
    an dem lîbe hât geletzet.
    nû sît dâ mite̜ ergetzet,
    ob man iuwer hie niht wol enphlege.
30  ir mugetz wol vüeren alle wege:
    swenne̜ ir geprüevet sînen art,
    ir sît gein strîte dâ mite bewart.'
    ouwê daz er niht vrâcte dô!
    des bin ich vür in noch unvrô,
5   wande̜ erz emphienc in sîne hant,
    dô was er vrâgens mite̜ ermant.
    ouch riuwet mich sîn süezer wirt,
    den ungenâde niht verbirt,
    des im von vrâgen nû wære rât.
10      genuoc man dâ gegeben hât:
    dies phlâgen, die griffenz an,
    si truogenz gerüste wider dan.
    vier karrâschen man ê luot.
    ieslîch vrouwe̜ ir dienest tuot,
15  ê die jungesten, nû die êrsten.
    dô schuofen si̜ aber die hêrsten
```

187

240

wider zuo dem grâle.
dem wirte und Parzivâle
mit zühten neic diu künegîn
20 und al diu juncvrouwelîn.
si brâhten wider în zer tür
daz si mit zuht ê truogen vür.
Parzivâl in blicte nâch:
an einem spanbette er ersach
25 in einer kemenâten,
ê si nâch in zuo getâten,
den aller schœnsten alden man
des er künde ie gewan.
ich macz wol sprechen âne guft,
30 er was noch wîzer dan der tuft.

241   wer der selbe wære,
des vreischet her nâch mære.
dar zuo der wirt, sîn burc, sîn lant,
diu werden iu von mir genant
5 her nâch sô des wirdet zît,
bescheidenlîchen âne strît
und âne allez vür zogen.
ich sage die senewen âne bogen.
diu senewe ist ein bîspel.
10 nû dunket iuch der boge snel:
doch ist sneller daz diu senewe jaget.
ob ich iu rehte hân gesaget,
diu senewe gelîchet mæren sleht:
diu dunkent ouch die liute reht.
15 swer iu saget von der krümbe,
der wil iuch leiten ümbe.
swer den bogen gespannen siht,
der senewen er der slehte giht,
man welle si zer biuge erdenen
20 sô si den schuz muoz menen.
swer aber dem sîn mære schiuzet,
des in durch nôt verdriuzet
(wan daz hât dâ ninder stat
und vil gerûmeclîchen phat
25 zeinem ôren în, zem andern vür),

V.

```
    mîn arbeit ich gar verlür,
    ob den mîn mære drünge:
    ich sagete oder sünge,
    daz ez noch baz vernæme ein boc
 30 oder ein ulmeger stoc.
242    ich wil iu doch baz bediuten
    von disen jâmerbæren liuten,
    dar kom geriten Parzival.
    man sach dâ selten vreuden schal,
  5 ez wære bûhurt oder tanz:
    ir klagendiu stæte was sô ganz,
    si enkêrten sich an schimphen niht.
    swâ man noch min volkes siht,
    den tuot etswenne vreude wol:
 10 dort wâren die winkel alle vol
    und ouch ze hove dâ man si sach.
    der wirt ze sînem gaste sprach:
    'ich wæne man iu gebettet hât.
    sît ir müede, sôst mîn rât
 15 daz ir gêt: leget iuch slâfen.'
    nû solde ich schrîen wâfen
    umbe ir scheiden daz si tuont:
    ez wirt grôz schade in beiden kunt.
    von dem spanbette trat
 20 ûf den teppech an eine stat
    Parzivâl der wol geslaht.
    der wirt bôt im guote naht:
    diu ritterschaft dô gar ûf spranc.
    ein teil ir im dar nâher dranc:
 25 dô vuorten si den jungen man
    in eine kemenâten sân.
    diu was wol gehêret,
    mit einem bette gêret,
    daz mich mîn armuot immer müet,
 30 sît diu erde alsolhe rîcheit blüet:
243    dem bette armuot was tiur.
    als er glohte in einem viur,
    lac drûfe ein phellel lieht gemâl.
    die ritter bat dô Parzivâl
```

5 wider varn an ir gemach,
dô er dâ niht mêr bette sach.
mit urloube si vuoren dan.
   hie hebet sich ander dienest an.
vil kerzen und diu varwe sîn
10 die gâben ze gegenstrîte schîn:
waz möhte liehter sîn der tac?
vor sînem bette ein anderz lac,
dar ûfe ein kulter. dâ er dâ saz,
juncherren snel und niht ze laz
15 maneger im dar nâher spranc:
si entschuohten bein, diu wâren blanc.
ouch zôch im mêr gewandes abe
manec wol geborner knabe.
vlætec wâren diu selben kindelîn.
20 dar nâch gienc dô zer tür dar în
vier klâre juncvrouwen:
die solden dennoch schouwen
wie man des heldes phlæge
und ob er sanfte læge,
25 als mir diu âventiure gewuoc.
vor ieslîcher ein knappe truoc
eine kerzen diu wol bran.
   Parzivâl der snelle man
spranc underz declachen.
30 si sageten: 'ir sult wachen
durch uns noch eine wîle.'
ein spil mit der île
hete er unz an den ort gespilt.
daz man gein liehter varwe zilt,
5 daz begunde ir ougen süezen,
ê si emphiengen sîn grüezen.
ouch vuocten in gedanke nôt,
daz im sîn munt was sô rôt
und daz vor jugende niemen dran
10 kôs gein einer halben gran.
dise vier juncvrouwen kluoc,
hœret waz ieslîchiu truoc,
môraz, wîn und lûtertranc

truogen drî ûf henden blanc,
15 diu vierde juncvrouwe wîs
truoc obez der art von pardis
ûf einer tweheln blanc gevar.
diu selbe knietę ouch vür in dar:
er bat die vrouwen sitzen.
20 si sprach: 'lât mich bî witzen.
sô wæret ir dienstes ungewert,
als mîn her vür iuch ist gegert.'
süezer redę er gein in niht vergaz.
der herre tranc, ein teil er az:
25 mit urloube sį giengen wider,
Parzivâl sich legete nider.
ouch sazten juncherrelîn
ûf den teppech die kerzen sîn,
dô si in slâfen sâhen:
30 si begunden dannen gâhen.
245 Parzivâl niht eine lac:
geselleclîchę unz an den tac
was bî im strengiu arbeit.
ir boten künftegiu leit
5 sanden im in slâfe dar,
sô daz der junge wol gevar
sîner muoter troum gar widerwac,
des si nâch Gahmurete phlac.
sus wart gesteppet im sîn troum,
10 mit swertslegen umbe den soum,
dâ vor mit maneger tjoste rîch.
von rabîne hurteclîch
er leit in slâfę etslîch nôt.
möhtę er drîzecstunt sîn tôt,
15 daz hetę er wachendę ê gedolt:
sus teildę im ungemach den solt.
von disen strengen sachen
muostę er durch nôt erwachen:
im swizten âdern unde bein.
20 der tac ouch durch diu venster schein.
dô sprach er: 'wê wâ sint diu kint,
daz si hie vor mir niht sint?

wer sol mir bieten mîn gewant?'
sus wartę ir der wîgant,
25 unz er anderstunt entslief.
niemen dâ redete noch enrief:
si wâren gar verborgen.
umbe den mitten morgen
dô erwachetę aber der junge man.
30 ûf rihte sich der küene sân,
ûf dem teppeche sach der degen wert
ligen sîn harnas und zwei swert:
daz eine der wirt im geben hiez,
daz ander was von Gaheviez.
5   sus sprach er zim selben sân:
'ouwê durch waz ist diz getân?
deiswâr ich sol mich wâpen drîn.
ich leit in slâfę alsolhen pîn,
daz mir wachendę arbeit
10 noch hiute, wænę ich, ist bereit.
hât dirre wirt urliuges nôt,
sô leistę ich gerne sîn gebot
und ir gebot mit triuwen,
diu disen mantel niuwen
15 mir lêch durch ir güete.
wan stüendę ir gemüete,
daz si dienest wolde nemen!
des kunde mich durch si gezemen
und doch niht durch ir minne,
20 wan mîn wîp, diu küneginne,
ist an ir lîbę alsô klâr
oder vürbaz, daz ist wâr.'
er tet als er tuon sol:
von vuoz ûf wâpendę er sich wol
25 durch strîtes antwurte.
zwei swert er umbe gurte,
zer tür ûz gienc der werde degen.
dâ was sîn ors an die stegen
geheftet, schilt unde sper
30 lente dâ bî: daz was sîn ger.
ê Parzivâl der wîgant

V.

sich des orses underwant,
manegez er der gademę erlief,
sô daz er nâch den liuten rief.
5 niemen er hôrte noch ensach,
ungevüege leit im dran geschach:
daz hetę im zorn gereizet.
er lief dâ er was erbeizet
des âbents, dô er komen was.
10 dâ was erdę unde gras
mit tretenne gerüeret
undz tou gar zevüeret.
al schrîende lief der junge man
wider ze sînem orse sân,
15 mit bâgenden worten
saz er drûf: die porten
vant er wît offen stên,
dâ durch ûz grôze slâ gên.
niht langer er dô habete,
20 vastę ûf die brückę er drabete.
ein verborgen knappe daz seil
zôch, daz der slagebrücken teil
hetez ors vil nâch gevellet nider.
Parzivâl der sach sich wider:
25 dô woldę er hân gevrâget baz.
'ir sult varn der sunnen haz'
sprach der knappę, 'ir sît ein gans.
möhet ir gerüeret hân den vlans
und hetet den wirt gevrâget!
30 vil prîses iuch hât betrâget.'
nâch den mæren schrei der gast,
gegenredę im gar gebrast.
swie vil er nâch geriefe,
rehte als er gênde sliefe
5 warp der knappę und sluoc die porten zuo.
dô was sîn dan scheiden ze vruo
an der vlustbæren zît
dem der nû zins von vreuden gît:
diu ist an im verborgen.
10 umbe den wurf der sorgen

wart getopelt, dô er den grâl vant,
mit sînen ougen âne hant
und âne würfels ecke.
ob in nû kumber wecke,
15 des was er dâ vor niht gewent:
er enhete sich niht vil gesent.
  Parzivâl der huop sich nâch
vaste ûf die slâ die er dâ sach.
er dâhte: 'die vor mir rîten,
20 ich wæne die hiute strîten
manlîche umbe mîns wirtes dinc.
ruochten sis, sô wære ir rinc
mit mir niht verkrenket.
aldâ enwürde niht gewenket,
25 ich hülfe in in der selben nôt,
daz ich gediende mîn brôt
und ouch diz wünnecliche swert,
daz mir gap ir herre wert.
[ungedienet ich daz trage:
30 si wænent lîhte ich sî ein zage.]'
249 der valscheite widersaz
kêrte ûf der huofslege kraz.
sîn scheiden dan daz riuwet mich.
alrêst nû âventiurt ez sich:
5 dô begunde krenken sich ir spor.
sich schieden die dâ riten vor:
ir slâ wart smal, diu ê was breit.
er verlôs si gar, daz was im leit.
mære vriesch dô der junge man,
10 dâ von er herzenôt gewan.
dô erhôrte der degen ellens rîch
einer vrouwen stimme jæmerlîch.
ez was dennoch von touwe naz.
vor im ûf einer linden saz
15 ein maget, der vuocte ir triuwe nôt.
ein gebalsemt ritter tôt
lente ir zwischen den armen.
swen ez niht wolde erbarmen,
der si sô sitzen sæhe,

20 untriuwen ich im jæhe.
    sîn ors dô gein ir wande
der wênec si bekande:
si was doch sîner muomen kint.
al irdisch triuwe was ein wint,
25 wan die man an ir lîbe sach.
Parzivâl si gruoztę und sprach:
'vrouwe, mir ist vil leit
iuwer senlîchiu arbeit:
bedurfet ir mîns dienstes iht,
30 in iuwerm dienste man mich siht.'
250 si danketę im ûz jâmers siten
und vrâctę in wannen er kœme geriten.
si sprach: 'ez ist widerzæme
daz iemen an sich næme
5 sîne reisę in dise waste.
unkundem gaste
mac hie wol grôzer schade geschehen.
ich hânz gehôrt und wol gesehen
daz hie vil liutę ir lîp verlurn,
10 die werlîche den tôt erkurn.
kêrt hinnen, ob ir welt genesen.
saget ê, wâ sît ir gewesen?'
'dar ist ein mîle oder mêr,
daz ich gesach nie burc sô hêr
15 mit aller slahte rîcheit.
inner kurzer wîlę ich dannen reit.'
    si sprach: 'swer iu getrûwet iht,
den sult ir gerne triegen niht.
ir traget doch einen gastes schilt.
20 iuch möhte swaldes hân bevilt
von erbûwenem lande her geriten.
inner drîzec mîlen wart nie versniten
ze keinem bûwe holz noch stein:
wan ein burc diu stêt al ein,
25 diust erden wunsches rîche.
swer die suochet vlîzeclîche,
leider der envindet ir niht:
vil liute manz doch werben siht.

ez muoz unwizzende geschehen,
swer immer sol die burc gesehen.
ich wæne, herre, diust iu niht bekant:
Munsalvæsche ist si genant.
der bürge wirtes roiame,
Terre de Salvæsche ist sîn name.
ez brâhte der alde Titurel
an sînen sun rois Frimutel:
sus hiez der werde wîgant.
manegen prîs erwarp sîn hant.
der lac von einer tjoste tôt,
als im diu minne dar gebôt.
der selbe liez vier werdiu kint:
bî rîcheit driu in jâmer sint,
der vierde hât armuot.
durch got vür sünde er daz tuot:
der selbe heizet Trevrizent.
Anfortas sîn bruoder lent:
der mac gerîten noch gegên
noch geligen noch gestên.
der ist ûf Munsalvæsche wirt.
ungenâde in niht verbirt.'
si sprach: 'herre, wæret ir komen dar
zuo der jæmerlîchen schar,
sô wære dem wirte worden rât
vil kumbers den er lange hât.'
der Wâleis zuo der megede sprach:
'grœzlîch wunder ich dâ sach
und manege vrouwen wol getân.'
bî der stimme erkande si den man.
dô sprach si: 'dû bist Parzivâl.
nû sage et, sæhe dû den grâl
und den wirt vreuden lære?
lâ hœren liebiu mære,
ob wendec ist sîn vreise.
wol dich der sælden reise!
wan swaz die lüfte hânt beslagen,
dar obe muostû hœhe tragen:
dir dienet zam unde wilt.

ze rîcheit ist dir wunsch gezilt.'
Parzivâl der wîgant
10 sprach: 'wâ von habet ir mich erkant?'
si sprach: 'dâ bin ichz diu maget,
diu dir ê kumber hât geklaget
und diu dir sagete dînen namen.
dû endarft dich niht der sippe schamen,
15 daz dîn muoter ist mîn muome.
wîplîcher kiusche ein bluome
ist si, geliutert âne tou.
got lône dir daz dich dô sô rou
mîn vriunt, der mir zer tjost lac tôt.
20 ich hân in alhie: nû prüeve nôt
die mir got hât an im gegeben,
daz er niht langer solde leben.
er phlac manlîcher güete.
sîn sterben mich dô müete:
25 ouch hân ich sît von tage ze tage
vürbaz erkennet niuwe klage.'
'ouwê war kom dîn rôter munt?
bistûz Sigûne, diu mir kunt
tet wer ich was, âne allen vâr?
30 dîn reideleht lanc brûnez hâr,
des ist dîn houbet blôz getân.
zem fôreist in Brizljân
sach ich dich dô vil minneclîch,
swie dû wæres jâmers rîch.
5 dû hâs verlorn varwe und kraft.
dîner herten geselleschaft
verdrüzze mich, solde ich die haben:
wir suln disen tôten man begraben.'
dô nazten diu ougen ir die wât.
10 ouch was vroun Lûneten rât
ninder dâ bî ir gewesen.
diu riet ir vrouwen: 'lât genesen
disen man, der den iuwern sluoc:
er mac ergetzen iuch genuoc.'
15 Sigûne gerte ergetzens niht
als wîp die man bî wanke siht,

V.

    manege, der ich wil gedagen.
     hœrt mêr Sigûnen triuwe sagen.
    diu sprach: 'sol mich iht gevreun,
20 daz tuot ein dinc, ob in sîn teun
    læzet, den vil trûregen man.
    schiede dû helflîche dan,
    sô ist dîn lîp wol prîses wert.
    dû vüeres ouch umbe dich sîn swert:
25 bekennestû des swertes segen,
    dû maht âne angest strîtes phlegen:
    sîn ecke ligent im rehte.
    von edelem geslehte
    worhtez Trebuchetes hant.
30 ein brunne stêt bî Karnant,
254   dar nâch der künec heizet Lac.
    daz swert gestêt ganz einen slac,
    am andern ez zevellet gar:
    wiltûz denne wider bringen dar,
5 ez wirt ganz von des wazzers trân.
    dû muost des urspringes hân
    underm velse, ê in beschîne der tac.
    der selbe brunne heizet Lac.
    sint diu stücke niht verrêret,
10 der si rehte zein ander kêret,
    sô si der brunne machet naz,
    ganz unde sterker baz
    wirt im valz und ecke sîn
    und verliesent niht diu mâl ir schîn.
15 daz swert bedarf wol segens wort.
    ich vürhte diu hâstû lâzen dort:
    hât sị aber dîn munt gelernet,
    sô wehset unde kernet
    immer sælden kraft bî dir.
20 lieber neve, geloube mir,
    sô muoz gar dienen dîner hant
    swaz dîn lîp dâ wunders vant.
    ouch mahtû tragen schône
    immer sælden krône
25 hôhe ob den werden.

V.

```
        den wunsch ûf der erden
        hâstû volleclîche:
        niemen ist sô rîche,
        der gein dir koste mege hân.
     30 hâstû vrâge ir reht getân?'
255     er sprach: 'ich hân gevrâget niht.'
        'ouwê daz iuch mîn ouge siht'
        sprach diu jâmerbæriu maget,
        'sît ir vrâgens sît verzaget!
      5 ir sâhet doch solh wunder grôz
        (daz iuch vrâgens dô verdrôz,
        aldâ ir wâret dem grâle bî!),
        manege vrouwen valsches vrî,
        die werden Garschiloien
     10 und Repanse de Schoien,
        und snîdende silber und bluotec sper,
        ouwê waz woldet ir zuo mir her,
        gunêrter lîp, vervluochet man!
        ir truoget den eiterwolves zan,
     15 dâ diu galle in der triuwe
        an iu bekleip sô niuwe.
        iuch solde iuwer wirt erbarmet hân,
        an dem got wunder hât getân,
        und hetet gevrâget sîner nôt.
     20 ir lebet und sît an sælden tôt.'
        dô sprach er: 'liebiu niftel mîn,
        tuo bezzern willen gein mir schîn:
        ich wandel, hân ich iht getân.'
        'ir sult wandels sîn erlân'
     25 sprach diu maget. 'mirst wol bekant,
        ze Munsalvæsche an iu verswant
        êre und ritterlîcher prîs.
        ir envindet nû deheinen wîs
        deheine gegenrede an mir.'
     30 Parzivâl sus schiet von ir.
256     daz er vrâgens was sô laz,
        dô er bî dem trûregen wirte saz,
        daz rou dô grœzlîche
        den helt ellens rîche.
```

5 durch klage und durch den tac sô heiz
begunde netzen in der sweiz:
durch den luft von im er bant
den helm und vuorte in in der hant,
er entstricte die vinteilen sîn.
10 durch îsers râm was lieht sîn schîn.
  er kom ûf eine niuwe slâ,
wande ez gienc vor im aldâ
ein ors daz was wol beslagen,
und ein barvuoz phert muoste tragen
15 eine vrouwen, die er sach.
  nâch der ze rîten im geschach,
ir phert gein kumber was verselt:
man hete im wol durch hût gezelt
elliu sîniu rippe gar.
20 als ein harm ez was gevar
(ein bestîn halfter lac dar ane,
unz ûf den huof swanc im diu mane),
sîn ougen tief, die gruoben wît.
  ouch was der vrouwen runzît
25 vertwâlet und vertrecket,
durch hunger dicke erwecket:
ez was dürre als ein zunder.
sîn gên daz was wunder,
wande ez reit ein vrouwe wert,
30 diu selten kunrierte phert.
257 dâ lac ûf ein gereite,
smal âne alle breite,
geschelle und bogen verrêret,
grôz zadel dran gemêret
5 der vrouwen trûrec, niht ze geil.
ir surzengel was ein seil:
dem was si doch ze wol geborn.
ouch heten die este und etslîch dorn
ir hemde zevüeret:
10 swâ daz mit zerren was gerüeret,
dâ sach er vil der stricke,
dar unde liehte blicke,
ir hût noch wîzer denne ein swane.

si enhete niht wan knoden ane.
15 swâ die wâren svelles dach,
in blanker varwe er daz sach:
daz ander leit von sunnen nôt.
swiez ir kom, ir munt was rôt:
der muoste alsolhe varwe tragen,
20 man hete viur wol drûz geslagen.
swâ man si wolde an rîten,
daz was zer blôzen sîten:
nante si iemen vilân,
der hete ir unreht getân,
25 wan si hete wênec an ir.
durch iuwer zuht geloubet mir:
si truoc ungedienten haz,
wîplîcher güete si nie vergaz.
ich sagete iu vil armuot:
30 war zuo? diz ist als guot.
doch næme ich solhen blôzen lîp
vür etslîch wol gekleidet wîp.

258 dô Parzivâl gruoz gein ir sprach,
an in si erkenneclîchen sach:
er was der schœnste über elliu lant.
dâ von si in schiere hete erkant.
5 si sagete: 'ich hân iuch ê gesehen.
dâ von ist leide mir geschehen:
doch müeze iu vreude und êre
got immer geben mêre
denne ir um mich gedienet hât.
10 des ist nû ermer mîn wât
denne ir si jungest sâhet.
wæret ir niht genâhet
mir an der selben zît,
sô hete ich êre âne strît.'
15 dô sprach er: 'vrouwe, merket baz,
gein wem ir kêret iuwern haz.
jâ enwart von mînem lîbe
iu noch deheinen wîbe
laster nie gemêret
20 (sô hete ich mich gunêret)

sît ich den schilt von êrste gewan
und ritters vuore mich versan.
mirst ander iuwer kumber leit.'
    al weinde diu vrouwe reit,
25 daz si begôz ir brüstelîn.
als si gedræt solden sîn,
diu stuonden blanc hôch sinewel:
jâ enwart nie dræhsel sô snel,
der si gedræt hete baz.
30 swie minneclîch diu vrouwe saz,
si muoste in doch erbarmen:
mit henden und mit armen
begunde si sich decken
vor Parzivâl dem recken.
5 dô sprach er: 'vrouwe, nemt durch got
ûf rehten dienest sunder spot
an iuwern lîp mîn kursît.'
'herre, wære daz âne strît
daz al mîn vreude læge dran,
10 sô getörste ichz doch niht grîfen an.
welt ir uns tœtens machen vrî,
sô rîtet daz ich iu verre sî.
doch klagete ich wênec mîne nôt,
wan daz ich vürhte ir kieset den tôt.'
15 dô sprach er: 'vrouwe, wer næme unsz leben?
daz hât uns gotes kraft gegeben:
ob des gerte ein ganzez her,
man sæhe mich vür uns ze wer.'
    si sprach: 'es gert ein werder degen:
20 der hât sich strîtes sô bewegen,
iuwer sehse kœmens in arbeit.
mirst iuwer rîten bî mir leit.
ich was etswenne sîn wîp:
nû möhte mîn vertwâlet lîp
25 des heldes dierne niht gesîn.
sus tuot er gein mir zürnen schîn.'
dô sprach er zuo der vrouwen sân:
'wer ist hie mit iuwerm man?
wan vlühe ich nû durch iuwern rât,

30 daz diuhtę iuch lihtę ein missetât.
260 swennę ich vliehen lerne,
sô stirbę ich alsô gerne.'
dô sprach diu blôze herzogîn:
'er hât hie niemen denne mîn.'
5 'der trôst ist kranc gein strîtes sige.'
niht wan knoden und der rigę
was an der vrouwen hemde ganz.
wîplicher kiusche lobes kranz
truoc si mit armüete:
10 si phlac der wâren güete
sô daz der valsch an ir verswant.
die vinteilen er vür sich bant,
gein strîtę er wolde vüeren
den helm er mit den snüeren
15 ebene ze sehenne ructe.
innen des daz ors sich bucte,
gein dem pherdę ez schrîen niht vermeit.
der vor Parzivâl dâ reit
und vor der blôzen vrouwen,
20 der erhôrtez und wolde schouwen
wer bî sînem wîbe rite.
daz ors warf er mit zornes site
vastę ûz dem stîge.
gein strîteclîchem wîge
25 hielt der herzogę Orilus
gereit zeiner tjost alsus,
mit rehter manlicher ger,
von Gaheviez mit einem sper:
daz was geverwet genuoc,
30 rehtę als er sîniu wâpen truoc.
261 sînen helm worhte Trebuchet,
sîn schilt was ze Dôlet
in Kailetes lande
geworht dem wigande:
5 rant und buckel heten kraft.
zAlexandrîę in heidenschaft
was geworht ein phellel guot,
des der vürste hôchgemuot

```
        truoc kursît und wâpenroc.
     10 sîn decke was ze Tenabroc
        geworht ûz ringen herte.
        sîn stolzheit in lêrte,
        der îserînen decke dach
        was ein phellel (des man jach
     15 daz der tiure wære),
        rîche und doch niht swære
        sîne hosen, halsberc, hersenier.
        und in îserîniu schinnelier
        was gewâpent dirre küene man,
     20 geworht ze Bêalzenan
        in der houbetstat zAnschouwe.
        disiu blôziu vrouwe
        vuorte im ungelîchiu kleit:
        diu dâ sô trûrec nâch im reit,
     25 dâ enhete sis niht bezzer state.
        ze Sessûn was geslagen sîn plate.
        sîn ors von Brumbâne
        de Salvâsche ah muntâne:
        mit einer tjost rois Lehelîn
     30 bejagetez dâ, der bruoder sîn.
            Parzivâl was ouch bereit:
        sîn ors mit walap er reit
        gein Orilus de Lalander.
        ûf des schilde vander
      5 einen trachen als er lebete.
        ein ander trache strebete
        ûf sînem helme gebunden,
        an den selben stunden
        manec guldîn trache kleine
     10 (mit manegem edeln steine
        muosten die gehêret sîn,
        ir ougen wâren rubîn)
        ûf der decke und am kursît.
        dâ wart genomen der poinder wît
     15 von den zwein helden unverzaget.
        newederhalp wart widersaget:
        si wâren doch ledec ir triuwe,
```

trunzûne starc al niuwe
von in wæten gein den lüften.
20 ich wolde mich des güften,
hetę ich eine solhe tjost gesehen.
als mir diz mære hât verjehen.
dâ wart von rabîne geriten,
ein solh tjoste niht vermiten:
25 vroun Jeschûten muot verjach,
schœner tjost si nie gesach.
diu hielt dâ, want ir hende,
si vreuden ellende
gundę enwederm helde schaden.
30 diu ors in sweize muosten baden:
prîses si beide gerten.
die blicke von den swerten
und viur daz von helmen spranc,
und manec ellenthafter swanc.
5 die begunden verre glesten,
wan dâ wâren strîtes die besten
mit hurtę an ein ander komen,
ez gê ze schaden oder ze vromen
den küenen helden mæren.
10 swie willec diu ors in wæren,
dâ si beidę ûfe sâzen,
der sporn si niht vergâzen
noch ir swerte lieht gemâl.
prîs gediende Parzivâl,
15 daz er sich alsus wern kan
wol hundert trachen und eines man.
ein trache wart versêret,
sîne wunden gemêret,
der ûf Orilus helme lac.
20 sô durchliuhtec daz der tac
volleclîche durch in schein,
wart drabe geslagen manec edel stein.
daz ergienc zorsę und niht ze vuoz.
vroun Jeschûten wart der gruoz
25 mit swertes schimphę aldâ bejaget.
mit heldes handen unverzaget

```
         mit hurte si dicke zein ander vlugen,
         daz die ringe von den knien zestuben,
         swie si wæren iserîn.
      30 ruocht irs, si tâten strîtes schîn.
264         ich sage iu des einen zorn:
         daz sîn wîp wol geborn
         dâ vor was genôtzoget.
         er was iedoch ir rehter voget,
       5 sô daz si schermes warte an in.
         er wânde, ir wîplîcher sin
         wære gein im verkêret
         und daz si gunêret
         hete ir kiusche und ir prîs
      10 mit einem andern âmîs.
         des lasters nam er phlihte:
         ouch ergienc sîn gerihte
         über si, daz grœzer nôt
         wîp nie gedolde âne tôt
      15 und âne alle ir schulde.
         er möhte ir sîne hulde
         versagen, swenne er wolde:
         niemen daz wenden solde,
         ob der man des wîbes hât gewalt.
      20 Parzivâl der degen balt
         Orilus hulde gerte
         vroun Jeschûten mit dem swerte:
         des hôrte ich ie güetlîche biten.
         ez kom in dâ gar von schimphes siten.
      25 mich dunket si haben beide reht:
         der beidiu krump unde sleht
         geschuof, künne er scheiden,
         sô wende er daz an beiden,
         daz ez âne sterben dâ ergê.
      30 si tuont doch sus ein ander wê.
265         dâ ergienc diu scharphe herte:
         ieweder vaste werte
         sînen prîs vor dem ander.
         duc Orilus de Lalander
       5 streit nâch sînem gelêrten site.
```

ich wæne ie man sô vil gestrite:
er hete kunst unde kraft.
des wart er dicke sigehaft
an maneger stat, swiez dâ ergienc.
10 durch den trôst zuo zim er vienc
den jungen starken Parzivâl.
der begreif in ouch dô sunder twâl
und zuctę in ûz dem satel sîn;
als eine garben heberîn
15 vastę er in under die arme swanc,
mit im er von dem orse spranc
und ductę in über einen ronen.
dâ muoste schumphentiure wonen
der solher nôt niht was gewent.
20 'dû garnes daz sich hât versent
disiu vrouwe von dînem zorne.
nû bistu der verlorne,
dû enlâzes sį dîne hulde hân.'
'daz enwirt sô gâhes niht getân'
25 sprach der herzogę Orilus:
'ich bin noch unbetwungen sus.'
Parzivâl der werde degen
ductę in an sich, daz bluotes regen
spranc durch die barbiere.
30 dâ wart der vürste schiere
betwungen swes man an in warp.
er tet sô der ungerne starp,
er sprach ze Parzivâle sân:
'ouwê junc starker man,
5 wâ gediendę ich ie dise nôt
daz ich vor dir sol ligen tôt?'
'jâ lâzę ich dich vil gerne leben'
sprach Parzivâl, 'ob dû wilt geben
dirre vrouwen dîne hulde.'
10 'ich entuons niht: ir schulde
ist gein mir ze grœzlîch.
si was werdekeite rîch:
die hât si gar verkrenket
und mich in nôt gesenket.

15 ich leiste anders swes dû gers,
ob dû mich des lebens wers.
daz hete ich etswenne von gote:
nû ist dîn hant des worden bote
daz ichs danke dînem prîse.'
20 sus sprach der vürste wîse:
'mîn leben koufe ich schône.
in zwein landen krône
treget gewaldeclîche
mîn bruoder, der ist rîche:
25 der nim dir swederz dû welles,
daz dû mich tôt niht velles.
ich bin im liep: er lœset mich
als ich gedinge wider dich.
dar zuo nim ich mîn herzentuom
30 von dir: dîn prîslîcher ruom
hât werdekeit an mir bezalt.
nû erlâz mich, küener degen balt,
suone gein disem wîbe
und gebiut mînem lîbe
5 anders swaz dîn êre sîn.
gein der gunêrten herzogîn
mac ich suone gephlegen niht,
swaz halt anders mir geschiht.'
Parzivâl der hôchgemuot
10 sprach: 'liute, lant noch varnde guot,
der deheinez mac gehelfen dir,
dû entuos des sicherheit gein mir,
daz dû gein Bertâne vars
und die reise niht langer spars
15 zeiner maget, die blou durch mich
ein man, gein dem ist mîn gerich
âne ir bete niht verkorn.
dû solt der megede wol geborn
sichern und mîn dienest sagen
20 oder wirt alhie erslagen.
sage Artûse und dem wîbe sîn,
in beiden von mir dienest mîn,
daz si mîn dienst sus letzen

und die maget ir slege ergetzen.
25 dar zuo wil ich schouwen
in dînen hulden dise vrouwen
mit suone âne vâre
oder dû muost eine bâre
tôt hinnen rîten,
30 wiltû michs widerstrîten:
268 merke diu wort und wis der werke ein wer.
des gip mir sicherheit alher.'
dô sprach der herzoge Orilus
zem künege Parzivâl alsus:
5 'mac niemen dâ vür niht gegeben,
sô leiste ichz, wande ich wil noch leben.'
durch die vorhte von ir man
vrou Jeschûte diu wol getân
strîtscheidens gar verzagete,
10 ir vîndes nôt si klagete.
Parzivâl in ûf verliez.
der vroun Jeschûten suone gehiez,
der betwungene vürste sprach:
'vrouwe, sît diz durch iuch geschach,
15 in strît diu schumphentiure mîn,
wol her, ir sult geküsset sîn.
ich hân vil prîses durch iuch verlorn:
waz denne? ez ist doch verkorn.'
diu vrouwe mit ir blôzem vel
20 was zem sprunge harte snel
von dem pherde ûf den wasen.
swie daz bluot von der nasen
den munt im hete gemachet rôt,
si kuste in dô er kus gebôt.
25 dâ wart niht langer dô gebiten,
si beide und ouch die vrouwe riten
vür eine klôsen in eins velses want.
eine kefsen Parzivâl dâ vant,
ein gemâlet sper dâ bî dâ lent.
30 der einsidel der hiez Trevrizent.
269 Parzivâl dô mit triuwen vuor:
er nam daz heilectuom, drûf er swuor.

sus stabetę er selbe sînen eit.
er sprach: 'hân ich werdekeit
5 (ich habe sį oder enhabę ir niht,
swer mich bî dem schilde siht,
der prüevet mich gein ritterschaft),
des namen ordenlîchiu kraft,
als uns des schildes ambet saget,
10 hât dicke hôhen prîs bejaget:
ez ist ouch noch ein hôher name.
mîn lîp gein werltlîcher schame
immer sî gewenket
und al mîn prîs verkrenket.
15 dirre worte sî mit werken phant
mîn gelücke vor der hœsten hant
(ich hânz dâ vür, die treget got):
nû müezę ich vlüsteclîchen spot
ze beiden lîben immer hân
20 von sîner kraft, ob missetân
disiu vrouwe habe, dô diz geschach
daz ich ir vürspan von ir brach.
ouch vuortę ich mêr goldes dan.
ich was ein tôr und niht ein man,
25 gewahsen niht bî witzen.
vil weinens, dâ bî switzen
mit jâmer dolde vil ir lîp.
sist benamen ein unschuldec wîp:
dâ enscheidę ich ûz niht mêre.
30 des sî phant mîn sældę und êre:
ruocht irs, si sol unschuldec sîn.
sêt, gebet ir wider ir vingerlîn.
ir vürspan wart sô vertân,
daz es mîn tôrheit danc sol hân.'
5 die gâbę emphienc der degen guot.
dô streich er von dem mundez bluot
und kuste sînes herzen trût.
ouch wart verdecket ir blôziu hût.
Orilus der vürstę erkant
10 stiez daz vingerlîn wider an ir hant
und gap ir an sîn kursît:

der was von rîchem phelle wît,
mit heldes hant zehouwen.
ich hân doch selten vrouwen
15 wâpenröcke an gesehen tragen,
die wæren in strîte alsus zeslagen:
von ir krîe wart ouch nie turnei
gesameliert noch sper enzwei
gestochen, swâ daz solde sîn.
20 der guote knappe und Lembekîn
die tjost zesamene trüegen baz.
sus wart diu vrouwe trûrens laz.
  dô sprach der vürste Orilus
aber ze Parzivâle alsus:
25 'helt, dîn unbetwungen eit
gît mir grôz liep und krankez leit.
ich hân schumphentiur gedolt,
diu mir vreude hât erholt:
jâ mac mit êren nû mîn lîp
30 ergetzen diz werde wîp,
daz ich si hulde mîn verstiez.
dô ich die süezen eine liez,
waz mohte si, swaz ir geschach?
dô si aber von dîner schœne sprach,
5 ich wânde dâ wære ein vriuntschaft bî.
nû lône dir got, sist valsches vrî:
ich hân unvuoge an ir getân.
vürz fôreist in Brizljân
reit ich dô in juven pois.'
10 Parzivâl diz sper von Trois
nam und vuortez mit im dan.
des vergaz der wilde Taurîan,
Dodines bruoder, dâ.
nû sprechet wie oder wâ
15 die helde snahtes megen sîn.
helme und ir schilde heten pîn:
die sach man gar verhouwen.
Parzivâl zer vrouwen
nam urloup und zir âmîs.
20 dô ladete in der vürste wîs

mit im an sîne viurstat:
daz half in niht, swie vil ers bat.
aldâ schieden die helde sich.
  diu âventiur wert mære mich:
25 dô Orilus der vürste erkant
kom dâ er sîniu poulûn vant
und sîner massenîe ein teil,
daz volc was al gelîche geil
daz suone was worden schîn
30 gein der sældebernden herzogîn.
daz wart niht langer dô gespart,
Orilus entwâpent wart,
bluot und râm von im er twuoc.
er nam die herzoginne kluoc
5 und vuorte sį an die suonstat
und hiez bereiten in zwei bat.
dô lac vrou Jeschûte
al weinde bî ir trûte
vor liebę und doch vor leide niht,
10 als guotem wîbe noch geschiht.
ouch ist genuogen liuten kunt:
weinendę ougen hânt süezen munt.
dâ von ich mêr noch sprechen wil:
grôz liebę ist vreudę und jâmers zil.
15 swer von der liebę ir mære
treget ûf den seigære,
ob erz immer wolde wegen,
ez enkan niht ander schanze phlegen.
  dâ ergienc ein suone, des wænę ich.
20 dô vuoren sį sunder baden sich.
zwelf klâre juncvrouwen
man mohte bî ir schouwen:
die phlâgen ir. sît si gewan
zorn ânę ir schült von liebem man,
25 si hetę ie snahtes deckekleit,
swie blôz si bî dem tage reit.
die batten dô mit vreuden sie.
ruochet ir nû hœren wie?
Orilus des innen wart,

V.

30 âventiur von Artûses vart.
273 sus begunde im ein ritter sagen:
'ich sach ûf einen plân geslagen
tûsent poulûn oder mêr.
Artûs der rîche künec hêr,
5 der Berteneise herre,
liget uns hie niht verre
mit wünneclîcher vrouwen schar.
ungevertes ist ein mîle dar.
dâst ouch von rittern grœzlîch schal:
10 bî dem Plimizœl ze tal
ligent si an iewederm stade.'
dô gâhte vaste ûz dem bade
der herzoge Orilus.
Jeschûte und er gewurben sus.
15 diu senfte süeze wol getân
gienc ouch ûz ir bade sân
an sîn bette: dâ wart trûrens rât.
ir lide gedienden bezzer wât
denne si dâ vor truoc lange.
20 mit nâhem umbevange
behielt ir minne vreuden prîs,
der vürstinne und des vürsten wîs.
juncvrouwen kleiten ir vrouwen sân,
sîn harnas truoc man dar dem man.
25 Jeschûten wât man muoste loben.
vogele gevangen ûf dem kloben
si mit vreuden âzen.
dô si an ir bette sâzen,
vrou Jeschûte etslîchen kus
30 emphienc: den gap ir Orilus.
274 dô zôch man der vrouwen wert
starc wol gênde ein schœne phert,
gesatelt und gezoumet wol.
man huop si drûf, diu rîten sol
5 dannen mit ir küenem man.
sîn ors wart gewâpent sân,
rehte als erz gein strîte reit.
sîn swert, dâ mite er stages streit,

man vorn an den satel hienc.
10 von vuoz ûf gewâpent gienc
Orilus zem orse sîn:
er spranc drûf vor der herzogîn.
Jeschûtẹ und er vuoren dan zehant.
sîne massenîe gein Lalant
15 bat er alle kêren,
wan ein ritter soldẹ in lêren
gein Artûse rîten.
er bat daz volc des bîten.
si kômen Artûs sô nâhen,
20 daz sị sîniu poulûn sâhen
vil nâhẹ ein mîlez wazzer nider.
der vürste sande den ritter wider,
der in gewîset hete dar:
vrou Jeschûte diu wol gevar
25 was sîn gesindẹ und niemen mêr.
  der unlôsẹ Artûs niht ze hêr
was gegangen, dô er sâbents gaz,
ûf einen plân: umbẹ in dâ saz
diu werde massenîe.
30 Orilus der valsches vrîe
kom an den selben rinc geriten.
sîn helm, sîn schilt was sô versniten,
daz niemen dran kôs deheiniu mâl:
die slege vrumte Parzivâl.
5 von dem orse stuont der küene man,
vrou Jeschûtẹ emphienc ez sân:
vil juncherren dar nâher spranc.
umbẹ in und um si was grôz gedranc.
si jâhen: 'wir suln der orse phlegen.'
10 Orilus der werde degen
legete schildes schirben ûf daz gras.
nâch ir, durch die er komen was,
begundẹ er vrâgen al zehant.
vroun Cunnewâren de Lalant
15 zeicte man im, wâ diu saz.
ir site man gein prîse maz.
gewâpent er sô nâhe gienc,

V.

    künec und diu künegîn in emphienc:
    er danctę in und bôt fîanze sân
20 sîner swester wol getân.
    bî den trachen ûf dem kursît
    erkande sį in wol, wan ein strît.
    si sprach: 'dû bist der bruoder mîn.
    Orilus oder Lehelîn,
25 ich nim iuwer deweders sicherheit.
    ir wâret mir beidę ie bereit
    ze dienestę als ich iuch gebat:
    mir wærę ûf den triuwen mat,
    soldę ich gein iu kriegen
30 und mîn selber zuht betriegen.'
276   der vürste kniete vor der maget.
    er sprach: 'dû hâs al wâr gesaget:
    ich binz dîn bruoder Orilus.
    der rôte ritter twanc mich sus,
5 daz ich dir sicherheit muoz geben:
    dâ mitę erkouftę ich dô mîn leben.
    die emphâch, sô wirt hie gar getân
    als ich gein im gelobet hân.'
    dô emphienc si triuwę in wîze hant
10 von im der truoc den serpant,
    und liez in ledec. dô daz geschach,
    dô stuont er ûf unde sprach:
    'ich sol und muoz durch triuwe klagen.
    ouwê wer hât dich geslagen?
15 dîne slege tuont mir nimmer wol:
    wirts zît daz ich die rechen sol,
    ich ginner den, swerz ruochet sehen,
    daz mir grôz leit ist dran geschehen.
    ouch hilfet mirz klagen der küenste man
20 den muoter ie zer werlt gewan:
    der nennet sich der ritter rôt.
    her künec, vrou künegîn, er enbôt
    iu beiden samt den dienest sîn,
    dar zuo benamen der swester mîn:
25 er bitet sîn dienst iuch letzen
    und dise maget ir slegę ergetzen.

ouch hetę ichs dô genozzen
gein dem heldę unverdrozzen,
wessę er wie si mich bestêt
30 und mir ir leit ze herzen gėt.'
277 Keię erwarp dó niuwen haz
von rittern und vrouwen, swer dà saz
am stade bî dem Plimizœl.
Gâwân und Jofreit fîz Îdœl
5 und des nôt ir habet gehœret ê,
der gevangene künec Clâmidê,
und anders manec werder man
(ir namen ich wol genennen kan,
wan daz ichz niht wil lengen),
10 die begunden sich dô mengen.
ir dienst mit zühten wart gedolt.
vrou Jeschûte wart geholt
ûf ir pherdę, aldâ si saz.
der künec Artûs niht vergaz
15 und ouch diu künegîn, sîn wîp,
si emphiengen Jeschûten lîp.
von vrouwen dâ manec kus geschach.
Artûs ze Jeschûten sprach:
'iuwern vater, den künec von Karnant,
20 Lacken hân ich des erkant,
daz ich iuwern kumber klagete,
sît man mir in zem êrsten sagete.
ouch sît ir selbe sô wol getân,
es soldę iuch vriunt erlâzen hân,
25 wan iuwer minneclîcher blic
behielt den prîs ze Kanedic:
durch iuwer schœne mære
beleip iu der sparwære,
iuwer hant er dannen reit.
30 swie mir von Oriluse leit
278 geschæhę, ich engundę iu trûrens niht
noch engetuon swâz geschiht.
mirst liep daz ir die hulde hât
und daz ir vrouwenlîche wât
5 traget nâch iuwer grózen nôt.'

si sprach: 'herre, daz vergelde iu got:
dar an ir hœhet iuwern prîs.'
　Jeschûten und ir âmîs
vrou Cunnewâre de Lalant
10 dannen vuorte sâ zehant
einhalp an des küneges rinc.
über eines brunnen ursprinc
stuont ir poulûn ûf dem plân,
als ez obene ein trache in sînen klân
15 hete sganzen aphels halben teil.
den trachen zugen vier wintseil,
rehte als er lebendec dâ vlüge
undz poulûn gein den lüften züge.
dâ bî erkandez Orilus,
20 wan sîniu wâpen wâren sus.
er wart entwâpent drunde,
sîn süeziu swester kunde
im bieten êre und gemach.
über al diu massenîe sprach,
25 des rôten ritters ellen
næme den prîs zeinem gesellen:
des jâhen si âne rûnen.
　Keie bat Kingrûnen
Orilus dienen an sîner stat.
30 er kundez wol, den ers dâ bat,
wande er hetes vil getân
vor Clâmidê ze Brandigân.
Keie durch daz sîn dienest liez:
unsælde in svürsten swester hiez
5 ze sêre âlûnen mit einem stabe.
durch zuht entweich er dienstes abe:
ouch was diu schulde niht verkorn
von der megede wol geborn.
doch schuof er spîse dar genuoc:
10 Kingrûnz vür Orilusen truoc,
Cunnewâre diu lobes wîse
sneit ir bruoder sîne spîse
mit ir blanken linden hant.
vrou Jeschûte von Karnant

```
15 mit wîplîchen zühten az.
   Artûs der künec niht vergaz,
   er enkœme dâ diu zwei sâzen
   und vriuntlîchen âzen.
   dô sprach er: 'gezzet ir hîntę übele hie,
20 ez enwart iedoch mîn wille nie:
   ir engesâzet nie über wirtes brôt,
   derz iu mit bezzerm willen bôt
   sô gar âne wankes vâre.
   mîn vrou Cunnewâre,
25 ir sult iuwers bruoder hie wol phlegen.
   guote naht gebę iu der gotes segen.'
   Artûs vuor slâfen dô.
   Oriluse wart gebettet sô,
   dâ sîn vrou Jeschûte phlac
30 geselleclîchę unz an den tac.
```

VI.

280 Welt ir nû hœren wie Artûs
von Karidœl ûz sînem hûs
und ouch von sînem lande schiet?
als im diu massenîe riet,
5 sus reit er mit den werden
sîns landes und ander erden,
diz mære giht, den ahten tac
sô, daz er suochennes phlac
den, der sich der ritter rôt
10 nande und im solh êre bôt
daz er in schiet von kumber grôz,
dô er den künec Îthêren schôz
und Clâmidên und Kingrûnen
ouch sande gein den Bertûnen
15 in sînen hof besunder.
über die tavelrunder
wolde er in durch gesellekeit
laden: durch daz er nâch im reit
alsô bescheidenlîche.
20 beide arme und rîche,
die schildes ambet ane want,
lobeten Artûses hant,
swâ si sæhen ritterschaft,
daz si durch ir gelübede kraft
25 deheine tjost entæten,
ez enwære ob si in bæten
daz er si lieze strîten.
er jach: wir müezen rîten

VI.

    in manec lant, daz ritters tât
30 uns wol ze gegenstrîte hât:
281   ûf gerihtiu sper wir müezen sehen.
    welt ir danne vür ein ander schehen
    alsô vreche rüden, den meisters hant
    abe stroufet ir bant,
5 dar zuo trage ich niht willen.
    ich sol den schal gestillen:
    ich hilfe iu swâs niht rât mac sîn.
    des wartet an daz ellen mîn.
    dise gelübede habet ir wol vernomen.'
10 welt ir nû hœren war sî komen
    Parzivâl der Wâleis?
    von snêwe was ein niuwe leis
    des nahtes vaste ûf in gesnît.
    ez enwas iedoch niht snêwes zît,
15 ist ez als ichz vernomen hân.
    Artûs der meienbære man,
    swaz man ie von dem gesprach,
    zeinen phingesten daz geschach
    oder in des meien bluomenzît.
20 waz man im süezes luftes gît!
    diz mære ist hie vaste undersniten:
    ez parrieret sich mit snêwes siten.
    sîne valkenære von Karidœl
    riten sâbents zuo dem Plimizœl
25 durch beizen, dâ si schaden kurn:
    ir besten valken si verlurn,
    der gâhte von in balde
    und stuont die naht ze walde.
    von überkrüphe daz geschach,
30 daz im was von dem luoder gâch.
282   die naht bî Parzivâle er stuont,
    dâ in beiden was der walt unkunt
    und dâ si beide sêre vrôs.
    dô Parzivâl den tac erkôs,
5 im was versnît sîn phades ban:
    vil ungevertes reit er dan
    über ronen und über manegen stein.

VI.

    der tac ie lanc hôher schein.
    ouch begunde liuhten sich der walt,
10 wan daz ein rone was gevalt
    ûf einem plân, zuo dem er sleich
    (Artûs valke al mite streich),
    dâ wol tûsent gense lâgen.
    dâ wart ein michel gâgen:
15 mit hurte vlouc er under sie,
    der valke und sluoc ir eine hie,
    daz si im harte kûme enbrast
    under des gevallen ronen ast.
    an ir hôhem vluge wart ir wê:
20 ûz ir wunden ûf den snê
    vielen drî bluotes zeher rôt,
    die Parzivâle vuocten nôt.
    von sînen triuwen daz geschach.
      dô er die bluotes zeher sach
25 ûf dem snê (der was al wîz),
    dô dâhte er: 'wer hât sînen vlîz
    gewant an dise varwe klâr?
    Condwîrâmûrs, sich mac vür wâr
    disiu varwe dir gelîchen.
30 mich wil got sælden rîchen,
    sît ich dir hie gelîchez vant.
    gêret sî diu gotes hant
    und al diu krêatiure sîn.
    Condwîrâmûrs, hie liget dîn schîn,
 5 sît der snê dem bluote wîze bôt
    und ez den snê sus machet rôt.
    Condwîrâmûrs,
    dem gelîchet sich dîn bêâ curs:
    des enbistû niht erlâzen.'
10 des heldes ougen mâzen,
    als ez dort was ergangen,
    zwêne zeher an ir wangen,
    den dritten an ir kinne.
    er phlac der wâren minne
15 gein ir gar âne wenken.
    sus begunde er sich verdenken,

unz daz er unversunnen hielt.
diu starke minne sîn dâ wielt:
solhe nôt vuoctę im sîn wîp,
20 dirre varwe truoc gelîchen lîp
von Pelrapeire diu künegin.
diu zuctę im wizzenlîchen sin:
sus hielt er als er sliefe.
wer dâ zuo zim liefe?
25 Cunnewâren garzûn was gesant
(der solde gegen Lalant),
der sach an den stunden
einen helm mit maneger wunden
und einen schilt gar verhouwen.
30 in dienste sknappen vrouwen
dâ hielt gezimiert ein degen,
als er tjostierens wolde phlegen,
geverwet, mit ûf gerihtem sper.
der garzûn huop sich wider her.
5 hetę in der knappę erkant enzît,
er wære von im vil unbeschrît,
daz ez sîner vrouwen ritter wære.
als gein einem æhtære
schuphtę erz volc hin ûz an in.
10 er woldę im werben ungewin:
sîne kurtôsîę er dran verlôs.
lât wesen: sîn vrouwe was ouch lôs.
solh was des knappen krîe:
'fîâ fîâ fîe!
15 fî ir vertânen!
zelnt si Gâwânen
und ander dise ritterschaft
gein werdeclîcher prîses kraft
und Artûsen den Bertûn?'
20 alsus rief der garzûn:
'tavelrunder ist geschant:
iust durch die snüerę alhie gerant.'
dâ wart von rittern grœzlîch schal:
si begunden vrâgen über al,
25 ob ritterschaft dâ wære getân.

VI.

dô vrieschen si daz einec man
dâ hielt zeiner tjost bereit.
genuogen was gelübede leit,
die Artûs von in emphienc.
30 sô balde, daz er niht engienc,
beide lief unde spranc
Segramors, der ie nâch strîte ranc.
swâ der vehten wânde vinden,
dâ muoste man in binden
5 oder er wolde dâ mite sîn.
ninder ist sô breit der Rîn,
sæhę er strîten an dem andern stade,
dâ würde wênec nâch dem bade
getast: ez wære warm oder kalt,
10 er viele sus dran, der degen balt.
snellîche kom der jungelinc
ze hovę an Artûses rinc.
der werde künec vaste slief:
Segramors im durch die snüere lief,
15 zer poulûns tür dranc er în.
ein declachen zobelîn
zuctę er ab in diu lâgen
und süezes slâfes phlâgen,
sô daz si muosten wachen
20 und sîner unvuoge lachen.
    dô sprach er zuo der niftel sîn:
'Ginôvêr, vrouwe künegîn,
unser sippę ist des bekant,
man weiz wol über manegiu lant
25 daz ich genâden wartę an dich.
nû hilf mir, vrouwę, unde sprich
gein Artûse, dînem man,
daz ich von im müeze hân
(ein âventiurę ist hie bî),
30 daz ich zer tjost der êrste sî.'
Artûs ze Segramorse sprach:
'dîn sicherheit mir des verjach,
dû soldes nâch mînem willen varn
und dîn unbescheidenheit bewarn.

5 wirt hie ein tjost von dir getân,
dar nâch wil manec ander man
daz ich in lâze rîten
und ouch nâch prîse strîten:
dâ mite krenket sich mîn wer.
10 wir nâhen Anfortases her,
daz von Munsalvæsche vert
undz fôreist mit strîte wert:
sît wir niht wizzen wâ diu stêt,
zarbeit ez uns lîhte ergêt.'
15 Ginôvêr bat Artûsen sô,
des Segramors wart al vrô.
 dô si im die âventiure erwarp
(wan daz er niht vor liebe starp,
daz ander was dâ gar geschehen),
20 ungerne hete er dô verjehen
sîns komenden prîses phlihte
iemen an der geschihte,
der junge stolze âne bart.
sîn ors und er gewâpent wart,
25 ûz vuor Segramors rois.
kalopierende ulter juven pois
sîn ors über hôhe stûden spranc.
manec guldîn schelle dran erklanc
ûf der decke und an dem man.
30 man möhte in wol geworfen hân
zem vasân inz dornach:
swem sîn ze suochen wære gâch,
der vünde in bî den schellen.
die kunden lûte hellen.
5 sus vuor der unbescheiden helt
zuo dem der minne was verselt.
weder er ensluoc dô noch enstach,
ê er widersagen hin zim sprach.
unversunnen hielt dâ Parzivâl.
10 daz vuocten im diu bluotes mâl
und ouch diu strenge minne,
diu mir dicke nimt die sinne
und mir daz herze unsanfte reget.

VI.

ach nôt ein wîp an mich leget:
15 wil si mich alsus twingen
und selten helfe bringen,
ich sol sis underziehen
und von ir trôste vliehen.
nû hœrt ouch von jenen beiden,
20 umbe ir komen und umbe ir scheiden.
  Segramors sprach alsô:
'ir gebâret, herre, als ir sît vrô
daz hie ein künec mit volke liget.
swie unhôhe iuch daz wiget,
25 ir müezet im drumbe wandel geben
oder ich verliuse mîn leben.
ir sît ûf strît ze nâhe geriten.
doch wil ich iuch durch zuht biten,
ergebet iuch in mîne gewalt
30 oder ir sît schier von mir bezalt,
daz iuwer vallen rüert den snê.
sô tætet irz baz mit êren ê.'
Parzivâl durch drô niht sprach:
vrou Minne im anders kumbers jach.
5 durch tjoste bringen warf sîn ors
von im der küene Segramors.
umbe wande ouch sich daz kastelân,
dâ Parzivâl der wol getân
unversunnen ûfe saz,
10 sô daz erz bluot übermaz.
sîn sehen wart drabe gekêret.
des wart sîn prîs gemêret:
dô er der zeher niht mêr sach,
vrou Witze im aber sinnes jach.
15   hie kom Segramors rois.
Parzivâl daz sper von Trois,
daz veste und daz zæhe,
von verwen daz wæhe,
als erz vor der klôsen vant,
20 daz begunde er senken mit der hant.
ein tjost emphienc er durch den schilt:
sîn tjost hin wider wart gezilt,

daz Segramors der werde degen
satelrûmens muoste phlegen
25 und daz daz sper doch ganz bestuont.
dâ von im wart gevelle kunt.
Parzivâl reit âne vrâgen
dâ die bluotes zeher lâgen.
dâ er die mit den ougen vant,
30 vrou Minne in stricte an ir bant:
weder er ensprach dô sus noch sô,
wan er schiet von den witzen dô.
Segramors kastelân
huop sich gein sînem barne sân.
5 er muoste ûf durch ruowen stên,
ob er inder wolde gên:
sich legent genuoge durch ruowen nider.
daz habet ir dicke vreischet sider.
waz ruowe kôs er in dem snê?
10 mir tæte ein ligen drinne wê.
der schadehafte erwarp ie spot:
sælden phlihtære dem half got.
 daz her lac wol sô nâhen,
daz si Parzivâlen sâhen
15 haben. als im was geschehen,
der minne er muoste ir siges jehen,
diu Salomônen ouch betwanc.
dâ nâch was dô niht ze lanc,
ê Segramors dort zuo zin gienc.
20 swer in hazte oder der in wol emphienc,
den was er al gelîche holt:
sus teilde er bâgens grôzen solt.
er sprach: 'ir habet des vreischet vil,
ritterschaft ist topelspil
25 und daz ein man von tjoste viel.
ez sinket halt ein mers kiel.
lât mich nimmer niht gestrîten,
daz er mîn getorste bîten,
ob er bekande mînen schilt.
30 des hât mich gar an im bevilt,
der noch dort ûze tjoste gert.

VI.

sîn lîp ist ouch wol prîses wert.'
Keie der küene man
brâhte diz mære vür den künec sân,
5 Segramors wære gestochen abe
und dort ûze hielde ein strenger knabe,
der gerte tjoste rehte als ê.
er sprach: 'herre, mir tuot immer wê,
sol ers genozzen scheiden hin.
10 ob ich iu sô wirdec bin,
lât mich versuochen wes er ger,
sit er mit ûf·gerihtem sper
dort habet vor iuwerm wîbe.
nimmer ich belîbe
15 in iuwerm dienste mêre:
tavelrunder hât unêre,
ob manz im niht bezîte wert.
ûf unsern prîs sîn ellen zert:
nû gebet mir strîtes urloup.
20 wære wir alle blint oder toup,
ir soldetz im wern: des wære zît.'
Artûs erloupte Keien strît:
gewâpent wart der seneschalt.
dô wolde er swenden den walt
25 mit tjost ûf disen komenden gast.
der truoc der minne grôzen last:
daz vuocte im snê unde bluot.
ez ist sünde, swer im mêr nû tuot:
ouch hâts diu minne kranken prîs.
30 diu stiez ûf in ir krefte rîs.

291
    vrou Minne, wie tuot ir sô,
daz ir den trûregen machet vrô
mit kurze wernder vreude?
ir tuot in schiere teude.
5 wie stêt iu daz, vrou Minne,
daz ir manlîche sinne
und herzehaften hôhen muot
alsus enschumphieren tuot?
daz smæhe und daz werde
10 und swaz ûf der erde

VI.

    gein iu deheines strîtes phliget,
    dem habet ir schiere an gesiget.
    wir müezen iuch bî kreften lân
    mit rehter wârheit sunder wân.
15 vrou Minne, ir habet ein êre
    und wênec deheine mêre:
    vrou Liebe iu gît geselleschaft,
    anders wære vil dürkel iuwer kraft.
    vrou Minne, ir phleget untriuwen:
20 mit alden siten niuwen
    ir zucket manegem wîbe ir prîs
    und râtet in sippiu âmîs
    und daz manec herre an sînem man
    von iuwer kraft hât missetân
25 und der vriunt an sînem gesellen
    (iuwer site kan sich hellen)
    und der man an sînem herren.
    vrou Minne, iu solde werren,
    daz ir den lîp der gir verwent:
30 dar umbe sich diu sêle sent.

292   vrou Minne, sît ir habet gewalt,
    daz ir die jugent sus machet alt,
    der man doch zelt vil kurziu jâr,
    iuwer werc sint hâlscharlîcher vâr.
  5   disiu rede enzæme keinem man,
    wan der nie trôst von iu gewan.
    hetet ir mir geholfen baz,
    mîn lop wære gein iu niht sô laz:
    ir habet mir mangel vor gezilt
10 und mîner ougen ecke alsô verspilt,
    daz ich iu niht getrûwen mac.
    mîn nôt iuch ie vil ringe wac.
    doch sît ir mir ze wol geborn,
    daz gein iu mîn kranker zorn
15 immer solde bringen wort.
    iuwer druc hât sô strengen ort,
    ir ladet ûf herze swæren soum.
    her Heinrîch von Veldeke sînen boum
    mit kunst gein iuwerm arte maz:

VI.

20 hetę er uns dô bescheiden baz
wie man iuch sül behalden!
er hât her dan gespalden
wie man iuch sol erwerben.
von tumpheit muoz verderben
25 maneges tôren hôher vunt.
was oder wirt mir daz noch kunt,
daz wîzę ich iu, vrou Minne.
ir sît slôz ob dem sinne.
ez enhilfet gein iu schilt noch swert,
30 snel ors, hôch burc mit türnen wert:
ir sît gewaldec ob der wer.
beidę ûf erdę und in dem mer
waz entrinnet iuwerm kriege,
ez vliezę oder vliege?
5 vrou Minnę, ir tâtet ouch gewalt,
dô Parzivâl der degen balt
durch iuch von sînen witzen schiet,
als im sîn triuwe dô geriet:
daz werde kiusche klâre wîp
10 sandę iuch ze boten an sînen lîp,
rêgîn de Pelrapeire.
Kardeiz fîz Tampenteire,
ir bruoder, nâmet ir ouch sîn leben.
sol man iu solhe zinse geben,
15 wol mich daz ich von iu niht hân,
ir enwoldet mir bezzer senfte lân.
ich hân geredet unser aller wort:
nû hœret ouch wiez ergienge dort.
 Keie der ellens rîche
20 kom gewâpent ritterlîche
ûz, als er strîtes gerte.
ouch wænę in strîtes werte
des künec Gahmuretes kint.
swâ twingende vrouwen sint,
25 die suln im heiles wünschen nuo,
wandę in brâhtę ein wîp dar zuo,
daz minne witze von im spielt.
Keie sîner tjost enthielt,

unz er zem Wâleise sprach:
30 'hérre, sît iu sus geschach,
daz ir den künec gelastert hât,
welt ir mir volgen, sôst mîn rât
und dunket mich iuwer bestez heil,
nemt iuch selben an ein brackenseil
5 und lât iuch vür in ziehen.
ir enmeget mir niht entvliehen,
ich bringe iuch doch betwungen dar:
sô nimt man iuwer unsanfte war.'
den Wâleis twanc der minnen kraft
10 swîgens: Keie sînen schaft
ûf zôch und vrumte im einen swanc
anz houbet, daz der helm erklanc.
dô sprach er: 'dû muost wachen.
âne lînlachen
15 wirt dir dîn slâfen hie benant.
ez zilt al anders hie mîn hant:
ûf den snê dû wirst geleget.
der den sac von der mül treget,
wolde man in sô bliuwen,
20 in möhte lazheit riuwen.'
vrou Minne, hie seht ir zuo:
ich wæne manz iu ze laster tuo,
wan ein gebûr spræche sân:
'mînem herren sî diz getân.'
25 er klagete ouch, möhte er sprechen.
vrou Minne, lât sich rechen
den werden Wâleisen:
wan lieze in iuwer vreise
und iuwer strenge unsüezer last,
30 ich wæne sich werte dirre gast.
Keie hurte vaste an in
und dranc imz ors alumbe hin,
unz daz der Wâleis übersach
sîn süeze sûrez ungemach,
5 sîns wîbes gelîchen schîn,
von Pelrapeire der künegîn,
ich meine den geparrierten snê.

dô kom aber vrou Witze als ê,
diu im den sin her wider gap.
10 Keiez ors liez in den walap:
der kom durch tjostieren her.
von rabîne sancten si diu sper.
Keie sîne tjoste brâhte
als im der ougen mez gedâhte,
15 durch Parzivâles schilt ein venster wît.
im wart vergolden dirre strît:
Keie, Artûs seneschalt,
ze gegentjoste wart gevalt
über den ronen dâ diu gans entran,
20 sô daz daz ors und der man
liten beidiu samet nôt.
der man wart wunt, daz ors lac tôt.
zwischen dem satelbogen und einem stein
Keien der zeswe arm undz winster bein
25 zebrach von disem gevelle.
surzengel, satelgeschelle
von dirre hurte gar zebrast.
sus galt zwei bliuwen der gast:
daz eine leit ein maget durch in.
30 mit dem andern muoste er selbe sîn.
296 Parzivâl der valscheitswant,
sîn triuwe in lêrte daz er vant
snêwec bluotes zeher drî,
die in vor witzen machten vrî.
5 sîn pensieren umbe den grâl
und der künegîn gelîchiu mâl,
iewederz was ein strengiu nôt.
an im wac vür der minnen lôt,
wan trûren unde minne
10 brichet zæhe sinne.
sol diz âventiure sîn?
si möhten beide heizen pîn.
    küene liute solden Keien nôt
klagen: sîn manheit im gebôt
15 genendeclîche an manegen strît.
man saget in manegen landen wît,

daz Keie, Artûs seneschalt,
mit siten wære ein ribalt:
des sagent in mîniu mære blôz.
20 er was der werdekeit genôz,
swie kleine ich des die volge hân.
getriuwe und ellenthaft ein man
was Keie: des giht im mîn munt.
ich tuon ouch mêre von im kunt.
25 Artûses hof was ein zil,
dar kom vremder ritter vil,
die werden und die smæhen.
mit siten die wæhen,
swelher partierens phlac,
30 der selbe Keien ringe wac:
an swem diu kurtôsîe
und diu werde kumpânîe
lac, den kunde er êren,
sîn dienest gein im kêren.
5 ich gihe von im der mære,
er was ein merkære:
er tet vil rûhes willen schîn.
ze scherme dem herren sîn
partierre unde valsche diet,
10 von den werden er die schiet:
er was ir vuore ein strenger hagel,
noch scherpher dan der bîen ir zagel.
seht, die verkêrten Keien prîs
(der was manlîcher triuwen wîs):
15 vil hazzes er von in gewan.
von Düringen vürste Herman,
etslîch dîn ingesinde ich maz,
daz ûzgesinde hieze baz:
dir wære ouch eins Keien nôt,
20 sît wâriu milde dir gebôt
sô manecvalden anehanc,
etswâ smæhlîch gedranc
und etswâ werdez dringen.
dez muoz her Walther singen:
25 'guoten tac, bœse unde guot!'

swâ man solhen sanc nû tuot,
des sint die valschen gêret.
Keie hetes in niht gelêret
noch her Heinrîch von Rîspach.
30 hœrt wunders mêr, waz dort geschach
298 ûf dem Plimizœles plân,
Keie wart geholt sân,
in Artûs poulûn getragen.
sîne vriunt begunden in dâ klagen,
5 vil vrouwen unde manec man.
dô kom ouch mîn her Gâwân
über in, dâ Keie lac.
er sprach: 'ouwê unsælec tac,
daz disiu tjost ie wart getân,
10 dâ von ich vriunt verlorn hân.'
er klagetę in senlîche.
Keie der zornes rîche
sprach: 'herrę, erbarmet iuch mîn lîp?
sus solden klagen aldiu wîp.
15 ir sît mîns herren swester sun:
möhtę ich iu dienest nû getuon,
als iuwer wille gerte!
dô mich got der lide werte,
sô enhât daz mîn hant niht vermiten,
20 si enhabe vil durch iuch gestriten:
ich tætę ouch noch, und soldę ez sîn.
nû enklaget niemêr, lât mir den pîn.
iuwer œheim, der künec hêr,
gewinnet nimmer solhen Keien mêr.
25 ir sît mir râche ze wol geborn:
hetet aber ir einen vinger dort verlorn,
dâ wâctę ich gegen mîn houbet.
seht ob ir mirz geloubet:
kêrt iuch niht an mîn hetzen.
30 er kan unsanfte letzen,
299 der noch dort ûzę unvlühtec habet:
weder er enschûftet noch endrabet.
ouch enist hie ninder vrouwen hâr
weder sô mürwe noch sô klâr,

5 ez enwære doch ein veste bant
ze wern strîtes iuwer hant.
swelh man tuot solhe diemuot schîn,
der êret ouch die muoter sîn:
vaterhalben solde er ellen hân.
10 kêrt muoterhalp, her Gâwân,
sô werdet ir swertes blicke bleich
und manlîcher herte weich.'
    sus was der wol gelobete man
gerant zer blôzen sîten an
15 mit rede: er kunde ir gelden niht,
als wol gezogenem man geschiht,
dem schame versliuzet sînen munt,
daz dem verschamten ist unkunt.
Gâwân ze Keien sprach:
20 'swâ man sluoc oder stach,
swaz des gein mir ist geschehen,
swer mîne varwe wolde spehen,
diu wæne ich ie erbliche
von slage oder von stiche.
25 dû zürnes mit mir âne nôt:
ich bin der dir ie dienest bôt.'
    ûz dem poulûn gienc her Gâwân.
sîn ors hiez er bringen sân,
sunder swert und âne sporn
30 saz drûf der degen wol geborn:
er kêrte ûz dâ er den Wâleis vant.
des witze was der minnen phant,
er truoc drî tjoste durch den schilt,
mit heldes handen dar gezilt:
5 ouch hete in Orilus versniten.
sus kom Gâwân zuo zim geriten:
sunder kalopieren
und âne punieren.
er wolde güetlîche ersehen,
10 von wem der strît dâ wære geschehen.
dô sprach er grüezenlîche dar
ze Parzivâl, ders kleine war
nam. daz muoste et alsô sîn:

VI.

    dâ tet vrou Minne ir ellen schîn
15 an dem den Herzeloide bar.
    ungezaldiu sippe in gar
    schiet von den witzen sîn
    und ûf geerbeter pîn
    von vater und von muoter art.
20 der Wâleis wênec innen wart,
    waz mîns herren Gâwânes munt
    mit worten im dâ tæte kunt.
       dô sprach des künec Lôtes sun:
    'herre ir welt gewalt nû tuon,
25 sît ir mir grüezen widersaget.
    ich enbin doch niht sô gar verzaget,
    ich enbringez an ander vrâge.
    ir habet man und mâge
    und den künec selben entêret,
30 unser laster hie gemêret.
301 des erwirbe ich iu die hulde,
    daz der künec læt die schulde,
    welt ir nâch mînem râte leben,
    geselleschaft mir vür in geben.'
5 des künec Gahmuretes kint,
    dreun und vlêhen was im ein wint.
    der tavelrunder hœster prîs,
    Gâwân was solher nœte al wîs:
    er hete si unsanfte erkant.
10 dô er mit dem mezzer durch die hant
    stach, des twanc in minnen kraft
    und wert wîplîch geselleschaft:
    in schiet von tôde ein künegîn.
    dô der küene Lehelîn
15 mit einer tjoste rîche
    in twanc sô vollecliche,
    diu senfte süeze wol gevar
    ze phande sazte ir houbet dar,
    rêgîn Ingûse de Bahtarliez:
20 alsus diu getriuwe hiez.
    dô dâhte mîn her Gâwân:
    'waz ob diu minne disen man

      twinget als si mich dô twanc,
      und sîn getriulîch gedanc
25 der minne muoz ir siges jehen?'
      er marcte des Wâleises sehen,
      war stüenden im diu ougen sîn.
      eine veilen tuoches von Surîn,
      gefurriert mit gelwem zindâl,
30 die swanc er über diu bluotes mâl.

302   dô diu veile wart der zeher dach,
      sô daz ir Parzivâl niht sach,
      im gap her wider witze sîn
      von Pelrapeire diu künegîn:
  5 diu behielt iedoch sîn herze dort.
      nû ruochet hœren sîniu wort.
      er sprach: 'ouwê vrouwę unde wîp,
      wer hât benomen mir dînen lîp?
      erwarp mit ritterschaft mîn hant
10 dîn werde minne, krônę und ein lant?
      bin ichz der dich von Clâmidê
      lôstę? ich vant ach und ouwê
      und siufzec manec herze vrebel
      in dîner helfe. ougen nebel
15 hât dich bî liehter sunnen hie
      mir benomen, jâ enweiz ich wie.'
      er sprach: 'ouwê war kom mîn sper,
      daz ich mit mir brâhte her?'
      dô sprach mîn her Gâwân:
20 'herrę, ez ist mit tjost vertân.'
      'gein wem?' sprach der degen wert.
      'ir enhabet hie schilt noch daz swert:
      waz möhtę ich prîses an iu bejagen?
      doch muoz ich iuwer spotten tragen:
25 ir bietet mirz lîhte her nâch baz.
      etswennę ich ouch vor tjost gesaz:
      vindę ich nimmer an iu strît,
      doch sint diu lant wol sô wît,
      ich mac dâ prîs und arbeit holn
30 und beidiu vreudę und angest doln.'

303   mîn her Gâwân dô sprach:

'swaz hie mit rede gein iu geschach,
diust lûter unde minneclîch
und niht mit stæter trüebe rîch.
5 ich ger als ichz gedienen wil.
hie liget ein künec und ritter vil
und manec vrouwe wol gevar:
geselleschaft gibe ich iu dar,
lât ir mich mit iu rîten.
10 dâ bewar ich iuch vor strîten.'
'iuwer genâde, herre! ir sprechet wol,
daz ich vil gerne dienen sol,
sît ir kumpânîe bietet mir.
nû werst iuwer herre oder ir?'
15 'ich heize herre einen man,
von dem ich manec urbor hân:
ein teil ich der benenne hie.
er was gein mir des willen ie,
daz er mirz ritterlîche bôt.
20 sîne swester hete der künec Lôt,
diu mich zer werlde brâhte.
swes got an mir gedâhte,
daz biutet dienest sîner hant.
der künec Artûs ist er genant.
25 mîn name ist ouch vil unverholn,
an allen steten unverstoln:
liute die mich erkennent,
Gâwân mich die nennent.
iu dient mîn lîp und der name,
30 welt irz kêren mir von schame.'

304   dô sprach er: 'bistûz Gâwân?
wie kranken prîs ich des hân,
ob dû mirz wol erbiutes hie!
ich hôrte von dir sprechen ie,
5 dû erbiutesz allen liuten wol.
dîn dienst ich doch emphâhen sol
niwan ûf gegendienstes gelt.
nû sage mir, wes sint diu gezelt,
der dort ist manegez ûf geslagen?
10 liget Artûs dâ, sô muoz ich klagen

daz ich in niht mit êren mîn
mac gesehen noch die künegîn.
ich sol rechen ê ein bliuwen,
dâ von ich sît mit riuwen
15 vuor von solhen sachen:
ein werdiu maget mir lachen
bôt, die blou der seneschalt
durch mich, daz von ir reis der walt.'
'unsanfte ist daz gerochen'
20 sprach Gâwân: 'imst zebrochen
der zeswe arm undz winster bein.
rît her, schouwe ors und ouch den stein.
hie ligent ouch trunzûne ûf dem snê
dîns spers, nâch dem dû vrâctes ê.'
25 dô Parzivâl die wârheit sach,
dô vrâcte er vürbaz unde sprach:
'diz lâze ich an dich, Gâwân:
ob daz sî der selbe man
der mir hât laster vor gezilt,
30 sô rîte ich mit dir, swar dû wilt.'
305 'ich enwil gein dir niht liegens phlegen'
sprach Gâwân: 'hiest von tjost gelegen
Segramors, ein strîtes helt,
des tât gein prîse ie was erwelt.
5 dû tætez ê Keie wart gevalt:
an in beiden hâstû prîs bezalt,'
si riten mit ein ander dan,
der Wâleis und Gâwân.
vil volkes zorse und ze vuoz
10 dort inne bôt in werden gruoz,
Gâwâne und dem ritter rôt,
wande in ir zuht daz gebôt.
Gâwân kêrte, dâ er sîn poulûn vant:
vroun Cunnewâren de Lalant
15 ir snüere unz an die sîne gienc.
diu wart vil vrô, mit vreude emphienc
diu maget ir ritter, der si rach
daz ir von Keien ê geschach.
si nam ir bruoder an die hant

20 und vroun Jeschûten von Karnant:
sus sach si komen Parzivâl.
der was gevar durch îsers mâl
als touwege rôsen wæren dar gevlogen.
im was sîn harnas abe gezogen.
25 er spranc ûf, dô er die vrouwen sach.
nû hœret wie Cunnewâre sprach:
'got alrêst, dar nâch mir
weset willekomen, sît daz ir
belibet bî manlîchen siten.
30 ich hete lachen gar vermiten,
unz iuch mîn herze erkande,
dô mich an vreuden phande
Keie, der mich dô sô sluoc.
daz habet gerochen ir genuoc:
5 ich kuste iuch, wære ich kusses wert.'
'des hete ich hiute sân gegert'
sprach Parzivâl, 'getorste ich sô,
wande ich bin iuwers emphâhens vrô.'
si kusten unde sâzen nider.
10 eine juncvrouwen si sande wider
und hiez ir bringen rîchiu kleit,
diu wâren gesniten al gereit
ûz phelle von Nînivê:
si solde der künec Clâmidê,
15 ir gevangen, hân getragen.
diu maget si brâhte und begunde klagen,
der mantel wære âne snuor.
Cunnewâre sus gevuor:
von blanker sîte ein snüerelîn
20 si zucte und zôch ez im dar în.
mit urloube er sich dô twuoc
den râm von im: der junge truoc
bî rôtem munde liehtez vel.
gekleidet wart der degen snel:
25 dô was er fier unde klâr.
swer in sach, der jach vür wâr,
er wære geblüemet vür alle man.
diz lop sîn varwe muoste hân.

Parzivâl stuont wol sîn wât.
30 einen grüenen smârât
spien sj im vür sîn houbetloch.
Cunnewâre gap im mêr dennoch,
einen tiuren gürtel fier:
mit edeln steinen manec tier
5 muoste ûzen ûf dem borten sîn,
diu rinke was ein rubîn.
wie was der junge âne bart
geschicket, dô er gegürtet wart?
diz mære giht, wol genuoc.
10 daz volc im holdez herze truoc:
swer in sach, man oder wîp,
die heten wert sînen lîp.

    der künec messe hete gehôrt:
man sach Artûsen komen dort
15 mit der tavelrunder diet.
der neheiner valscheit nie geriet,
die heten alle ê vernomen,
der rôte ritter wære komen
in Gâwânes poulûn.
20 dar kom Artûs der Bertûn.
der zeblûwen Antanor
spranc dem künege allez vor,
unz er den Wâleis ersach.
den vrâcte er: 'sît irz der mich rach
25 und Cunnewâren de Lalant?
vil prîses giht man iuwer hant:
Keie hât verphendet.
sîn dreun ist nû gelendet,
ich vürhte wênec sînen swanc:
30 der zeswe arm ist im ze kranc.'
    dô truoc der junge Parzivâl
âne vlügel engels mâl,
sus geblüet ûf der erden.
Artûs mit den werden
5 emphienc in minneclîche.
guotes willen wâren rîche
alle die in gesâhen dâ.

ir herzen volge sprach in jâ,
gein sînem lobe sprach niemen nein:
10 sô rehte minneclîch er schein.
Artûs sprach zem Wâleise sân:
'ir habet mir liep und leit getân:
doch habet ir mir der êre
brâht und gesendet mêre
15 denne ich ir ie von manne emphienc.
dâ engein mîn dienst noch kleine gienc,
hetet ir prîses niemêr getân,
wan daz diu herzogîn sol hân,
vrou Jeschûte, die hulde.
20 ouch wære iu Keien schulde
gewandelt und gerochen,
hete ich iuch ê gesprochen.'
Artûs sagete im wes er bat,
war umbe er an die selben stat
25 und ouch mêr landes was geriten.
si begunden in dô alle biten
daz er gelobete sunder
den von der tavelrunder
sîn ritterlîch gesellekeit.
30 im was ir bete niht ze leit:
309 ouch mohte ers sîn von schulden vrô.
Parzivâl si werte dô.
  nû râtet, hœret unde jeht,
ob tavelrunder mege ir reht
5 des tages behalden, wande ir phlac
Artûs, bî dem ein site lac:
nehein ritter vor im az
des tages swenne âventiur vergaz
daz si sînen hof vermeit.
10 imst âventiure nû bereit:
daz lop muoste tavelrunder hân.
swie si wære dâ ze Nantes lân,
man sprach ir reht ûf bluomen velt:
dâ enirte stûde noch gezelt.
15 der künec Artûs daz gebôt
zêrn dem ritter rôt:

sus nam sîn werdekeit dâ lôn.
ein phelle von Acratôn,
ûz heidenschefte verre brâht,
20 wart zeinem zil aldâ gedâht,
niht breit, sinewel gesniten:
al nâch tavelrunder siten
(wande in ir zuht des verjach)
nâch gegenstuole dâ niemen sprach,
25 diu gesiz wâren al gelîche hêr.
der künec Artûs gebôt in mêr
daz man werde ritter und werde vrouwen
an dem ringe müeste schouwen,
die man dâ gein prîse maz.
30 maget, wîp und man ze hove dô az.

310   dô kom vrou Ginôvêr dar
mit maneger vrouwen lieht gevar,
mit ir manec edel vürstîn:
die truogen minneclîchen schîn.
5 ouch was der rinc genomen sô wît,
daz âne gedrenge und âne strît
manec vrouwe bî ir âmîs saz.
Artûs der valsches laz
brâhte den Wâleis an der hant,
10 vrou Cunnewâre de Lalant
gienc im anderhalben bî:
diu was dô trûrens worden vrî.
Artûs an den Wâleis sach.
nû sult ir hœren wie er sprach:
15 'ich wil iuwern klâren lîp
lâzen küssen mîn aldez wîp:
des endorftet ir doch hie niemen biten,
sît ir von Pelrapeire geriten,
wan dâst des kusses hœstez zil.
20 eins dinges ich iuch biten wil:
kom ich immer in iuwer hûs,
geldet disen kus' sprach Artûs.
'ich tuon swes ir mich bitet, dâ'
sprach der Wâleis 'und ouch anderswâ.'
25 ein lützel gein im si dô gienc,

VI.

    diu künegîn in mit kusse emphienc.
    'nû verkiuse ich hie mit triuwen'
    sprach si, 'daz ir mit riuwen
    mich liezet: die hetet ir mir gegeben,
30   dô ir rois Îthêr nâmet sîn leben.'
311   von der suone wurden naz
    der künegîn ougen umbe daz,
    wande Îthêrs tôt tet wîben wê.
      man sazte den künec Clâmidê
5   an daz uover zuo dem Plimizœl,
    bî dem saz Jofreit fîz Îdœl.
    zwischen Clâmidê und Gâwân
    der Wâleis sitzen muoste hân,
    als mir diu âventiure maz.
10   an disem ringe niemen saz,
    der muoter brust ie gesouc,
    des werdekeit sô lützel trouc,
    wan kraft mit jugent wol gevar
    der Wâleis mit im brâhte dar.
15   swer in ze rehte wolde spehen,
    sô hât sich manec vrouwe ersehen
    in trüeber glase dan wære sîn munt.
    ich tuon iu von sînem velle kunt.
    an dem kinne und an den wangen
20   sîn varwe zeiner zangen
    wære guot: si möhte stæte haben,
    diu den zwîvel wol hin dan kan schaben.
    ich meine wîp die wenkent
    und ir vriuntschaft überdenkent.
25   sîn glast was wîbes stæte ein bant:
    ir zwîvel gar gein im verswant,
    ir sehen in mit triuwe emphienc,
    durch diu ougen in ir herze er gienc.
    man und wîp im wâren holt:
30   sus hete er werdekeit gedolt
312   unz ûf daz siufzebære zil.
      hie kom von der ich sprechen wil,
    ein maget gein triuwen wol gelobet,
    wan daz ir zuht was vertobet.

VI.

5 ir mære tet vil liuten leit.
nû hœret wie diu juncvrouwe reit
einen mûl hôch als ein kastelân,
val und dennoch sus getân,
nassnitec und verbrant,
10 als ungerschiu marc erkant.
ir zoum und ir gereite
was geworht mit arbeite,
tiure unde rîche.
ir mûl gienc volleclîche,
15 si was niht vrouwenlîche var.
wê waz solde ir komen dar?
si kom iedoch: daz muoste et sîn,
Artûs her si brâhte pîn.
der megede ir kunst des verjach,
20 alle sprâche si wol sprach,
latîn, heidensch, franzois.
si was der witze kurtois,
dîaletike und jeometrî,
ir wâren ouch die liste bî
25 von astronomîe.
si hiez Cundrîe,
surziere was ir zuoname.
in dem munde niht diu lame
(wan der geredete ir genuoc),
30 vil hôher vreude si nider sluoc.

313   diu maget witze rîche
was gevar den ungelîche
die man dâ heizet bêâ schent.
ein brûtlachen von Gent,
5 noch blâwer denne ein lasûr,
hete an geleget der vreuden schûr:
daz was ein kappe wol gesniten
al nâch der Franzoiser siten.
drunde an ir lîbe was phelle guot.
10 von Lunders ein phæwîn huot,
gefurriert mit einem blîalt
(der huot was niuwe, diu snuor niht alt),
der hienc ir an dem rücke.

VI.

```
    ir mære was ein brücke:
15  über vreudę ez jâmer truoc.
    si zuctę in schimphes dâ genuoc.
      über den huot ein zoph ir swanc
    unz ûf den mûl: der was sô lanc,
    swarz, hertę und niht ze klâr,
20  lindę als eins swînes rückehâr.
    si was genaset als ein hunt,
    zwênę ebers zenę ir vür den munt
    giengen wol spannen lanc,
    ietweder wintbra sich dranc
25  mit zöphen vür die hâres snuor.
    mîn zuht mit wârheit missevuor,
    daz ich sus muoz von vrouwen sagen:
    nehein anderiu darf ez von mir klagen.
      Cundrîe truoc ôren als ein ber:
30  niht nâch vriundes minne ger,
    rûch was ir antlitzę erkant.
    einen geisel si vuortę in der hant,
    dem wâren die swenkel sîdîn
    und der stil ein rubîn.
 5  gevar als eines affen hût
    truoc hende diz gæbe trût.
    die nagele wâren niht ze lieht,
    wan mir diu âventiure giht,
    si stüenden als eins lewen klân.
10  nâch ir minne was selten tjost getân.
      sus kom geriten in den rinc
    trûrens urhap, vreuden twinc.
    si kêrtę aldâ sį den wirt vant.
    vrou Cunnewâre de Lalant
15  az mit Artûse,
    diu künegîn von Janfûse
    mit vroun Ginôvêren az.
    Artûs der künec schône saz.
    Cundrîe hielt vür den Bertenois,
20  si sprach hin zim en franzois
    (ob ichz iu tiuschen sagen sol,
    mir tuont ir mære niht ze wol):
```

'fil li roi Utepandragûn,
dich selben und manegen Bertûn
25 hât dîn gewerp alhie geschant.
die besten über elliu lant
sæzen hie mit werdekeit,
wan daz ein gallę ir prîs versneit:
tavelrunder ist entnihtet,
30 der valsch hât dran gephlihtet.
künec Artûs, dû stüende ze lobe
hôhe dînen genôzen obe:
dîn stîgender prîs nû sinket,
dîn snelliu wirde hinket,
5 dîn hôhez lop sich neiget,
dîn prîs hât valsch erzeiget.
tavelrunder prîses kraft
hât erlemt ein geselleschaft,
die drüber gap her Parzivâl.
10 der ouch dort treget diu ritters mâl,
ir nennet in der ritter rôt
nâch dem der lac vor Nantes tôt:
ungelîch ir zweier leben was,
wan munt von ritter nie gelas,
15 der phlæge sô ganzer werdekeit.'
von dem künege si vür den Wâleis reit.
si sprach: 'ir tuot mir site buoz,
daz ich versage mînen gruoz
Artûsę und der massenîe sîn.
20 gunêrt si iuwer liehter schîn
und iuwer manlîchen lide.
hetę ich suonę oder vride,
diu wæren iu beidiu tiure.
ich dunkę iuch ungehiure
25 und bin gehiurer doch dannę ir.
her Parzivâl, wan saget ir mir
und bescheidet mich einer mære,
dô der trûrege vischære
saz âne vreudę und âne trôst,
30 war umbę ir in niht siufzens hât erlôst?
er truoc iu vür den jâmers last:

VI.

    ir vil ungetriuwer gast,
    sîn nôt iuch solde erbarmet hân.
    daz iu der munt noch werde wan,
5 ich meine der zungen drinne,
    als iuz herze ist rehter sinne!
    gein der helle ir sît benant
    ze himele vor der hœsten hant:
    alsô sît ir ûf der erden.
10 versinnent sich die werden,
    ir heiles ban, ir sælden vluoch,
    des ganzen prîses reht unruoch,
    ir sît manlîcher êren schiech
    und an der werdekeit sô siech,
15 nehein arzet mac iuch des ernern.
    ich wil ûf iuwerm houpte swern,
    gît mir iemen des den eit,
    daz grœzer valsch nie wart bereit
    neheinem alsô schœnem man.
20 ir vederangel, ir nâtern zan,
    iu gap iedoch der wirt ein swert,
    des iuwer wirde wart nie wert:
    dâ erwarp iu swîgen sünden zil.
    ir sît der hellehirten spil,
25 gunêrter lîp, her Parzivâl!
    ir sâhet ouch vür iuch tragen den grâl
    und snîdende silber und bluotec sper.
    ir vreuden letze, ir trûrens wer,
    wære ze Munsalvæsche iu vrâgen mite!
30 in heidenschaft ze Tabronite
317   diu stat hât erden wunsches solt:
    hie hete iu vrâgen mêr erholt.
    jenes landes künegîn
    Feirefîz Anschevîn
5 mit herter ritterschefte erwarp.
    an dem diu manheit niht verdarp,
    die iuwer beider vater truoc,
    iuwer bruoder wunders phliget genuoc:
    jâst beidiu swarz unde blanc
10 der künegîn sun von Zazamanc.

VI.

nû denkę ich aber an Gahmureten:
des herzę ie valsches was erjeten,
von Anschouwę iuwer vater hiez,
der iu ander erbe liez
15 dennę als ir habet geworben.
an prîsę ir sît verdorben:
hetę iuwer muoter ie missetân,
sô soldę ichz dâ vür gerne hân,
ir möhtet ir sun niht gesîn.
20 nein, si lêrtę ir triuwe pîn:
geloupt von ir guoter mære
und daz iuwer vater wære
manlîcher triuwe wîse
und wîtvengec hôher prîse.
25 er kunde wol mit schallen.
grôz herzę und kleine gallen,
dar obe was sîn brust ein dach.
er was riusę und vengec vach:
sîn manlîchez ellen
30 kunde den prîs wol gestellen.
318 nûst iuwer prîs ze valsche komen.
ouwê daz ie wart vernomen
von mir, daz Herzeloiden barn
an prîse hât sus missevarn!'
5   Cundrîe was selbe sorgens phant:
al weinde si die hende want,
daz manec zaher den andern sluoc.
grôz jâmer sị ûz ir ougen truoc:
die maget lêrtę ir triuwe
10 wol klagen ir herzen riuwe.
wider vür den wirt si kêrte,
ir mære sị dâ gemêrte.
si sprach: 'ist hie kein ritter wert,
des ellen prîses hât gegert
15 und dar zuo hôher minne?
ich weiz vier küneginne
und vier hundert juncvrouwen,
die man gerne möhte schouwen:
ze Schastel Marveile die sint.

20 al âventiure ist ein wint,
wan die man dâ bezaln mac,
hôher minne wert bejac.
al habe ich der reise pîn,
ich wil doch hînte drûfe sîn.'
25 diu maget trûrec, niht gemeit,
âne urloup dannen reit,
al weinde si dicke wider sach.
nû hœret wie si ze jungest sprach:
'ei Munsalvæsche, jâmers zil!
30 wê daz dich niemen trœsten wil!'

319   Cundrîe la surziere,
diu unsüeze und doch diu fiere,
den Wâleis si beswæret hât.
waz half in küenes herzen rât
5 und wâriu zuht bî manheit?
und dennoch mer im was bereit
schame ob allen sînen siten:
den rehten valsch hete er vermiten,
wan schame gît prîs ze lône
10 und ist doch der sêle krône,
schame ist ob siten ein güebet uop.
Cunnewâre daz êrste weinen huop,
daz Parzivâl den degen balt
Cundrîe surziere sus beschalt,
15 ein alsô wunderlîch geschaf.
herzen jâmer ougen saf
gap maneger werden vrouwen:
die man weinde muoste schouwen,
Cundrîe was ir trûrens wer.
20   diu reit enwec: nû reit dort her
ein ritter, der truoc hôhen muot.
al sîn harnas was sô guot
von den vuozen unz an shouptes dach,
daz mans vür grôze koste jach:
25 sîn zimierde was rîche.
gewâpent ritterlîche
was des ors und sîn selbes lîp.
nû vant er maget, man und wîp

trûrec an dem ringe hie.
30 dâ reit er zuo, nû hœret wie:
320 sîn muot stuont hôch, doch jâmers vol.
die beide schanze ich nennen sol:
hôchvart riet sîn manheit,
jâmer lêrte in herzenleit.
5 er reit ûzen zuo dem ringe.
ob man in dâ iht dringe?
vil knappen spranc dar nâher sân.
dô emphiengen si den werden man:
sîn schilt und er wâren unbekant.
10 den helm er niht von im bant:
der vreuden ellende
truoc daz swert in sîner hende,
bedecket mit der scheiden.
dô vrâcte er nâch in beiden:
15 'wâst Artûs und Gâwân?'
juncherren zeicten im die sân.
sus gienc er durch den rinc wît.
tiure was sîn kursît,
mit liehtem phelle wol gevar.
20 vür den wirt des ringes schar
stuont er unde sprach alsus:
'got halde den künec Artus,
dar zuo vrouwen unde man!
swaz ich der hie gesehen hân,
25 den biute ich dienestlîchen gruoz.
wan einem tuot mîn dienest buoz,
im enwirt mîn dienest nimmer schîn.
ich wil bî sînem hazze sîn:
swaz hazzes er geleisten mac,
30 mîn haz im biutet hazzes slac.
321 ich sol doch nennen wer der sî.
ach ich armman und ouwî,
daz er mîn herze ie sus versneit!
mîn jâmer ist von im ze breit.
5 daz ist hie her Gâwân.
der dicke prîs hât getân
und hôhe werdekeit bezalt,

VI.

    unprîs sîn hetẹ aldâ gewalt,
    dô in sîn gir dar zuo vertruoc,
10 im gruozẹ er mînen herren sluoc.
    ein kus, den Jûdas teilde,
    im solhen willen veilde:
    ez tuot manec tûsent herzen wê.
    daz strenge mortlîche rê
15 an mînem herren ist getân.
    lougent des her Gâwân,
    des antwurtẹ ûf kamphes slac
    von hiutẹ über den vierzegesten tac
    vor dem künege von Ascalûn
20 in der hôhen stat ze Schanphanzûn.
    ich ladẹ in kamphlîche dar
    gein mir ze komen in kamphes vâr.
    kan sîn lîp des niht verzagen,
    er enwelle dâ schildes ambet tragen,
25 sô manẹ ich in dennoch mêre
    bî des helmes êre
    und durch ritter ordenlîchez leben:
    dem sint zwuo rîchẹ urbor gegeben,
    rehtiu schamẹ und werdiu triuwe
30 gebent prîs alt und niuwe.
322 her Gâwân sol sich niht verschemen,
    ob er geselleschaft wil nemen
    ob der tavelrunder.
    diu dort stêt besunder,
5 der reht wære gebrochen sân,
    sæze drobẹ ein triuwenlôser man.
    ich enbin her niht durch schelden komen:
    geloubet, sît irz habet vernomen,
    ich vorder kamph vür schelden,
10 der niht wan tôt sol gelden
    oder leben mit êren,
    swenz wil diu sælde lêren.'
       der künec swîctẹ und was unvrô,
    doch antwurtẹ er der redẹ alsô:
15 'herrẹ, erst mîner swester sun:
    wære Gâwân tôt, ich wolde tuon

den kamph, ê sîn gebeine
læge triuwenlôs unreine.
wil gelücke, iu sol Gâwânes hant
20 mit kamphe tuon daz wol bekant,
daz sîn lîp mit triuwen vert
und sich des valsches hât erwert.
habe iu anders iemen leit
getân, sô enmachet niht sô breit
25 sîn laster âne schulde:
wan erwirbet er iuwer hulde
sô daz sîn lîp unschuldec ist,
ir habet in dirre kurzen vrist
von im gesaget daz iuwern prîs
30 krenket, sint die liute wîs.'

323   Bêâcurs der stolze man,
des bruoder was her Gâwân,
der spranc ûf und sprach zehant:
'herre, ich sol dâ wesen phant,
5 swar Gâwâne ist der kamph geleget.
sîn velschen mich unsanfte reget.
welt irs niht erlâzen in,
habet iuch an mich: sîn phant ich bin,
ich sol vür in ze kamphe stên.
10 ez mac mit rede niht ergên,
daz hôher prîs geneiget sî,
der Gâwâne ist ledeclîche bî.'
er kêrte aldâ sîn bruoder saz:
vuozvallens er dâ niht vergaz.
15 den bat er sus, nû hœret wie:
'gedenke, bruoder, daz dû ie
mir hülfe grôzer werdekeit.
lâ mich vür dîn arbeit
ein kamphlîchez gîsel wesen.
20 ob ich in kamphe sol genesen,
des hâstû immer êre.'
er bat in vürbaz mêre
durch bruoderlîchen ritters prîs.
Gâwân sprach: 'ich bin sô wîs,
25 daz ich dich, bruoder, niht gewer

VI.

    dîner bruoderlîchen ger.
    ich enweiz war umbẹ ich strîten sol.
    ouch entuot mir strîten niht sô wol:
    ungerne woldẹ ich dir versagen,
30 wan daz ichz laster müeste tragen.
324   Bêâcurs al vaste bat.
       der gast stuont an sîner stat,
    er sprach: 'mir biutet kamph ein man,
    des ich neheine künde hân:
5 ich enhân ouch niht ze sprechen dar.
    starc, küene, wol gevar,
    getriuwẹ unde rîche,
    hât er diu vuolleclîche,
    er mac borgen deste baz.
10 ich entrage gein im deheinen haz:
    er was mîn herrẹ und mîn mâc,
    durch den ich hebe disen bâc.
    unser veter gebruoder hiezen,
    die nihtes ein ander liezen.
15 nehein man gekrœnet wart
    nie, ich enhetẹ im vollen art
    mit kamphe rede ze bieten,
    mich râche gein im nieten.
    ich bin ein vürstẹ ûz Ascalûn,
20 der lantgrâve von Schanphanzûn,
    und heize Kingrimursel.
    ist her Gâwân lobes snel,
    der mac sich anders niht entsagen,
    er enmüeze kamph dâ gein mir tragen.
25 ouch gibẹ ich im vridẹ über al daz lant,
    niwan von mîn eines hant:
    mit triuwen ich vride geheize
    ûzerhalp des kamphes kreize.
    got hüetẹ al der ich lâze hie,
30 wan eines, er weiz wol selbe wie.'
325   sus schiet der wol gelobete man
    von dem Plimizœles plân.
       dô Kingrimursel wart genant,
    ohteiz dô wart er schierẹ erkant:

5 werden virregen prîs
 hetę an im der vürste wîs.
 si jâhen daz her Gâwân
 des kamphes sorge müeste hân
 gein sîner wâren manheit,
10 des vürsten der dâ von in reit.
 ouch wande manegen trûrens nôt,
 daz man im dâ niht êre bôt:
 dar wâren solhiu mære komen
 als ir wol ê hât vernomen,
15 die lîhtę erwanden einen gast
 daz wirtes gruozes im gebrast.
  von Cundrîen man ouch innen wart
 Parzivâles namen und sîner art,
 daz in gebar ein künegîn
20 und wie die erwarp der Anschevîn.
 maneger sprach: 'vil wol ichz weiz
 daz er si vor Kanvoleiz
 gediende hurteclîche
 mit manegem poinder rîche
25 und daz sîn ellen unverzaget
 erwarp die sældebæren maget.
 Amphlîse diu gehêrte
 ouch Gahmureten lêrte,
 dâ von der helt wart kurtois.
30 nû sol ein ieslîch Bertenois
 sich vreun daz uns der helt ist komen,
 dâ prîs mit wârheit ist vernomen
 an im und ouch an Gahmurete.
 reht werdekeit was sîn gewete.'
5 Artûses her was an dem tage
 komen vreudę unde klage:
 ein solh geparriertez leben
 was den helden dâ gegeben.
 si stuonden ûf über al:
10 dâ was trûren âne zal.
 ouch giengen die werden sân
 dâ Parzivâl und Gâwân
 bî ein ander stuonden:

VI.

si trôsten sį als si kunden.
15   Clâmidên den wol geborn
dûhtę, er hete mêr verlorn
dan iemen der dâ möhte sîn,
und daz ze scharph wære sîn pîn.
er sprach ze Parzivâle:
20 'wæret ir bî dem grâle,
sô muoz ich sprechen âne spot,
in heidenschaft Tribalibot,
dar zuo daz gebirgę in Kaukasas,
swaz munt von rîcheit ie gelas
25 und des grâles werdekeit,
die envergülden niht mîn herzeleit
daz ich vor Pelrapeire gewan.
ach ich arm unsælec man!
mich schiet von vreuden iuwer hant.
30 hiest vrou Cunnewâre de Lalant:
ouch wil diu edele vürstîn
sô verre ziuwerm gebote sîn,
daz ir diu niemen dienen lât.
swie vil si dienestgeldes hât,
5 si möhtę iedoch erlangen,
daz ich bin ir gevangen
alsus lange hie gewesen.
ob ich an vreuden sol genesen,
sô helfet mir daz sį êre sich
10 sô daz ir minnę ergetze mich
ein teil des ich von iu verlôs.
dâ mich der vreuden zil verkôs,
ich hetez behalden wol, wan ír.
nû helfet dirre megede mir.'
15 'daz tuon ich' sprach der Wâleis.
'ist sį bete volge kurteis,
ich ergetzę iuch gerne, wan sist doch mîn,
durch die ir welt bî sorgen sîn.
ich meine diu treget den bêâ curs,
20 Condwîren âmûrs.'
von Janfûse diu heidenîn
und Artûs und daz wîp sîn

VI.

und Cunnewâre de Lalant
und vrou Jeschûte von Karnant,
25 die giengen dâ durch trœsten zuo.
waz welt ir daz man mêr nû tuo?
Cunnewâren si gâben Clâmidê,
wan dem was nâch ir minne wê.
sînen lîp gap er ir ze lône
30 und ir houbet eine krône.

328 dâz diu von Janfûse sach,
diu heidenîn zem Wâleis sprach:
'Cundrîe nande uns einen man,
des ich iu wol ze bruoder gan:
5 des kraft ist wît unde breit.
zweier krône rîcheit
stêt vorhteclîche in sîner phlege
ûf dem wazzer und der erden wege:
Azagouc und Zazamanc.
10 diu lant sint kreftec, ninder kranc.
sînem rîchtuom gelîchet niht
âne den bâruc, swâ mans giht,
und âne Tribalibot.
man betet in an als einen got:
15 sîn vel hât vil spæhen glast.
erst aller mannes varwe ein gast:
wîz und swarz ist er erkant.
ich vuor dâ her durch ein sîn lant.
er wolde gerne erwendet hân
20 mîn vart die ich dâ her hân getân:
daz warp er, dô enmohter.
sîner muoter muomen tohter
bin ich: er ist ein künec hêr.
ich sage iu von im wunders mêr:
25 niemen gesaz von sîner tjost,
sîn prîs hât vil hôhe kost,
sô milder lîp gesouc nie brust,
sîn site ist valscheite vlust,
Feirefîz Anschevîn,
30 des tât durch wîp kan lîden pîn.

329 swie vremde ez mir hie wære,

VI.

ich kom ouch her durch mære
und zerkennen âventiure.
nû liget diu hœste stiure
5 an iu, des al getouftiu diet
mit prîse sich von laster schiet,
sol guot gebærde iuch helfen iht,
und daz man iu mit wârheit giht
liehter varwe und manlîcher site.
10 kraft mit jugende vert dâ mite.'
diu rîche wîse heidenin
hete an künste den gewin
daz si wol redete franzeis.
dô antwurte ir der Wâleis.
15 solh was sîn rede wider sie:
'got lône iu, vrouwe, daz ir hie
mir gebet sô güetlîchen trôst.
ich enbin doch trûrens niht erlôst
und wil iuch des bescheiden.
20 ich enmac es sô niht geleiden
als ez mir leide kündet,
daz sich nû maneger sündet
an mir, der niht weiz mîner klage,
und ich dâ bî sîn spotten trage.
25 ich enwil deheiner vreude jehen,
ich enmüeze alrêst den grâl gesehen,
diu wîle sî kurz oder lanc.
mich jaget des endes mîn gedanc:
dâ von gescheide ich nimmer
30 mînes lebens immer.
sol ich durch mîner zuht gebot
hœren nû der werlde spot,
sô mac sîn râten niht sîn ganz:
mir riet der werde Gurnemanz
5 daz ich vrevellîche vrâge mite
und immer gein unvuoge strite.
vil werder ritter sihe ich hie:
durch iuwer zuht nû râtet mir wie
daz ich iuwern hulden næhe mich.
10 ez ist ein strenge scherph gerich

VI.

gein mir mit worten hie getân:
swes huldę ich drumbe verlorn hân,
daz wil ich wênec wîzen im.
swennę ich her nâch prîs genim,
15 sô habet mich aber denne dar nâch.
mir ist ze scheiden von iu gâch.
ir gâbet mir alle geselleschaft,
die wîlę ich stuont in prîses kraft:
der sît nû ledec, unz ich bezal
20 dâ von mîn grüeniu vreudę ist val.
mîn sol grôz jâmer alsô phlegen,
daz herze gebe den ougen regen,
sît ich ûf Munsalvæsche liez
daz mich von wâren vreuden stiez,
25 ohteiz wie manege klâre maget!
swaz iemen wunders hât gesaget,
dennoch phliget es mêr der grâl.
der wirt hât siufzebæren twâl:
ei helfelôser Anfortas,
30 waz half dich daz ich bî dir was?'

331   si enmugen niht langer hie gestên
ez muoz nû an ein scheiden gên.
dô sprach der Wâleise
zArtûse dem Berteneise
5 und zen rittern und zen vrouwen,
er woldę ir urloup schouwen
und mit ir hulden vernemen.
des mohtę et niemen dâ gezemen,
daz er sô trûrec von in reit.
10 ich wæne, daz was in allen leit.
Artûs lobetę im an die hant,
kœmę immer in solhe nôt sîn lant
als ez von Clâmidê gewan,
des lasters woldę er phlihte hân:
15 im wærę ouch leit daz Lehelîn
im næme zwuo rîche krônen sîn.
vil dienstes im dâ maneger bôt:
den helt treip von in trûrens nôt.
  vrou Cunnewâre diu klâre maget

VI.

20 nam den helt unverzaget
mit ir hant und vuortę in dan.
dô kustę in mîn her Gâwân,
dô sprach der manlîche
ze dem helde ellens rîche:
25 'ich weiz wol, vriunt, daz dîn vart
gein strîtes reisę ist ungespart:
dâ gebe dir got gelücke zuo
und helfę ouch mir daz ich getuo
dir noch den dienst als ich kan gern.
30 des müeze mich sîn kraft gewern.'
332 der Wâleis sprach: 'wê waz ist got?
wære der gewaldec, solhen spot
hetę er uns beiden niht gegeben.
kunde got mit kreften leben,
5 ich was im dienstes undertân,
sît ich genâden mich versan:
nû wil ich im dienest widersagen.
hât er haz, den wil ich tragen.
vriunt, an dînes kamphes zît
10 dâ nemę ein wîp vür dich den strît:
diu müeze ziehen dîne hant.
an der dû kiusche hâs bekant
und wîplîche güete,
ir minne dich dâ behüete.
15 ich enweiz wennę ich dich mér gesehe:
mîn wünschen sus an dir geschehe.'
ir scheiden gap in trûren
ze strengen- nâchgebûren.
    vrou Cunnewâre de Lalant
20 in vuorte dâ sị ir poulûn vant:
sîn harnas hiez si bringen dar,
ir linden hende wol gevar
wâpenden Gahmuretes sun.
si sprach: 'ich solz von rehte tuon,
25 sît der künec von Brandigân
von iuwern schulden mich wil hân
grôz kumber iuwer werdekeit
gît mir siufzebærez leit.

VI.

    swenne ir sît trûrens niht erwert,
30 iuwer sorge mîne vreude zert.'
333   nû was sîn ors verdecket,
    sîn selbes nôt erwecket.
    ouch hete der degen wol getân
    lieht wîz îserharnas an,
5 tiure âne aller slahte getroc:
    sîn kursit, sîn wâpenroc
    was gehêret mit gesteine.
    sînen helm al eine
    hete er niht ûf gebunden:
10 dô kuste er an den stunden
    Cunnewâren die klâren maget.
    alsus wart mir von ir gesaget:
    dâ ergienc ein trûrec scheiden.
    von den gelieben beiden
15 hin reit Gahmuretes kint.
      swaz âventiure gesprochen sint,
    die endarf hie niemen mezzen zuo,
    ir enhœret alrêst waz er nû tuo,
    war er kêre und war er var.
20 swer den lîp gein ritterschefte spar,
    der endenke die wîle niht an in,
    ob ez im rætet stolzer sin.
    Condwîrâmûrs,
    dîn minneclîcher bêâ curs,
25 an den wirt dicke nû gedâht.
    waz dir wirt âventiure brâht!
    schildes ambet umbe den grâl
    wirt nû vil güebet sunder twâl
    von im den Herzeloide bar.
30 er was ouch ganerbe dar.
334   dô vuor der massenîe vil
    gein dem arbeitlîchen zil,
    ein âventiur ze schouwen,
    dâ vier hundert juncvrouwen
5 und vier küeginne
    gevangen wâren inne,
    ze Schastel Marveile.

swaz in dâ wart ze teile,
daz haben âne mînen haz:
10 ich bin doch vrouwen lônes laz.
dô sprach der Krieche Clîas:
'ich bin der dâ versûmet was.'
(vor in allen er des jach)
'der turkoite mich dâ stach
15 hinderz ors: ich muoz mich schamen.
doch sagetę er mir vier vrouwen namen,
die dâ krônebære sint.
zwuo sint alt, zwuo sint noch kint:
der heizet einiu Itonjê,
20 diu ander heizet Cundriê,
diu dritte Arnîve,
diu vierde Sangîve.'
daz woldę ieslîcher dâ besehen.
ez enmohtę ir reise niht volspehen:
25 si muosten schaden dâ bejagen.
den sol ouch ich ze mâzen klagen,
wan swer durch wîp hât arbeit,
daz gît im vreudę, etswennę ouch leit
an dem orte vürbaz wiget.
30 sus dicke minnę ir lônes phliget.

335   dô bereitę ouch sich her Gâwân
als ein kamphbære man
hin vür den künec von Ascalûn.
des trûrte manec Bertûn
5 und manec wîp unde maget:
herzenlîche wart geklaget
von in sîn strîtes reise.
der werdekeit ein weise
wart nû diu tavelrunder,
10 Gâwân maz besunder
wâ mitę er möhte wol gesigen.
alt herte schilde wol gedigen
(er enruochte wie sie wâren gevar:
die brâhten koufliute dar
15 ûf ir soumen, doch niht veile),
der wurden im drî ze teile.

dô erwarp der mære strîtes helt
siben ors ze kamphę erwelt.
ze sînen vriunden er dô nam
20 zwelf scherphiu sper von Angram,
starke rœrîne schefte drîn
von Oraste Gentesîn
ûz einem heidenschen muor.
Gâwân nam urloup und vuor
25 mit unverzageter manheit.
Artûs was im vil bereit:
er gap im rîcher koste solt,
lieht gesteinę und rôtez golt
und silbers manegen stærlinc.
30 gein sorgen wielzen sîniu dinc.

336   Ecubâ diu junge
vuor gein ir schiffunge,
ich meine die rîchen heidenin.
dô kêrte manegen ende hin
5 daz volc von dem Plimizœl:
Artûs vuor gein Karidœl,
Cunnewârę und Clâmidê
die nâmen ouch sînen urloup ê.
Orilus der vürstę erkant
10 und vrou Jeschûte von Karnant
die nâmen ouch sînen urloup sàn,
doch beliben sį ûf dem plân
bî Clâmidê den dritten tac,
wandę er der brûtloufte phlac,
15 niht mit benander hôchgezît:
si wart dâ heime grœzer sît,
wande im sîn milde daz geriet.
vil ritter, kumberhaftiu diet,
beleip in Clâmidês schar
20 und ouch daz varnde volc vil gar
die vuorte er heim ze lande.
mit êren âne schande
wart in geteilet dâ sîn habe,
mit valsche niht gewîset abe.
25 dô vuor vrou Jeschûte

mit Orilus, ir trûte,
durch Clâmidên ze Brandigân:
daz wart zeinen êren getân
vroun Cunnewâren der künegîn.
30 dâ krônte man die swester sîn.

337   Nû weiz ich, swelh sinnec wîp,
ob si hât getriuwen lîp,
diu diz mære geschriben siht,
daz si mir mit wârheit giht,
5 ich kunde wîben sprechen baz
denne als ich sanc gein einer maz.
diu künegîn Belacâne
was missewenden âne
und aller valscheite laz,
10 dô si ein tôter künec besaz.
sît gap vroun Herzeloiden troum
siufzebæren herzeroum.
welh was vroun Ginôvêren klage
an Îthêres endetage!
15 dar zuo was mir ein trûren leit,
daz alsô schamelîchen reit
des küneges kint von Karnant,
vrou Jeschûte von kiusche erkant.
wie wart vrou Cunnewâre
20 gâlûnet mit ir hâre!
des sint si vaste wider komen:
ir beider schame hât prîs genomen.
  ze machen neme diz mære ein man,
der âventiure prüeven kan
25 und rîme künne sprechen,
beidiu samenen und zebrechen.
ich tætez iu gerne vürbaz kunt,
woldez gebieten mir ein munt,
den doch ander vüeze tragent
30 dan die mir ze stegereifen wagent.

Bei Fragen zur Produktsicherheit wenden Sie sich bitte an:
If you have any questions regarding product safety,
please contact:

Walter de Gruyter GmbH
Genthiner Straße 13
10785 Berlin
productsafety@degruyterbrill.com